Deutschland und Israel: Solidarität in der Bewährung

Bilanz und Perspektive der deutsch-israelischen Beziehungen

Herausgegeben von Ralph Giordano

Mit Beiträgen von Inge Deutschkron, Lily Eylon, Erich Frister, Ralph Giordano, Willy Guggenheim, Hildegard Hamm-Brücher, Niels Hansen, Martin W. Kloke, Bärbel Lachenmair-Tüllmann, Heiner Lichtenstein, Fridegart Maschke, Yohanan Meroz, Geert Platner, Hildegard Radhauer, Walter Schwaiger, Martin Stöhr, Konrad Weiß, Heinz Westphal und anderen

Bleicher Verlag

Die Deutsche Bibliothek – CIP-Einheitsaufnahme

Deutschland und Israel: Solidarität in der Bewährung;
Bilanz und Perspektive der deutsch-israelischen Beziehungen /
hrsg. von Ralph Giordano. Mit Beitr. von Inge Deutschkron … –
2. Aufl. – Gerlingen: Bleicher, 1993
ISBN: 3-88350-029-1
NE: Giordano, Ralph [Hrsg.]; Deutschkron, Inge

2. unveränderte Auflage 1993

Gesamtherstellung: Wilhelm Röck, D-7102 Weinsberg
Umschlag: Buchgestaltung Reichert, D-7000 Stuttgart
ISBN 3-88350-029-1

Inhalt

IV. Bekenntnisse und Reflexionen zu den deutsch-israelischen Beziehungen

Anhang

Vorwort

Es gibt viele Bücher über die deutsch-israelischen Beziehungen, aber ich kenne keines, das so facettenreich und differenziert ist wie dieses. Der Gerechtigkeit halber wird deshalb davon abgesehen, im Vorwort Namen von Autorinnen und Autoren zu nennen, weil es ihrer zuviele sind und ein jeder Erwähnung verdient hätte.

Das Spektrum reicht von den ersten Tastversuchen der Gewerkschaften beider Länder miteinander, den Neubewertungen des Begriffes Zionismus und der Neugierde auf das Kibbuzsystem, über die erstaunlich starken technologisch-wissenschaftlichen Fäden, die späten, dann aber um so stabileren Verbindungen zwischen deutschen und israelischen Schülergenerationen, bis zu tiefen Einfühlungen in die dauergefährdete Situation der Juden zwischen Jordan und Mittelmeer und zu den christlichen Wurzeln des Antisemitismus, der Judenverachtung und der Judenfeindschaft im Neuen Testament.

Auch dieser Kurzkatalog ist nur ein Ausschnitt der vielfältigen Thematik, auf die hier vorn nun ein wenig näher eingegangen werden soll, um dem Leser einen gewissen Einblick in Inhalt und Absicht des Buches zu verschaffen.

*

Die Genesis der erst offiziösen, dann offiziellen deutsch-israelischen Beziehungen – ein wahres Trauerspiel, ein im nachhinein äußerst beschämendes Beispiel staatlicher deutscher Rücksichtnahme auf die vorherrschende Verdrängungshaltung der Tätergeneration während der ersten fünf Legislaturperioden in der Geschichte der Bundesrepublik, also der sogenannten Adenauer-Ära von Ende der 40er bis in die erste Hälfte der 60er Jahre hinein. Herbert Blankenhorn, Adenauers Intimus, gestand später: der Kanzler habe ein Schuldbekenntnis des deutschen Volkes den Juden gegenüber »in den ersten Jahren« nicht wagen können. Und dann eine eher unbeabsichtigte Charakteristik sowohl des nationalen Seelenzustandes der damaligen deutschen Mehrheit als auch der Taktik bundesdeutscher Außenpolitik: Es wäre der neuerstandenen deutschen Demokratie in der Welt abträglich gewesen, wenn die Bevölkerung der Bemühung um ein solches Schuldbekenntnis Widerstand entgegengebracht hätte ...

Mit anderen Worten: die Wahrheit über die Gesinnung einer deutschen Majorität von damals durfte nicht herauskommen.

Diese Stickatmosphäre politischer Verkommenheit kann nur jeder bestätigen, der Augen- und Ohrenzeuge jenes wahrhaft *braunen Epilogs* war, den die 50er Jahre in Wirklichkeit darstellten. Hinter dem schönenden Zelluloidschleier der gleichen Schauspielergrößen, deren Namen und Gesichter die NS-Filmindustrie geziert hatten, vollzog sich der organisierte, durch den Kalten Krieg der Supermächte geförderte und nahezu kollektive Ent-Strafungsprozeß der NS-Täterschaft.

Da schien es denn den Bundestagsabgeordneten der christlichen Regierungsparteien doch ratsamer, so zu stimmen, daß der Vertrag über die »Wiedergutmachung« mit Israel nur mit Hilfe der SPD-Opposition zustande kam. Der entsprechende Beitrag in diesem Buch nennt entlarvende Zahlen.

Es brauchte fünfzehn Jahre, bis Adenauers Nachfolger, Ludwig Erhard, als Kanzler das höchst unwürdige Tauziehen beendete und ein Machtwort sprach. Es lautete: »Jetzt frage ich überhaupt niemanden mehr, jetzt nehme ich diplomatische Beziehungen zu Israel auf!«

Darüber war der 12. Mai 1965 geworden.

Wie zerbrechlich die offiziellen deutsch-israelischen Beziehungen noch lange danach blieben, ist angesichts des heutigen dichten Geflechtes staatlicher und individueller deutsch-israelischer Bindungen und Verbindungen kaum mehr vorstellbar. Wenngleich der Golfkrieg, die Haltung großer Teile der deutschen Friedensbewegung ihm gegenüber und die Mitverantwortung deutscher Rüstungs- und Waffenexporteure für die physische Bedrohung und Schädigung Israels eine schwere Belastungsprobe war, die immer noch nicht ausgestanden ist.

Im historischen Rahmen des Themas taucht natürlich unweigerlich auch die Frage nach der Haltung der DDR, des andern deutschen Teilstaates, zu ihren Lebzeiten auf – und wird auf diesen Seiten eindringlich behandelt.
Erbaulich ist die Lektüre nicht, die Rekonstruktion einer Staatspolitik, die Israel zur Terra incognita, zu einem weißen Flecken, erklärt hatte, mit jener spezifischen Gemeinheit der »antizionistischen« SED-Außenpolitik, die nichts war, als geplante Desorientierung. Sie wird hier kommentiert mit der Feststellung, »daß der Antizionismus der Realsozialisten in Wahrheit Antisemitismus war – Vollender des Holocaust«.
Eine gnadenlose Abrechnung, gewiß, aber gedeckt auch durch die unüberbietbare Widerlichkeit von zitierten judenfeindlichen Poemen, die dem »Stürmer« des Julius Streicher hätten entsprungen sein können. (Da die Pamphletisten seinerzeit in Unkenntnis des 9. Novembers 1989 mit vollem Namen gezeichnet hatten, spürt der Chronist das unwiderstehliche Verlangen nach persönlicher Konfrontation, und zwar mit der neugierigen Frage: »Und was sagen Sie heute zu Ihrer antisemitischen Lyrik von damals?«)
Folge dieser streng durchgehaltenen staatlichen Hetzpolitik der DDR war unter anderem jene niederschmetternde Unwissenheit über Israel, Juden und Judentum überhaupt, die heute in der rechtsradikalen Szene der jungen Bundesländer so gewalttätig explodiert. Juden paßten einfach nicht in das künstlich von der Führung konstruierte Bild vom »antifaschistischen Widerstandskämpfer«, da »sie sich nicht organisiert gewehrt« hätten. Und so wurde die Schoah, die Verfolgung und Vernichtung der Juden, ausgerechnet von diesem angeblich besonders antifaschistischen Staat so gut wie verschwiegen.
Honeckers zögernde Kurskorrektur von 1986 im Zuge der Gorbatschow'schen Perestroika und Glasnost konnte an diesen Defiziten des öffentlichen Bewußtseins nichts mehr ändern, ebenso wenig wie das Schuldbekenntnis der ersten (und letzten) frei gewählten Volkskammer der DDR vom 2. April 1990: »Wir bitten das Volk Israels um Verzeihung für Heuchelei und Feindseligkeit gegenüber dem Staat Israel, und für die Verfolgung und Entwürdigung jüdischer Mitbürger auch nach 1945 in unserem Land.«

An dieser Stelle eingeschoben eine Information aus einem anderen Beitrag: Interessanterweise fehlt dagegen in der Präambel des späteren *Vereinigungsvertrags* eine ausdrückliche Verdammung des Völkermords an den Juden im deutsch besetzten Europa und gegenüber dem Nationalsozialismus überhaupt.
Wieder inopportun, wie schon 1951?

*

Eine Sonderwürdigung erhält in diesem Buch »die Pest des linken Antizionismus«, und das gleich in mehreren Beiträgen.
Die Identifikation linksdeutscher »Internationalisten« mit dem palästinensischen Volksbefreiungskrieg und ihres ein Jahrzehnt nahezu bedingungslos währenden »Hurra-Palästinensismus«, wird scharf unter die Lupe genommen – als ein Versuch, »die deutsche Geschichte auf dem Rücken ihrer Opfer zu bewältigen«.
Dabei wird auf geradezu erschreckende Weise noch einmal erkennbar, wie orientierungslos sich ein beträchtlicher, ja tonangebender Teil der deutschen Linken dekadenlang auf dem deutsch-jüdischen Terrain bewegt hat, mit feindseliger Kulmination während des Golfkrieges, ohne daß inzwischen eine Korrektur erfolgt wäre.
Noch einmal offenbart sich das eigentlich Erschreckende in der exemplarischen Haltung der deutschen Friedensbewegung bei ihren öffentlichen Demonstrationen gegen den Golfkrieg: die Gleichgültigkeit gegenüber den von ABC-Waffen real bedrohten Israelis, bei gleichzeitig zentraler Beschäftigung mit den eigenen irrealen deutschen Ängsten in viertausend Kilometer Entfernung.
In diesem Zusammenhang wird eine der schlagkräftigsten Charakteristiken der PLO gegeben, die mir je untergekommen ist: Keine andere Befreiungsorganisation sei so hochgejubelt worden wie diese, nie habe es eine reichere gegeben, nie eine erfolglosere, und keine, die tiefer in den blutigen internationalen Terror verstrickt sei.
Dennoch bleibt die Tatsache vermerkt, daß die Mehrheit der Palästinenser die PLO als ihre nationale Vertretung betrachtet, allerdings aufgesplittert in fast zwei Dutzend Fraktionen und mit

schwindendem Einfluß des bewaffneten Arms der Organisation nach der lähmenden Erfolglosigkeit der Intifada-Periode. Das gibt moderateren Politikern wie der bemerkenswerten Anwältin Hannan Ashrawi oder einem Mann wie Faisal el-Husseini bessere Chancen als zuvor.

Berührt wird in diesem Buch auch die kolossale Skepsis, die viele Palästinenser gegenüber den arabischen Diktatoren hegen, Herrscher, für die das verstreute kleine »Brudervolk« nie einen andern Wert hatte als Manövriermasse der eigenen selbstsüchtigen Ziele zu sein. Das geht palästinensischerseits bis zu dem zitierten Bekenntnis, daß es falsch gewesen sei, den arabischen Führern vertraut zu haben: »Sie haben uns reingelegt, Lippenbekenntnisse, eine mörderische Politik haben sie getrieben, die uns fast vernichtete.«

Meine eigenen Beobachtungen während der Aufenthalte in Israel bestätigen, daß sich vor allem die gebildeten Schichten der Palästinenser von den arabischen Diktaturen, Despotien und Tyranneien ringsum nichts Gutes versprechen.

*

Ein bedeutender Beitrag dieses Buches über die deutsch-israelischen Beziehungen besteht meiner Meinung nach darin, daß sich mehrere Arbeiten mit einer genaueren Analyse des Nahostkonfliktes befassen, als es sich die mehr aufs Spektakuläre zielende deutscher TV- und Print-Medienlandschaft angelegen sein läßt. Reduziert sich ihr zufolge das kriegerische Geschehen im Vorderen Orient angeblich doch auf die Simplifzierung: »Israeli haut Palästinenser!« Und so war es denn auch vor allem die Intifada, die ein halbes Jahrzehnt lang für Weltpresse und Kamerateams die optischen »news« lieferte. Tatsächlich aber ist, bei all seiner unbestrittenen Bedeutung, nicht der israelisch-palästinensische Konflikt Zentrum und Dach des Nahostkonfliktes. Zentrum und Dach dieses Konfliktes sind, was Rita Süssmuth während eines Jerusalem-Besuches im Sommer 1990 in diese klassische Definition faßte:

»Es wird kein Frieden sein in der Region, bis Israels Nachbarn aufhören, es zu bedrohen.«

Gerade das aber wird wegen der irreführend-oberflächlichen Medienpolitik von einer breiten deutschen Öffentlichkeit immer noch nicht so gesehen. Es wäre deshalb gut für die deutsch-israelischen Beziehungen, wenn hier eine längst überfällige Sichtkorrektur vollzogen würde, und dazu will dieses Buch ebenfalls beitragen.

Der Kern des Nahostkonfliktes ist die Bedrohung Israels durch die arabischen National- und Militärstaaten, deren keine bisher offiziell von der 1949 in Kairo verfaßten Vernichtungscharta gegenüber Israel abgegangen ist.

Verdienstvollerweise wird in diesem Zusammenhang auf eine so gut wie unbekannte Tatsache hingewiesen, daß nämlich zur gleichen Zeit, da die seither vielzitierte UNO-Resolution 242 – Rückzug Israels aus den 1967 im Sechs-Tage-Krieg eroberten Gebieten – verabschiedet wurde, ein arabisches Gipfeltreffen stattfand mit der Losung: Keine Verhandlung, keine Anerkennung, kein Frieden mit Israel!

Fazit: Ohne die Aufhebung der Bedrohung Israels durch die arabischen Staaten wird es keine Lösung des Nahostkonfliktes geben, und damit auch keine des israelisch-palästinensischen Problems. Entgegen dem äußeren Augenschein, liegt der Hauptschlüssel dazu nicht bei dem bisherigen Sieger Israel, sondern bei den arabischen Verlierern. Was jedoch nicht bedeutet, daß etwa israelische Regierungen ihrerseits alles getan hätten, um einer solchen Lösung näher zu kommen.

Womit ein wichtiger Punkt deutsch-israelischer Beziehungen erreicht ist – der einer freien Kritik, also das schwierigste von allem zwischen Deutschen und Israelis überhaupt …

*

Bei den Autorinnen und Autoren dieses Buches widerspiegelt sich durchweg eine tiefe persönliche Beziehung zu Israel, eine starke individuelle Solidarisierung, manchmal politisch, manchmal religiös, manchmal ohne alle anderen Vorzeichen als denen der Liebe zu dem Land und seinen Menschen motiviert. Aber diese oft beeindruckend innig offenbarten Gefühle und Empfindungen bedeuten eben keineswegs Kritiklosigkeit gegenüber der Politik israelischer Regierungen, noch etwa Unverständnis gegenüber der Tragödie des palästinensischen Volkes. Vielmehr besteht ein großer Konsensus in der Auffassung, daß es zu Frieden nur kommen kann über Veränderungen, die sowohl dem Recht der Palästinenser auf ein selbstbestimmtes Leben entgegenkommen, wie auch der Garantie einer gesicherten Existenz des Judenstaates.

Das größte Hindernis dahin wird gesehen in den ebenso demokratiefremden wie menschenrechtsfernen, gegenaufklärerisch geprägten, sozial frustrierten und fundamentalistisch anfälligen Strukturen der arabischen Länder ringsum, tief friedlose Herrschaftsformen, die außer ihrer Anti-Israelpolitik keinen gemeinsamen Nenner haben und denen Frieden nichts bringen kann als die Gefährdung des gewalttätigen Status nach innen und außen. Aber diese Erkenntnis verschließt nicht die Sinne vor Fehlern, die israelischerseits gemacht werden, und die den Konflikt offensichtlich anheizen. Kritik muß offen sein, nach allen Seiten, auch gegenüber Israel, und es wäre unzulässig, eine jede von ihnen auch gleich schon als antisemitisch zu denunzieren.

Aber ob sie es ist oder nicht, das hängt klar ab vom Tenor der Kritik und ihrer ablesbaren Motivation. Nur die absolute Eindeutigkeit der eigenen Position im Sinne der Solidarisierung mit Israel schließt jene Zwielichtigkeit aus, die deutscherseits so häufig in die Maske der Israel-»Kritik« schlüpft, tatsächlich aber nichts ist als der Versuch, die eigene ungeklärte, der Vergangenheit verhaftete Haltung zu rechtfertigen.

Einen Beitrag zitiert dazu der große israelische Schriftsteller Amos Oz, auch das »Gewissen der Nation« genannt:

»Einige Deutsche sind vielleicht dankbar dafür, daß ihnen die Palästinenser ihr Schuldgefühl abnehmen. Sie können sagen: Wir sind nicht so schlecht, denn wir haben keine Engel getötet. Wir wissen jetzt, daß wir ›nur‹ Menschen umgebracht haben ...«

Leider bin ich im Laufe meines Lebens nur allzu vielen Landsleuten begegnet, auf die dieser tiefe Verlust der humanen Orientierung haargenau zutrifft.

*

Der Chronist dieses Vorwortes kommt gegen Schluß nicht umhin, den Makel eines kapitalen Wissensdefizites einzugestehen: nämlich den vom Stand der technologisch-wissenschaftlichen Beziehungen zwischen Deutschland und Israel!
Ob es sich nun um Biologie, Biotechnologie, Chemie, Physik oder Geistes- und Sozialwissenschaften handelt, die Kontakte zwischen Fachleuten beider Länder sind so eng geknüpft wie auf kaum einem andern Gebiet, so zum Beispiel die zwischen der Max-Planck-Gesellschaft und dem Weizman-Institute of Science in Rehovot. Forschungslehrstühle und -zentren sind eingerichtet, Stipendien für Hunderte deutscher und israelischer Wissenschaftler bereitgestellt, Forschungsaufenthalte gesichert und, eine Art Krönung dieses Beziehungszweiges, eine deutsch-israelische Stiftung für wissenschaftliche Forschung und Erziehung gegründet, in die beide Seiten je 75 Millionen Mark einbrachten. Es wird höchste Zeit, daß die Öffentlichkeit von dieser erfreulichen Entwicklung mehr wahrnimmt als bisher geschehen – eine wahre »Solidarität in der Bewährung«. Sie zeigt sich aber auch auf anderem Gebiet, und ich gebe zu, daß mich diese deutsch-israelischen Beziehungen am stärksten bewegen – der Jugendaustausch zwischen beiden Ländern. Hier mit dem Beispiel jener sich von Schüler- zu Schülergeneration weiter übertragenden Aktivitäten Kasseler Gymnasiasten, deren kontinuierliche Verbindungen mit Israel ich seit zehn Jahren in einer Art staunender Bewunderung und Rührung verfolge. Am Anfang war das Buch »Schule im Dritten Reich – Erziehung zum Tod«, gefolgt von Jugendaustausch, geknüpften Städtepartnerschaften, so die zwischen Kassel und Ramat Gan, von Ausstellungen und Segeltouren bis hin zu jenem geradezu visionären Appell der Kasseler Schüler an prominente deutsche Politiker: jeden Waffenexport abzulehnen in Länder, die das Existenzrecht Israels nicht anerkennen, und alle Vorschriften für den Rüstungsexport zu verschärfen!
Dieser weitverbreitete Aufruf erfolgte 1985, sechs Jahre, bevor der Golfkrieg in aller Schrecklichkeit bloßlegte, was es für Israel bedeutete, daß ihm keine Beachtung geschenkt worden war. Hinter diesem Kasseler Exemplum aber steht, unermüdlich, für mich persönlich eine Ermutigung sondergleichen, *ein* Lehrer, *ein* Päd-

agoge in des Wortes schönster Bedeutung, inzwischen längst auch ein Freund – Salut für ihn von dieser Stelle! Der Leser wird ihn kennenlernen.

Wie die anderen Autorinnen und Autoren, die in diesem Buch das Thema »Deutschland und Israel – Solidarität in der Bewährung« auf ebenso interessante wie verdienstvolle Weise personifizieren und individualisieren.

Köln, im Juni 1992 *Ralph Giordano*

I

Israel im Kampf um seine Existenz

Ralph Giordano

Israel: Existenzrecht – Existenzbedrohung

1.
Es war ein halbes Jahr nach dem Sechs-Tage-Krieg, im Dezember 1967, während meines ersten Aufenthaltes in Israel.
Ich drehte damals einen Fernsehfilm über das Weltproblem Hunger, auf einer Reise mit zahlreichen Stationen rund um den Erdball, dort, wo Hunger herrschte, und dort, wo um seine Bekämpfung mit den Mitteln der Agrowissenschaft und der Agrotechnik gerungen wurde, also auch in Israel, Spitzenreiter in der Urbarmachung der Wüste.
Gleich der erste Weg führte mich von Tel Aviv hoch zur ›Klagemauer‹. Und dann stand ich vor ihr, vor den gewaltigen, von den Jahrtausenden angenagten, nein, zerfressenen und dennoch unzerstörbaren Steinblöcken: ein ragender Wall, patiniert, ehern gesetzt, von unsichtbaren Erdkräften widerspenstig verschoben – wie eine aufgeschnittene Geologie ...
»Nächstes Jahr in Jerusalem!«
Unglaublich, aber wahr: Die große Sehnsucht in der erzwungenen Diaspora, ihr Aufschrei über neunzehn gemarterte Jahrhunderte hin, nach der Zerstörung des zweiten Tempels durch die Römer im Jahre 70 christlicher Zeitrechnung – sie waren Wirklichkeit geworden für die Juden der Welt, nach der Vertreibung der Jordanier vor einem halben Jahr, im Juni 1967:
»Nächstes Jahr in Jerusalem!«
Aber dann entdeckte ich, daß die Relikte des ›Western wall‹ nicht nur hoch steigen, sondern auch weit hinab in die Erde dringen. Und dort, tief da drunten, hatte ich sie gesehen, die Tempelfundamente, die Wurzeln Israels, ungeheure Quader, manche aus einem Stück, ein Anblick, bei dem man sich fragt, wie ein nur auf Muskelkraft angewiesenes Zeitalter sie dorthin transportieren konnte.
Nach fast zweitausend Jahren fremder Verfügungsgewalt waren

israelische Archäologen noch in den Schwaden der Panzerabgase der Armee auf dem Fuße gefolgt, hatten gegraben und geweint, geweint und gegraben. Und nun konnte ich es sehen, unverrückbar in der Erde Jerusalems: das zu Stein gewordene Recht der Juden, hier, in diesem Land, auf dieser kleinen Insel inmitten der gewaltigen Landfläche des Nahen Ostens, zu leben – in Zion.
Es war ein Anblick, und ein Augenblick, die ich nie vergessen werde.

2.

Aber da höre ich sie schon, die Antizionisten aller couleur, mit jenem Unterton typischer Gehässigkeit, dem ich mein ganzes Leben lang begegnet bin, seit der Begriff »Zionismus« in der Nazizeit zum erstenmal mein Bewußtsein erreichte: »Ursprüngliche Seßhaftigkeit ist doch kein Argument für spätere Rückeroberung!« Seit jenen Tagen des Jahres 1934 erfahre ich aus deutschem Munde das Wort *Zionismus* meist als etwas durchaus Verpöntes, eingefleischt Negatives, als eine Vokabel der Diskriminierung und Diskreditierung – und das vorgetragen mit der Stentorstimme herrschender Ideen und den heruntergezogenen Mundwinkeln ablehnender Selbstverständlichkeit.
Mit den Kenntnissen zionistischer Geschichte sieht es bei solchen Leuten schon weniger selbstverständlich aus, auch das eine Erfahrung von fast sechzig Jahren. Schlicht ausgedrückt: die meisten haben keinerlei historische Ahnung, was nicht verwunderlich ist, sondern eine Ignoranz, die typisch ist für das Wesen von Vorurteilen. Ungeachtet dessen hat der Zionismus natürlich seine Geschichte, und seine tiefe Berechtigung aus ihr. Wenn man ihn definiert als ›eine Bewegung des Judentums zur Rückkehr in das Land Israel‹ (wie es der Brockhaus knapp, aber treffend tut), dann hat es seit der Vertreibung durch die Römer immer Zionismus als geschichtliche Institution im Bewußtsein der Juden gegeben, egal, wohin sie verschlagen worden waren: »Nächstes Jahr in Jerusalem!«
Tatsächlich aber ist der moderne Zionismus nicht mehr allein Ausdruck einer vorwiegend religiös-messianischen Sehnsucht, sondern eine politische Bewegung. Konkreter: ein Geschöpf des

19. Jahrhunderts, und zwar als Antwort auf eine jüdische Gefährdung, deren Verlauf in das 20. hinein alle bisherigen Gefährdungen zu einem bloßen Vorspiel gemacht hat.
Die Zeugung dieses Zionismus im Mutterschoß der jüdischen Diaspora hatte nicht nur *einen* Vater. Da war die Haskala, die Aufklärungsbewegung im jiddisch sprechenden Judentum der großen Gemeinden Osteuropas, dem regional ein immer bedrohlicherer ›untheoretischer‹ Antisemitismus entgegenwuchs, mit furchtbaren Pogromen im zaristischen Rußland zwischen 1880 und 1905. Da war zur gleichen Zeit in Frankreich die ›Affäre Dreyfus‹, die die weitgehend assimilierten Juden Mittel- und Westeuropas aufschreckte und die Erfolge der erreichten Emanzipation und Assimilation in Frage stellte. Und da war, vor allem ein neuer, ein ›theoretischer‹ Antisemitismus, der den christlich-konventionellen Antijudaismus ablöste, und der lange schon, über das Jahrhundert hin, geschwelt hatte: man lese nur einmal wieder Johann Gottlieb Fichtes »Reden an die Nation« zu Beginn des 19. Jahrhunderts, in der Ära der sogenannten »Befreiungskriege«! In ihnen schrillt nicht nur ein neuer Diskant einer Verherrlichung der Deutschen und ein schwer überfrachteter Nationalismus hoch, da artikuliert sich auch ein rigoroser Judenhaß, wie es ihn so zuvor noch nicht gegeben hatte.
Seine Fortschreibung gebiert bis gegen Ende des 19. Jahrhunderts einen Antisemitismus, der sich keine religiöse Maske mehr vors Gesicht hält, sondern die Juden einfach zum bösen Prinzip der Weltgeschichte erklärt. Nun sind sie nicht mehr nur ›die Mörder Christi‹ (dessen Opfertod nach christlichem Verständnis Gott doch zur Erlösung der Menscheit beschlossen hatte!), nun sind sie profane Schädlinge, ekle Krankheitserreger, bösartige Viren, die aus dem Volkskörper ausgeschieden werden müssen:
»Mit Trichinen und Bazillen wird nicht verhandelt. Trichinen und Bazillen werden auch nicht erzogen. Sie werden so rasch und so gründlich wie möglich vernichtet.«
Der das schrieb, hieß nicht etwa Adolf Hitler, Heinrich Himmler oder Reinhard Heydrich, sondern Paul de Lagarde, ein deutscher Mann vor 100 Jahren, und einer der ›Theoretiker‹ des modernen Antisemitismus.

Das waren einige der Entwicklungen, die Theodor Herzl schließlich dazu bewegten, seine Klassiker »Der Judenstaat« (1896) und »Altneuland« (1902) zu schreiben. Diese Schriften, zusammen mit dem 1. Zionistischen Weltkongreß 1897 in Basel, wurden zur Grundlage des politischen Zionismus.

Wie tief der Gedanke eines jüdischen Staates inzwischen auch das internationale Bewußtsein ergriffen hatte, läßt sich ablesen an der ›Balfour-Erklärung‹, so genannt nach dem Earl of Balfour, der als britischer Außenminister während des Ersten Weltkrieges den Juden das Recht auf eine nationale Heimstätte in Palästina zusicherte. Eine Zusage, die bekanntlich nicht eingehalten wurde (ebenso wenig wie die gleichlautende gegenüber den Arabern, die an der Seite der Briten gegen das mit Deutschland verbündete Osmanische Reich gekämpft hatten).

Nach 1918 hatte die britische Mandatsmacht deshalb begreiflicherweise moralisch einen schlechten Stand gegenüber der verstärkt einsetzenden jüdischen Einwanderung, der Aliya. Die Vorenthaltung des versprochenen Staates war denn auch während der ganzen Zwischenkriegszeit 1918–1939 eine der wesentlichen motorischen Kräfte des Zionismus und seiner rigorosen Kampfformen.

Historisch unüberwindlich aber wurde er erst durch die größte Katastrophe in der Geschichte der Menschheit – durch den Holocaust, die Schoah, den Völkermord an den Juden im deutschbesetzten Europa während des Zweiten Weltkrieges. Die Mehrzahl derer, die den Wettlauf zwischen ›Endlösung‹ der Nazis und dem ›Endsieg‹ der Alliierten überlebten, kannten nur *ein* Ziel – Palästina/Israel!

3.

Obschon von mir oben stichwortartig skizziert, bräuchten zur Begründung der Existenzberechtigung des Staates Israel die jüdische Geschichte und ihre jahrtausendalten Wurzeln im Nahen Osten nicht zitiert werden – die Ereignisse des ausgehenden 19. und des 20. Jahrhunderts genügten vollkommen für sie. Es ist *ein* Element des nahöstlichen Elends, das die arabische Seite glaubt, auf solche Kenntnisse verzichten zu können, um Verständnisprozesse für jüdisches Schicksal von vornherein auszuschalten – eine streng durchgehaltene Politik aller Meinungsmacher in der Arabischen Liga.

Im Nahostkonflikt, einer der gefährlichsten Auseinandersetzungen unserer Epoche, werden Juden bereit sein müssen, über alles zu diskutieren, nur über eines nicht: über Israels Existenzberechtigung.

Ihr jedoch steht, immer noch unwiderrufen, die Vernichtungsdrohung der Arabischen Liga von Kairo 1949 entgegen. Was von der angeblichen Aufhebung des Auslöschungspassus in der PLO-Charta durch Yassir Arafat von 1988 zu halten ist, bedarf nach seiner Umarmung Saddam Husseins während des Golfkrieges keiner Erwähnung. Womit wir bei der Frage angelangt sind: Israels Existenzberechtigung und Existenzbedrohung – und die Gegenwart: »Es wird kein Frieden sein in der Region, bis Israels Nachbarn aufhören, es zu bedrohen.«

Es war Rita Süssmuth, Präsidentin des 11. und des 12. Deutschen Bundestages, die während eines Besuchs in Jerusalem das Grundproblem des Nahostkonflikts in die Nußschale dieses einen Satzes faßte. Er schließt Ursache und Charakter der Auseinandersetzung ein, und indem er weit hinausgeht über die Palästinenserfrage, trifft er den Konfliktkern.

Denn nicht die Palästinenser sind der Grund für Israels starke Armee, es sind die arabischen National- und Militärstaaten, von denen sich Israel lebensgefährlich bedroht fühlt. Und es war der Golfkrieg, der die Berechtigung des israelischen Sicherheitsdenkens nur noch einmal voll bestätigt hat.

Nicht die Palästinenserfrage, die innere Beschaffenheit der arabischen Welt ist das Dachproblem, der Rahmen des Nahostkonfliktes – *sie* ist die tiefere Ursache, durch die Israel sich in seiner biologischen Existenz bedroht sieht.

Mit der äußerst zerbrechlichen Ausnahme Ägyptens sind es von Marokko bis zum Jemen sämtlich instabile, demokratiefremde, menschenrechtsferne, gegenaufklärerische und fundamentalistisch anfällige Gewaltsysteme. Tyrannisch, despotisch, diktatorisch regiert, sind es in sich tief friedlose Herrschaftsformen, die außer ihrer Anti-Israelpolitik keinen gemeinsamen Nenner haben, und die sich schon aus Selbsterhaltungstrieb heraus nicht abfinden wollen mit einer liberalen, hochmodernen und nicht zuletzt wirtschaftlich effizienten Demokratie inmitten einer Region, die von außerordentlich statischen Feudalstrukturen gezeichnet ist.

4.
Ein zentrales Charakteristikum des Nahostkonfliktes ist ja gerade die Tatsache, daß er nicht ausgetragen wird zwischen Demokratien, sondern die Feinde Israels Staatsformen und Traditionen verkörpern, die sich den allgemein anerkannten Weltwerten entziehen, und denen soziale und politische Wirklichkeiten wie Freiheit der Gedanken und der Meinung, Menschenrechte, Gleichberechtigung, Wert des Individuums, gar der Frauen, unbekannt sind.

Die großen Leitlinien der bürgerlichen Revolution Europas und Amerikas, deren demokratisch institutionalisierte Errungenschaften heute zu Visionen einer ganzen Welt geworden sind – für die arabischen Einparteienherrschaften, wie den Irak, wie Syrien und Libyen, sind sie Fremdworte geblieben. Ebenso für all die künstlich konstruierten Königreiche, mittelalterlichen Traditionen verhaftete Monarchien, und auch für jene innenpolitisch dauergefährdeten Ölscheichtümer, die selbst aus der Apokalypse des Golfkrieges keinerlei soziale und politische Folgerungen gezogen haben.

Es ist gerade die arabisch-islamische Welt, die jede freie Entwicklung unterdrückt, riesige Summen für Prestigebauten und mächtige Heere vergeudet und mit phantastischen Ziffern persönlicher Bereicherung der herrschenden Kaste aufwartet. So bedarf es auch keiner besonderen Erwähnung, daß sich die schweren innenpolitischen Spannungen in den einzelnen Ländern inzwischen bis zum Zerreißen aufgeladen haben. Gleichzeitig hat sich auch der inter-arabische Gegensatz verschärft zwischen solchen Ländern, denen der geologische Zufall Öl zugespielt, und anderen, denen er nur Sand beschert hat.

Und so ist denn wohl auch ohne großen politischen Professionalismus zu erkennen, daß dieses arabische-islamische Pulverfaß im

Nahen und Mittleren Osten ohne den »zionistischen Gegner« längst schon in die Luft geflogen wäre. Antizionismus hat vor allem die Funktion, den gefährlichen Druck einer verfehlten Innenpolitik über das klassische Ventil der Außenpolitik abzublasen. Könnten die arabischen Völker ohne die Ablenkung auf den Erzfeind Israel doch leicht auf den Gedanken kommen, in den Selbstherrschern über ihnen die eigentlichen Verursacher ihrer sozialen und politischen Misere zu entdecken, und deshalb zwecks deren Behebung nicht nach Tel Aviv und Haifa zu marschieren, sondern den kürzeren Weg zu wählen, indem sie die Machtzitadellen in den eigenen Metropolen erstürmten.

Genau das ist es, was alle arabischen Machthaber fürchten, und zwar durchaus zurecht. Eine dauerhafte Friedenslösung des Nahostkonfliktes kann es deshalb nur gegen sie und ihre Interessen geben. Perspektivisch würde keine der gegenwärtig bestehenden Herrschaftsformen eine solche Lösung überleben.

Schon aus diesen Gründen sind die arabischen Diktatoren entgegen all ihren Lippenbekenntnissen, an der Errichtung eines Palästinenserstaates nicht wirklich interessiert. Würde der doch wahrscheinlicher als alles andere, wenn auch ohne demokratische Tradition, dem Muster des Parlamentarismus folgen. Jeder Gedanke an eine zweite, selbst nur formale Demokratie in der Region aber wäre für die arabischen Machthaber vollständig inakzeptabel. Die vielleicht furchtbarste Wahrheit für die Palästinenser ist, daß ihre Sache für keine arabische Regierung je einen anderen Wert hatte, als Manövriermasse ihrer eigensüchtigen Politik zu sein, der Bauer auf dem Schachbrett der Offiziere und Regenten von Amman über Bagdad und Damaskus bis Tripolis. Saddam Husseins Versuch, seinen Angriff gegen Kuwait und die Golfregion zu motivieren mit einem Bekenntnis zu den Palästinensern, hat den Lügenkatalog dieses Erzverbrechers und Öko-Großterroristen nur um eine weitere Variante erweitert.

Gegen den äußeren Anschein ist es nicht das bisher in fünf Kriegen siegreiche Israel, es sind die arabischen Verlierer, von denen die Grundbedrohung und damit die bisherige Unlösbarkeit des Nahostkonfliktes ausgeht.

5.
»Geliebter Saddam, erschüttere Tel Aviv mit Giftgasbomben. Mit Chemikalien, Saddam, sollst du den Schlaf der Zionisten stören!« Diese frommen Wünsche, vornehmlich von den Frauen aus den Lagern in Jordanien ausgerufen, während am nächtlichen Himmel die Scud-Raketen westwärts rasten, hatte uns seinerzeit der ARD-Korrespondent Marcel Pott aus Amman übermittelt.
Also noch ein Wort zur Frage: Israel – und die Palästinenser. Diese und ähnliche Jubelszenen, etwa auf den Dächern von Nablus, Tulkarm und Yenin, werden die Israelis, werde auch ich so schnell nicht vergessen. Ich prophezeie der israelischen Friedensbewegung – wie den ›Women in black‹, ›Os ve Shalom‹, ›Peace now‹ – schwere Zeiten! Palästinenser, für die sich so viele Israelis stark gemacht hatten, sie haben die Gutmeinenden einfach dadurch ratlos und defensiver gemacht, daß ein Stück grausamer Wirklichkeit durchgeschimmert ist: die Selbstentblößung eines bodenlosen Hasses, der mit Freuden den Untergang des Judenstaates in Blut und Tränen begrüßen würde.
Ich höre den Einwand: Die Haltung der Palästinenser gegenüber Israel erkläre sich ja eben aus der Verweigerung ihrer nationalen und staatlichen Selbstbestimmung. Hätten sie bereits einen eigenen Staat gehabt, denn hätten sie auch anders reagiert. Das korrespondiert mit Auffassungen von Israelis, die meinen, daß die Palästinenser im Falle ihrer Selbständigkeit so gescheit sein würden, das Errungene nicht durch Feindseligkeiten gegenüber Israel wieder zu gefährden. So, wie ihre Situation jetzt sei, stünden sie mit dem Rücken an der Wand.
Wer so argumentiert, der fordert von Israel und seiner Führung bei der gegenwärtigen Lage der Dinge seine Gutgläubigkeit, die es sein staatliches Dasein kosten könnte. Ich möchte nicht in der Haut eines israelischen Regierungschefs stecken, der den Schritt zur Errichtung eines Palästinenserstaates täte – denn der müßte nicht, könnte sich aber als irreparables Risiko herausstellen, als der Anfang vom Ende. Denn merke: *ein* gravierender Fehler von seiten Israels, ein einziger nur, und sein historisches Stündlein hätte geschlagen!
Niemand sonst in der Region ist in derselben Situation, niemand.

Und sie ist es, die Israels Schicksal dort so unvergleichbar macht. Ich habe aus all meinen persönlichen Erfahrungen den Schluß gezogen, daß es im Nahen Osten keine Ruhe geben kann, bis auf die Palästinenserfrage eine Antwort gefunden wird, auch wenn heute noch niemand weiß, wie sie aussehen könnte.
Aber das Elend der Palästinenser, mit dem ich mich für mein Israel-Buch tief vertraut gemacht habe, muß beseitigt, ihre Not muß aufgehoben werden. Ich habe nichts von ihrem Leid vergessen, nicht die Horrorbilder von Gaza-Jabalja und nicht die von den großen Flüchtlingsdauerlagern zwischen Hebron und Jenin auf der Westbank. Sie sind so unvergessen, daß sie mich immer noch bis in den Schlaf hinein verfolgen.
Die Parole palästinensischer Selbstbestimmung steht auf der UNO-Tagesordnung, und ich sehe keine Macht, die sie davon herunterbringen könnte. So abstoßend das Verhalten vieler Palästinenser während des Golfkrieges auch war, es wird auf die Dauer kein Argument sein, um Verhandlungen über einen qualitativen Wandel der israelisch-palästinensischen Beziehungen zu verweigern. Und das gleiche gilt für Gespräche mit der PLO, so schwer es manchen Israeli auch ankommen mag. Ich weiß, daß es viele, sehr viele kooperationswillige und -fähige Palästinenser gibt, mehr, als die restriktive Politik Israels in den besetzten Gebieten bisher erkennen ließ. Ich weiß auch, daß nicht nur unter den Gebildeten, sondern auch im Volk eine ungeheure Sehnsucht nach Frieden lebt, lernbegierig, aufgeschlossen, phantasievoll wie Palästinenser nun einmal sind, dazu neugierig, neugierig auch auf Demokratie, und sehr offen, dabei von Israel zu lernen – das wird einem geradezu inbrünstig offenbart. Nach Lage der Dinge sind sie jedoch daran gehindert, produktiv und kreativ zu werden, und sie leiden unter diesen Hemmnissen, zuoberst natürlich die Begabten.
Ich habe mit Palästinensern ohne jedes Tabu verkehrt, wenngleich konspirativ – natürlich wollte ich sie, meine Informanten auf der Gegenseite, nicht gefährden. Ich bin dabei auf erstaunliche Geständnisse gestoßen. Darunter waren welche, die unumwunden erkennen ließen, daß sie keinerlei Vertrauen in auch nur einen der arabischen Herrscher hätten, und daß sie von ihnen, im Falle eines selbständigen Palästinenserstaates, nichts Gutes er-

warteten. Nicht nur ein Palästinenser, viele haben mir gegenüber zur Illustrierung ihrer Befindlichkeit und ihrer realistischen Einschätzung erklärt: Wenn die Geschichte denn so grausam wäre, daß sie nur zwischen zwei Besetzungen zu wählen hätten, der arabischen oder der israelischen, so würden sie sich für die jüdische entscheiden. Dafür stünden die Jahre 1949 bis 1967 – in Ostjerusalem, in Westjordanien, am meisten aber in dem Gaza unter ägyptischer Herrschaft: die Palästinenser seien dort schlimmer als Hunde behandelt worden. Jede Gegenwehr, jeder Aufstand, auch nur die Andeutung einer Intifada, hätten damals unweigerlich und völlig gewiß mit einem Massaker durch die ägyptische Armee geendet ... Das alles erwogen, und vorausgesetzt auch, daß Israelis und Palästinenser in ein Verhältnis gerieten, das mehr wäre als die bloße Abwesenheit von Krieg, ja sogar die Erfüllung der palästinensischen Selbständigkeit bedeutete – würde es dann Ruhe geben?
Ich wage es zu bezweifeln, und das nicht nur der bereits hinreichend charakterisierten arabischen Herrschaftsstrukturen und deren wahrscheinlicher Langlebigkeit wegen, sondern weil dahinter noch eine ganz andere Dimension lauert, eine überregionale, interkontinentale, ja globale, in die Israel, seine Existenz und ihre Bedrohung, dennoch ganz und gar involviert sind.

6.

Ich spreche von einem Phänomen der sogenannten Dritten Welt – der *»Revolution der Erwartung«*, genauer: von ihrem totalen Fehlschlag.
Sie war der Ausdruck eines kollektiven Aufbruchs der farbigen Völker Asiens, Afrikas und Lateinamerikas, schon während des Zweiten Weltkrieges und seiner gewaltigen Umwälzungen, mehr aber noch nach Abwerfung des Kolonialjochs: Aufsteigen würde man wie Phönix aus der Asche, national, sozial und kulturell! Würde mit den Mitteln der modernen Technik und Wissenschaft den Anschluß an die zivilisatorische Höhe des Zeitalters finden und alles überwinden, was sich auf diesem Pfad des Lichtes dem persönlichen Glück in Wohlstand und Zufriedenheit entgegenstellen würde!

Bekanntlich aber wurde in den seither vergangenen dreißig Jahren dort nichts überwunden, stellten sich weder Licht noch Glück und Wohlstand ein, und also auch keine Zufriedenheit. Statt dessen ist kein einziges der großen Massenprobleme gelöst, wie das der Bevölkerungsexplosion, des Welthungers und der Weltflüchtlinge. Im Gegenteil, alles Schwierige ist nur noch schwieriger geworden.

Das läßt schon ein erster Blick auf das Universum des Elends erkennen, dessen vielfacher Zeuge ich nicht nur über den täglichen Bildschirm geworden bin, sondern als einer, der über anderthalb Jahrzehnte selbst mit der Kamera an Ort und Stelle war. Und der sie dabei dann hautnah miterlebte, die geradezu betäubende Desillusionierung jener ursprünglichen Euphorien, über quälende Dezennien hin, auch und erst recht in der arabischen Welt.

Die Konsequenz der fehlgeschlagenen »Revolution der Erwartung« war eine Vertiefung des ohnehin traditionellen Inferioritätsempfindens der Völker in der Dritten Welt gegenüber den »Weißen«. Seine natürliche Kehrseite ist Aggressivität, die sich nun aber, angestachelt durch die Enttäuschung, noch heftiger gegen die »Auslöser« richtet.

Ich spreche hier von dem kaum zu überschätzenden Minderwertigkeitskomplex der arabischen Völker gegenüber dem »Westen«, und einer Verinnerlichung dieses Komplexes, die jede kritische Sicht auf eigene Verantwortung verstellt.

Zwar, es ist ebenso wahr wie schändlich, daß der Kolonialismus, sein Erbe und die Vorherrschaft einer nach wie vor ungerechten Weltwirtschaftsordnung weißer Profiteure an diesem Komplex und seinen materiellen Voraussetzungen kräftig mitgestrickt haben, und es auch weiter tun. Dennoch aber gibt es selbstverständlich Eigenverantwortung für den Grundzustand, in dem sich die arabische Welt befindet, obwohl sie elementar geleugnet wird. Denn nie werden die Ursachen für Rückständigkeit und Ohnmacht im eigenen Versagen, nie in den herrschenden Strukturen gesucht, sondern alle Übel als importiert erklärt – Selbstkritik ist unbekannt. Solche schweren Defizite sind vor allem eine Anklage gegen die gebildete Schicht dieser Völker, ihre privilegierten Intellektuellen und die herrschende Politikerkaste.

Im Nahen Osten tut sich dabei aber noch etwas Besonderes. Dort haben sich, wie in einem Brennglas, die glühenden Strahlen des globalen Inferioritätsphänomens regional gebündelt, haben sie sich eingebrannt auf *das* Symbol der verhaßten Überlegenheit, der realen und der vermeintlichen Knechtungen, der fremden und der selbstverschuldeten Demütigungen – auf die Verkörperung der »Weißen«, des »Westen«, »Europas«, des »Großen Satans« USA – auf *Israel!*

Und das Beängstigende dieser Zusammenhänge seiner existentiellen Bedrohung ist, daß sie von ihrer Natur äußerst langlebig sind. Gewiß, die Suche nach Lösung darf davor nicht kapitulieren, aber es ist die Ferne des Friedens, die diese Suche so melancholisch macht.

7.

Und Israel selbst? Welche Rolle spielt es, oder könnte es spielen, bei der Frage seiner Existenzberechtigung und seiner Existenzbedrohung?

Da fällt mir ein Satz ein, der während eines langen Interviews im Jerusalemer Leo-Baeck-Institut mit Josef Walk fiel, prominentes Mitglied der israelischen Friedensorganisation ›Os ve Shalom‹, und eine der bewundernswert unentwegten Stimmen Israels für einen Ausgleich mit den Palästinensern:

»Man ist nicht ungestraft Besatzungsmacht!«

Wahrlich, wer könnte die Wahrheit dieses Satzes bestreiten? Das Unheil ist wirklich weit vorangeschritten. Gibt es doch viele Anzeichen humaner Erosionen in der israelischen Gesellschaft, hervorgerufen durch die permanente Anspannung des Lebens in einem Land, wo jedermann jederzeit überall verwundet oder getötet werden kann. Eltern fürchten, daß ihre pädagogischen Bemühungen um Gesittung, Mitgefühl und Mitmenschlichkeit keine Chance haben gegenüber charakterlichen Verwandlungen durch eine schlimme Wirklichkeit; Soldaten versuchen verzweifelt, mit ihrem Konflikt zwischen Gewissen und Realität fertig zu werden, manche davon, nicht wenige, wissen keinen Ausweg als den Selbstmord. Überall in Israel bin ich auf die Angst gestoßen, daß Israels Seele immer mehr versehrt wird durch eine Situation, die ihr eigentlich nicht gemäß ist: »Man ist nicht ungestraft Besatzungsmacht!« Nur zu wahr ...

Aber kann man denn bei dieser Feststellung stehenbleiben? Da wären doch noch mindestens zwei Grundfragen zu stellen. Die erste davon lautet:

»Warum ist Israel Besatzungsmacht geworden?«

Ich jedenfalls weigere mich, die Besetzung Ostjerusalems, der Westbank, Gazas und des Golan durch die israelische Armee und Administration als bloßen Eroberungsfrevel im Zuge des Sechs-Tage-Krieges von 1967 zu verfälschen. Selbst ein so gnadenloser jüdischer Kritiker Israels wie Jeschajahu Leibowitz erklärt ihn angesichts der arabischen Provokation und militärischen Vorbereitungen zu einem Präventivschlag (wenngleich der berühmte Religionsphilosoph und Biochemiker Leibowitz regelmäßig, also auch im Gespräch mit mir, hinzufügt: »Nur hätten wir uns am siebten Tag wieder zurückziehen müssen.«)

Kein Ereignis in der Geschichte des Judenstaates hat die Frage der Existenzberechtigung und der Existenzbedrohung Israels nachhaltiger gestellt als dieser Krieg und seine Folgen, auch die Scud-Raketen auf Tel Aviv und Haifa nicht. Denn tatsächlich scheint es so, als hätte sich der Judenstaat gerade mit seinem grandiosesten Sieg etwas eingehandelt, auf das der Mechanismus der antiken Tragödie zutrifft: nämlich ein Schicksal gerade durch *die* Maßnahmen, mit denen es abgewendet werden soll, nur um so rascher herbeizuführen.

Wenn aber die Frage, warum der Krieg von 1967 notwendig geworden sei, mit dem – meiner Meinung nach unbezweifelbaren – Argument des Präventivschlags beantwortet werden kann, so stellt sich sogleich die zweite, die Anschlußfrage:

»Warum ist Israel Besatzungsmacht geblieben?«

Immer wieder habe ich mich gefragt – angesichts des völlig einseitig gegen Israel eingeschossenen Teils der Weltmedien, nicht zuletzt ihrer deutschen Fraktion, angesichts einer penetrant parteiischen EG-Spitze und einer notorisch pro-arabischen UNO-Mehrheit – immer wieder habe ich mich gefragt, ob die gestrengen Kritiker wirklich meinten, daß Israel die Militär- und Zivilgewalt in den besetzten Gebieten ausübe, weil es ihm Spaß mache, über Millionen Menschen zu herrschen, die ganz offensichtlich von ihm nicht beherrscht werden wollen. Denn das kann ja wohl nicht die historische Erklärung für die Beibehaltung der israelischen Besetzung sein. Es muß also für sie noch eine andere als die von Israels Feinden und seinen publizistischen Dauerkritikern hervorgekehrte Motivation geben. Und in der Tat, die gibt es. Denn die historische Erklärung, weshalb die Besetzung bereits zweieinhalb Jahrzehnte andauert, kann nur heißen: weil Israel sich *ohne* sie noch bedrohter fühlen würde als *mit* ihr! Richtig, keine Besetzung wird ewig währen, auch diese nicht. Aber das schmälert an der akuten Rechtfertigung nichts.

Die Jordangrenze als Militärlinie sei gegenstandslos geworden im Zeitalter der Raketen? Dann stelle man sich doch einmal vor, es hätte zur Zeit der irakischen Aggression auf die Unabhängigkeit der Region den geforderten Palästinenserstaat schon gegeben. Hätte Saddam ihn respektiert? Und wenn nicht – was hätte das für Israel bedeutet? Saddam ante portas! Also nicht nur vereinzelte Raketen, abgeschossen aus großer Entfernung, sondern Bodentruppen, riesige Armeen, Hunderttausende von Infanteristen und Tausende von Panzern wenige Kilometer vor Tel Aviv ...

Alles und jedes im Nahostkonflikt läuft auf die Definition der Rita Süssmuth zu: »Es wird keinen Frieden geben in der Region, bis Israels Nachbarn aufhören, es zu bedrohen.« Ja!

Und dies ist die logische Folgerung daraus: Ohne Aufhebung der pan-arabischen, ja pan-islamischen Bedrohung keine Lösung des Palästinenserproblems.

8.

Zum Schluß die Frage: Was kann Israel selbst tun, jenseits des Militärischen, um seine bedrohte Existenz zu sichern und zu einer politischen Lösung des Nahostkonfliktes mit den arabischen Nachbarn zu gelangen? – vorsichtig und ohne jede Besserwisserei, aber kritisch gestellt.

Sicherlich mehr, als seine Regierungen bisher getan haben. Alle Versuche, den Status quo sozusagen schlußgeschichtlich zementieren zu wollen, sind hoffnungslos. Israel, Volk und Regierung, müßten kühner und offener als bisher vorgehen, und sie könnten

es. Erst das, und nur das, würde die Übertragung des verhängnisvollen Gesetzes der antiken Tragödie auf Israels Schicksal aufheben.
Dazu gehörten Vorgaben, die den festen Willen Israels zur Überwindung des Status quo vor aller Welt bekundeten – ohne seine staatliche Existenz aufs Spiel zu setzen. In erster Linie und allem voran: die Beendigung einer Siedlungspolitik, die in diesem Stadium der Auseinandersetzung so provokativ wirkt, wie sie von ihren Anstiftern gemeint ist. Weiter die Aufhebung der israelischen Blockade, direkt und ohne Vorbedingungen mit den Palästinensern zu sprechen. Dies wäre um so dringender, als der bewaffnete Arm der PLO, nach den Bocksprüngen des kein Fettnäpfchen vermeidenden Yassir Arafat und der erwiesenen Zielverfehlung der Intifada, erheblich an Einfluß verloren hat, während gleichzeitig proportional dazu eine zivile und moderatere Kaste palästinensischer Politiker an Ansehen und Spielraum gewonnen hat: Mit Feisal-el-Husseini und Hanan Ashrawi läßt sich anders reden – wenn man will.
Ohne daß damit schon die Palette israelischer Vorgaben erschöpft wäre – solches Vorgehen und seine Wirkung müßten die arabischen Herrscher unweigerlich in Zugzwang bringen, wenn sie ihrerseits vor der Welt nicht als Dauerbrandstifter und Friedensverhinderer das Gesicht verlieren wollten. Der globale *good will,* den sich Israel damit einheimsen könnte, wäre gewaltig – wenn dies seine ehrliche Strategie mit dem Ziel einer fernen, aber dennoch hartnäckig verfolgten Friedenslösung wäre, und nicht etwa absichtsvolle Taktik zum bloßem Erwerb kurzlebiger Augenblickstriumphe über seine dann geneppten arabischen Verhandlungspartner. Die wiederum müßten unter den Augen einer höchst gespannten und aufmerksamen Weltöffentlichkeit reagieren, was schwieriger wäre, als ihre derzeitige Position – und die der vergangenen Jahrzehnte.
So könnte möglicherweise entstehen, was in der Geschichte der Menschheit gewiß nicht das erstemal passierte: daß nämlich die Bemühungen um einen lange unlösbar erscheinenden Gegensatz zunächst unbemerkt, dann aber immer deutlicher, in das Stadium der Unumkehrbarkeit einrasteten – obschon der Gang der Dinge

nicht im Sinne ursprünglicher Konstellationen der Mächtigen abliefe ...
Die, natürlich, wollten immer herrschen bis in alle Ewigkeiten, nach ihrem Gusto und ihrem Kalkül – und mußten schließlich doch abtreten, weil der große Walter »Geschichte« noch mächtiger war als sie. Wer denn hätte den Großen des realexistierenden Sozialismus und dessen Weltsystem einen Abgang wie den gehabten vorausgesagt, darunter auch den seiner allerunbelehrbarsten Klientel, also der deutschen?
Ergreifenderweise bin ich in manchen Gesprächen mit Israelis, mehr aber noch mit Palästinensern, der zarten Hoffnung begegnet, daß das abrupte Ende des Stalinismus lehre, wie rasch sich selbst aussichtslose Geschichtskonstellationen ändern könnten, und mit ihnen das Antlitz ganzer Regionen, ja ganzer Kontinente. Die Kindheits- und Jugendlektüre von »Tausendundeiner Nacht« durchaus noch im Hinterkopf, bezweifle ich trotzdem die Übertragbarkeit dieses euro-asiatischen Politwunders, das sich da mit der Abdrift des GULAG- und Stasi-Systems in den Orkus der Geschichte getan hat, auf die Welt des Orients.
Aber der Funke, auch anderswo könne es zu historischen Überraschungen großen Stils kommen, dieser Funke ist, das muß ich gestehen, keineswegs in mir erstickt.

Willy Guggenheim

Palästinenserfrage, Nahostkrise und der Staat Israel

Der israelisch-arabische Konflikt straft das Bild vom Gordischen Knoten Lügen. Er kann nicht mit dem Schwert gelöst werden. Diese Erfahrungen haben die Israelis und die Araber in den letzten Jahrzehnten mehrmals gemacht. Die arabischen Staaten mußten zusehen, wie ihre zum Halali nach Tel Aviv aufgebrochenen Armeen zerschlagen wurden, der Judenstaat hat gelernt, daß ein militärischer Sieg noch keinen Frieden und keine Koexistenz bedeutet. Denn für die Araber stellte Israel nicht eine Frage von Grenzen dar, sondern ein prinzipielles Unrecht, das »Böse« schlechthin. Zudem weist der Konflikt noch eine religiöse Komponente auf, da nach den Lehren des Islam im »Dar al-Islam« dem »Haus des Islam«, Andersgläubige keine nationale Einheit besitzen dürfen. Allenfalls sind sie als »Dhimmi«, geschützte Untertanen, geduldet. Wir werden auf diese Dimension des Nahostkonfliktes zurückkommen. Verbleiben wir jedoch beim Gordischen Knoten und dem Schwert. Hier hat nun der Golfkrieg eine zusätzliche Dimension gebracht. Beobachter an Ort und Stelle in Irak sprachen nach seiner Beendigung von einer »nahezu apokalyptischen Lage«. Ebenso sind die Bilder vom zerstörten Kuwait noch in Erinnerung. Erstmals seit dem Zweiten Weltkrieg war sich die öffentliche Meinung der Welt, und insbesondere auch der arabischen Staaten wieder einmal bewußt geworden, was ein Krieg an Zerstörungen und Verlusten bedeutet. Sogar ein »chirurgisch« geführter!

In Analysen des israelisch-arabischen Konfliktes spricht man von den vier Kriegen, 1948, 1956, 1967 und 1973, um dann die bange Frage zu stellen, wann es wohl zum fünften kommen könnte. Deshalb sei einmal ein Blick auf die vergangenen Kriege geworfen.

Israels Unabhängigkeitskampf wurde 1948 noch mit alten Waffen aus dem Zweiten Weltkrieg geführt. Der Suez-Krieg fand auf

der Sinai-Halbinsel und am Suez-Kanal, abseits des eigentlichen ägyptischen Kernlandes statt. Dasselbe gilt für den Sechstagekrieg, soweit es Ägypten und Syrien betrifft, denn auch der Golan war vorrangig eine strategische Höhe der Syrer, mit welcher sie die dicht darunter liegenden Gebiete um den Tiberias-See beherrschen konnten. Zisjordanien (die sog. »Westbank«), wurde 1967 von Israel erobert, weil König Hussein Gamal Abdel Nassers telefonisch übermittelten Lügen über den bevorstehenden ägyptischen Sieg geglaubt hatte und Israel angegriffen hatte. Dabei erlitt es jedoch kaum Schaden, da die jordanischen Truppen schnell das Weite suchten. Der Jom-Kippur-Krieg von 1973 spielte sich ebenfalls im Sinai und auf den Golan-Höhen ab. Keiner dieser vier Kriege hat somit die daran beteiligten arabischen Staaten in ihrem Kern getroffen; zivile Gebiete kamen kaum zu Schaden, die Luftangriffe richteten sich auf militärische Ziele.
Die vier israelisch-arabischen Kriege waren somit Spezialfälle in der Kriegsgeschichte; sie wurden in der Bevölkerung der daran beteiligten arabischen Staaten, abgesehen von der Trauer einzelner Familien um gefallene Soldaten, nicht eigentlich als Kriege zur Kenntnis genommen. Natürlich sprachen die Kommentatoren davon, daß nun die Araber wieder einmal durch eine Niederlage »gedemütigt« worden seien. Aber in einer »nahezu apokalyptischen Lage« befanden sich jene Staaten nicht.

Der Golf-Krieg hat somit im Nahen Osten zu einer radikalen Änderung der Auffassungen in bezug auf Kriege geführt. Erstmals haben die Araber eine »modernen« Krieg erlebt und all seine schrecklichen Folgen zur Kenntnis nehmen müssen. Paradoxalerweise ist dies der Politik westlicher Nationen vor dem Golf-Krieg zu verdanken, die damals Saddam Hussein modernstes Kriegsmaterial lieferten. Doch darüber ist ja ausführlich berichtet worden. Saddam Hussein war jedoch nicht der einzige Araber, der hypermoderne Waffen erhielt. Auch Syrien gehörte dazu, was periodisch zu Unkenrufen führt – zuletzt auch wieder in Zusammenhang mit den Scud-Raketen aus Nordkorea –, Assad könnte, jetzt da sein Hauptgegner Saddam Hussein erledigt sei, ein Abenteuer gegen Israel starten. Nur eben – auch Israel hat sich seit

Jahren den neuen Bedingungen angepaßt. Die Zurückhaltung während der irakischen Terrorangriffe mit Scud-Raketen auf die Zivilbevölkerung darf darüber nicht hinwegtäuschen.
Seit den Fünzigerjahren spricht man davon, daß in Israel Atomwaffen entwickelt würden, und auch von der israelischen Raketen-Fabrikation ist immer wieder die Rede. Schließlich hat man ja bereits einen Satelliten ins All befördert. In einer Fernsehdiskussion vor einigen Jahren hat Henry Kissinger, der die Israelis in Krisensituationen besser kennt als irgendein anderer westlicher Politiker, erklärt, daß er nicht an einem israelischen Einsatz der Atombombe zweifle, wenn das Land wirklich in existenzielle Bedrängnis geriete.
Saddam Hussein stand dicht an der Schwelle zu operativen unkonventionellen Waffen, chemischen und biologischen. Und hätten die Israelis 1981 nicht den von Frankreich an Irak gelieferten Atomreaktor »Ozirak« zerstört, wäre die anti-irakische Allianz vermutlich einer Atombombe gegenübergestanden. Daß Syrien an Scud-Raketen mit chemischen Köpfen bastelt, ist bekannt.
All das wußte man seit langem, es war jedoch ein eher theoretisches Wissen von Geheimdiensten und Militärexperten. Die Auswirkungen, welche dieser qualitative Sprung auf die nahöstliche Kriegsführung haben könnte, malte man sich nicht aus. Und wenn es jemand tat, wurde er abgeklemmt. Vor einigen Jahren schon schrieben zwei israelische Journalisten ein Buch über Israels Atomforschung, das den Titel trug »Keiner wird uns überleben«. Es wurde von der Zensur nicht zur Veröffentlichung freigegeben.
Zur Zeit des »Kalten Krieges« sprach man vom »Gleichgewicht des Schreckens«, welches ein Krieg zwischen den beiden Supermächten verhindere. Das Problem des Nahostkonfliktes bestand darin, daß ein Ungleichgewicht zwischen Israel und seinen arabischen Nachbarstaaten herrschte. Die Araber wollten den Judenstaat vernichten, Israel lediglich seine Existenz sichern. Solange die arabischen Führer glaubten, schließlich in einem weiteren Krieg einen Sieg davon tragen zu können, um ihr Ziel zu erreichen, gab es für sie auch keinen echten Ansporn und Grund, sich ehrlich um diesen Frieden zu bemühen. Jetzt jedoch dürfte den

Arabern klar geworden sein, daß es keine Kriege à la 1967 und 1973 mehr geben kann, sondern nur noch »apokalyptische«. Und was diese bedeuten würden, können sie sich leicht ausmalen, wenn sie sich im Irak und in Kuweit umsehen. Dazu kommt, daß Saddam Hussein mit seinen Scud-Angriffen auf zivile Ziele in Israel und in Saudi-Arabien ein Tabu gebrochen hat, was in einem nächsten Krieg verheerende Folgen haben würde – auch wenn die Palästinenser jeweils auf den Dächern Zisjordaniens den Scuds zugejubelt haben. Auch ihnen dürfte inzwischen klar geworden sein, daß Jassir Arafats Umarmung von Saddam Hussein ihrer eigenen Sache nicht gerade förderlich war.
Die durch den Golfkrieg dramatisch veränderte militärische Lage im Nahen und Mittleren Osten könnte somit die Grundlage für einen politischen Neubeginn auf der Suche nach einem Frieden bilden, genauso wie das »Gleichgewicht des Schreckens« ein wichtiger Faktor im Kalten Krieg war. Dazu kommt der Zusammenbruch des Sowjetimperiums. Es gibt nur noch eine »Supermacht«, somit ist der Nahe Osten nicht mehr Zankapfel zwischen den USA und der UdSSR; der israelisch-arabische Konflikt dient ihnen nicht mehr als Mittel zum Zweck, nämlich den eigenen Einfluß in der Region zu stärken. Und die arabischen Staaten könnten nicht mehr mit sowjetischer Hilfe rechnen. Die Zukunft der »Nahostkrise« und damit auch der Palästinenserfrage ist somit von einer völlig neuen Warte aus zu betrachten. Doch werfen wir nun einen Blick zurück, auf dessen Entstehung vor der Jahrhundertwende und Entwicklung in den letzten Jahrzehnten.

Zu Beginn war eines der Schlagworte des Zionismus: »Das Land ohne Volk für das Volk ohne Land.« Nun ist es eine Tatsache, daß damals die verlotterte türkische Provinz Syrien (zu welcher »Palästina« gehörte) unterbevölkert war und gewiß Raum für viele jüdische Einwanderer bot, ohne daß die wirtschaftlichen Interessen der arabischen Bevölkerung geschmälert wurden. Als nun die Zionisten erkannten, daß Palästina eben doch kein Land ohne Volk war, legten sie sich folgende Ideologie zurecht (zitiert nach Arthur Ruppins Referat beim elften Zionistenkongreß in Wien, 1913):

»Am Anfang der zionistischen Bewegung war vielfach die Ansicht verbreitet, Palästina sei ein leeres Land, und vielleicht ist unsere ganze frühere Taktik in hohem Maße von dieser irrigen Auffassung bestimmt worden. Wir haben inzwischen gründlich umlernen müssen. Palästina ist zwar mit seinen dreiundzwanzig Einwohnern auf den Quadratkilometer ein dünn bevölkertes Land und könnte sicherlich bei entwickelter Wirtschaft das Vielfache seiner jetzigen Bevölkerung ernähren ... Es ist eine unabweisbare Aufgabe, das Beieinanderwohnen von Juden und Arabern zu einem friedlichen und möglichst freundschaftlichen zu machen. Wir haben hier vieles nachzuholen, was wir bisher versäumt haben, und begangene Fehler wiedergutzumachen. Natürlich ist es vollständig nutzlos, wenn wir uns darauf beschränken, den Arabern zu versichern, daß wir als ihre Freunde ins Land kommen. Wir müssen dies vielmehr durch Taten beweisen. Zwar ist es sicher, daß die jüdische Kolonisation bisher den Arabern schon große materielle Vorteile gebracht hat. ...«

Und fünfundzwanzig Jahre danach nahm Abraham Granovski, später Granott, damals Präsident des Jüdischen Nationalfonds, in seinem Buch »Jüdische Bodenpolitik in Palästina« das Thema wieder auf:

»Seitens der arabischen Kreise war in steigendem Maß eine ablehnende Haltung festzustellen; diese erblickten in den jüdischen Landkäufen eine Förderung der zahlenmäßigen Zunahme der Juden in Palästina und möchten darin auch die Ursache für die Verarmung der Araber finden. Diese Auffassung ist grundfalsch. Der jüdische Bodenerwerb kommt der arabischen Bevölkerung zugute und bietet, wie dies von uns wiederholt dargestellt wurde, ein Mittel zur Besserung und Befestigung ihrer materiellen Lage. Auch der voreingenommene Kritiker muß anerkennen, daß jüdische Einwanderung und Siedlungsarbeit Palästina bereichert und zu einer Insel des Wohlstandes im Meere der ökonomischen Rückständigkeit der arabischen Länder gemacht hat. Der Unterschied zwischen dem Wirtschaftsstandard Palästinas und den umliegenden Ländern kommt klar zum Ausdruck bei einem Vergleich der Lohnsätze in den Nachbarstaaten mit denen der arabischen Arbeiter Palästinas ... Dieses Werk – das zionistische, welches Kapital, technische Kenntnisse und viele menschliche Energie ins Land bringt, ist allein imstande, der Jahrhunderte anhaltenden Stagnation der arabischen Wirtschaft ein Ende zu bereiten und einer neuen Entwicklung den Weg zu ebnen.«

Objektiv, und auch durch Statistiken der britischen Mandatszeit belegt, stimmt es natürlich, daß dank des zionistischen Aufbaus der Lebensstandard der Araber gehoben wurde. Das ist eine Tatsache, die auch zur großen arabischen Einwanderung nach Palästina während der Mandatszeit beitrug. Es stimmt auch, daß sich viele Araber an den Landkäufen bereicherten und daß Krankheiten ausgerottet wurden.

Nur eben – David Ben Gurion erzählt in seinem Buch »Wir und die Nachbarn« von einem Gespräch mit Mussa Alami, einem angesehenen Araber, der bis 1937 juristischer Berater der Mandatsregierung in Jerusalem war und später als Repräsentant der palästinensischen Araber bei der Gründung der Arabischen Liga mitwirkte. Ben Gurion schreibt:

»Die seinerzeit in der zionistischen Bewegung allgemein verbreitete Ansicht ging davon aus, daß wir den Arabern des Landes Nutzen brächten und daß demnach für sie kein Anlaß bestünde, unsere Gegner zu sein. Im ersten Gespräch, daß ich zusammen mit Mosche Scharett mit Mussa Alami führte, wurde diese Annahme erschüttert. Mussa Alami sagt: ›Ich ziehe vor, daß dieses Land sogar noch hundert Jahre arm und wüst bleibt, bis wir Araber aus eigener Kraft imstande sein werden, es zur Blüte zu bringen und zu entwickeln.‹ Ich fühlte, daß er als arabischer Patriot das Recht zu dieser Äußerung hatte. Unser Gespräch war offenherzig, und Mussa Alami macht auf mich den Eindruck eines aufrichtigen, geraden und klugen Menschen. Er beschwerte sich über die Geringschätzung der Juden für die Auffassung der Araber ... Ich fragte, ob keine Möglichkeit für eine Verständigung und für gegenseitige Hilfe bestünde, die den Haß und die unfruchtbare Gegnerschaft ablösen würden. Tatsache sei, daß die Situation des arabischen Fellachen und Arbeiters im Land besser sei als in Transjordanien, wo kein einziger Jude lebe, und in den arabischen Nachbarstaaten. Mussa Alami gab dies zu, sagte aber, daß sich die Araber nicht von Fremden helfen lassen wollen ...«

Dieses Gespräch zeigt klar die ganze damalige Konfliktsituation. Dem erwachten arabischen Nationalismus widerstrebte es aus tiefster Seele – und auch aufgrund der Lehre des Koran –, sich von Juden helfen zu lassen, während für die Juden der einzige moralische Ausweg aus der Erkenntnis, daß Palästina eben kein leeres Land war, darin bestand, den Arabern ihre Hilfe anzubieten – die diese nicht haben wollten.

Betrachten wir nun die politische Entwicklung nach dem 1. Zionistenkongreß 1887 in Basel, an dem die Bewegung ihren Anfang genommen hatte: »Der Zionismus erstrebt für das jüdische Volk die Schaffung einer öffentlich gesicherten Heimstätte in Palästina.« Das war noch zur Zeit, da Palästina,wie so ziemlich der ganze Nahe Osten, unter türkischer Herrschaft stand.

Die Zeit bis zum Ersten Weltkrieg verging mit ideologischen Auseinandersetzungen zwischen »politischen«, »praktischen«, »kulturellen« und »synthetischen« Zionisten. Die einen glaubten, nur durch politische Arbeit bei den diversen Mächten Europas und beim Türkensultan könne etwas erreicht werden, und praktische Arbeit im Land selber, das heißt Besiedelung in kleinem Maßstab sei lediglich Zeitverschwendung. Andere wiederum, Achad Haam war ihr Protagonist, verfochten mit Vehemenz einen Kulturzionismus und waren der Ansicht, daß Palästina lediglich ein Zentrum kultureller Ausstrahlung für das jüdische Volk werden könne. Irgendwo dazwischen standen jene, die einen synthetischen Zionismus predigten, etwa nach der Devise »Das eine tun, das andere nicht lassen«. Zu ihnen gehörte Chaim Weizmann. Überzeugter Zionist russischer Herkunft, aber auch brillanter Chemiker, gelang es ihm, im Ersten Weltkrieg ein neues Verfahren zur Herstellung von Sprengstoff zu erfinden, was ihn in engen Kontakt mit der britischen Regierung brachte. Zur gleichen Zeit waren in den Vereinigten Staaten einflußreiche Juden für die zionistische Sache tätig und konnten Präsident Wilson davon überzeugen, daß im Rahmen einer Neuordnung der Welt nach dem Krieg auch die Juden ihre Heimstätte erhalten sollten.

Am 2. November 1917 war es soweit. In einem Brief an Lord Lionel Rothschild schrieb Englands Außenminister Arthur James Balfour, daß »die Regierung Seiner Majestät mit Wohlwollen die Errichtung einer nationalen Heimstätte für das jüdische Volk in Palästina betrachtet, und wird ihr Bestes tun, die Erreichung dieses Zieles zu erleichtern, wobei, wohlverstanden, nichts geschehen soll, was die bürgerlichen und religiösen Rechte der bestehenden nichtjüdischen Gemeinschaft in Palästina oder die Rechte und den politischen Status der Juden in anderen Ländern in Frage stellen könnte.«

Und damit war aus dem »verheißenen Land« das *too much promised land* geworden, wie die Engländer in den folgenden dreißig Jahren feststellen mußten. Denn zur gleichen Zeit, als die britische Regierung mit den Zionisten verhandelte, wurden auch arabischen Königen und Emiren Versprechungen gemacht (Lawrence of Arabia!) und mit den Franzosen im Sykes-Picot-Vertrag von 1916 die gegenseitigen Einflußsphären abgegrenzt.

Einen Monat nach der Veröffentlichung der Balfour-Deklaration marschierte der britische General Allenby in Jerusalem ein. Damit begann ein neues Kapitel: Erstmals seit der Kreuzfahrerzeit war die Stadt wieder unter christlicher Herrschaft. Erstmals seit der Zerstörung des Tempels durch Titus im Jahre 70 erhoben die Juden wieder Anspruch auf das Heilige Land.

Im Friedensvertrag von Versailles des Jahres 1919 wurde beschlossen, die eroberten Gebiete des ehemaligen türkischen Reiches im Nahen Osten in Mandatsgebiete der Siegerstaaten England und Frankreich umzuwandeln. 1922 übertrug der Völkerbund Großbritannien das Mandat über Palästina mit einer doppelten Verpflichtung: das Wohlergehen der einheimischen Bevölkerung zu sichern, und »daß das Land unter politische, administrative und wirtschaftliche Bedingungen gestellt wird, welche die Errichtung der Jüdischen Nationalen Heimstätte (...) und die Entwicklung von Selbstverwaltungsinstitutionen gewährleisten«.

Hier sollte vielleicht ein Ereignis in Erinnerung gerufen werden, welches zusehends an Bedeutung gewinnt. Ursprünglich gehörte auch Transjordanien zum vorgesehenen Mandatsgebiet Palästina. Doch die Engländer hatten Hussein Ibn Ali, Urgroßvater des jetzigen Königs von Jordanien, der von den Saudis als Sherif von Mekka vertrieben worden war, versprochen – es war noch während des Ersten Weltkrieges –, ihn für seine Hilfe mit dem Königsthron von Syrien zu entschädigen. Nur eben, Syrien geriet unter französischer Herrschaft. Die Engländer suchten einen Ersatz für ihr Versprechen, und, wie der damalige Kolonialminister Winston S. Churchill in seinen Memoiren schreibt: »An einem sonnigen Nachmittag auf der Terrasse des King David Hotels in Jerusalem schuf ich Transjordanien«. Damit wurde der größte Teil des für das jüdische Nationalheim vorgesehenen Mandatsgebietes abgetrennt. Dessen Grenzen hörten am Jordan auf; nach Husseins Tod wurde dessen Sohn Abdallah Emir von Transjordanien. Er eroberte im Krieg von 1948 Zisjordanien und annektierte es, was jedoch nur von Großbritannien und Pakistan anerkannt wurde. Im Juli 1951 wurde er am Eingang zur Al-Aksa-Moschee in Jerusalem von einem Palästinenser ermordet. Um eine spätere Entwicklung vorwegzunehmen: Anläßlich der Waffenstillstandsverhandlungen in Rhodos, 1949, nach dem Unabhängigkeitskrieg, handelte er mit den Israelis einen Entwurf für ein Nichtaggressions-Abkommen aus, das 1950 hätte unterzeichnet werden sollen. Doch unter massivem Druck der Arabischen Liga, die ihn auszuschließen drohte, zog er sich von dieser Vertragsunterzeichnung zurück. Also schon damals verhinderten die arabischen Staaten eine friedliche Koexistenz mit dem neuerstandenen Judenstaat. Was sich in den kommenden Jahrzehnten immer wiederholte.

Laut Artikel 4 des Palästinamandates sollte »eine angemessene jüdische Vertretung (Jewish Agency) als öffentliche Körperschaft anerkannt werden, mit der Aufgabe, die Verwaltung Palästinas in wirtschaftlichen, sozialen und anderen Angelegenheiten zu beraten und mit ihr zusammenzuwirken, die die Errichtung der Jüdischen Nationalen Heimstätte und die Interessen der jüdischen Bevölkerung betreffen, und, immer vorbehältlich der Kontrolle durch die Verwaltung, an der Entwicklung des Landes zu helfen und teilzunehmen ...« Die Jewish Agency entwickelte sich also im Laufe der Jahrzehnte zur Mandatszeit zur »Regierung« der Juden als Staat im Staat. Die jüdische Gemeinschaft Palästinas organisierte sich. In diesem Zusammenhang sollte jedoch auch in Erinnerung gerufen werden – was heute praktisch niemand mehr weiß –, daß das Mandat auch ähnliche Institutionen für die Araber, eine »Arab Agency« vorsah. Doch alle Versuche der Engländer, repräsentative Vertretungen zu schaffen und zu fördern, scheiterten an den mörderischen Zwisten zwischen den verschiedenen arabischen Familien und Interessengruppen. Insbesondere bekämpften sich in Jerusalem die Nashashibis und Husseinis. Ein Husseini war ja auch Mufti von Jerusalem, der dann Adolf Hitler umarmte. Die Wurzeln zu der späteren Tragödie der Palästina-Araber liegen bereits in jenen Jahren des Mandates, als sich herausstellte, daß sie weder über gemeinsame politische Willensbildung noch über eine allseits anerkannte Führung verfügten. Was, wie wir noch sehen werden, bis in die jüngste Gegenwart andauert.

Nachdem bereits 1929 in Hebron ein Pogrom stattfand, welches zur Flucht der jüdischen Bevölkerung führte, kam es in den Dreißigerjahren in ganz Palästina zu einem Aufstand der Araber gegen die jüdische Einwanderung. Dies führte zu einer Vertiefung des Grabens zwischen den beiden Bevölkerungsgruppen und einer Schwächung der britischen Mandatsmacht, die nun ihre ganzen Energien für die Aufrechterhaltung der Sicherheit einsetzen mußte. Doch gleichzeitig war dies der Anfang der jüdischen Selbstverteidigung, der Haganah. Am 17. Mai 1939 veröffentlichte die britische Regierung ein »Weißbuch«, worin die Einwanderung nach Palästina und der Landkauf drastisch beschränkt wurden. Das war zwar eine flagrante Verletzung der Verpflichtungen aus dem Mandatsvertrag, doch der arabische Druck hatte auf London seine Wirkung nicht verfehlt. Zu einem Zeitpunkt, als der Zweite Weltkrieg unmittelbar bevorstand, Hitler bereits den Beweis für seine unmenschliche Judenpolitik geliefert hatte und praktisch kein Land der Welt bereit war, verfolgte Juden aufzunehmen, schloß auch Großbritannien die Tore zum jüdischen Nationalheim.

Nach dem Krieg setzte die UNO eine Kommission ein, die Lösungsvorschläge für das Palästina-Problem unterbreiten sollte. Am 29. November 1947 beschloß die Generalversammlung mit

33 zu 13 Stimmen bei 10 Enthaltungen die Teilung Palästinas. Die arabischen Staaten lehnten diesen Plan ab, und als am 14. Mai 1948, basierend auf dem UN-Beschluß, David Ben Gurion in Tel Aviv den Staat Israel proklamierte, begann der Krieg. Die arabischen Nachbarn setzte ihre Armeen in Marsch. Und damit begann auch die eigentliche Tragödie der Palästinenser, die – wie wir sehen werden – zu einem erheblichen Teil selbstverschuldet ist, und von den arabischen »Bruderstaaten« mit verursacht ist. Denn diese mißbrauchten die Palästinenser als Waffe gegen Israel.

Das war auf perverse Art logisch: Wenn man Israel nicht anerkennt, dürfen auch die Flüchtlinge nicht in andern Ländern eingeordnet werden. Viele Millionen Flüchtlinge haben seit dem Zweiten Weltkrieg als Folge von Kriegen oder Teilungen von Staaten ihre Heimat verloren, und sie haben allesamt ein neues, konstruktives Leben begonnen. Lediglich die Araber beharrten darauf, ihre »Brüder«, zu deren »Rettung« sie ja 1948 in den Palästinakrieg gezogen waren, Jahrzehnte hindurch in Lagern zu halten. Natürlich ist Israel an der Entstehung des Flüchtlingsproblems »mitschuldig«; jeder Krieg führt dazu, daß Menschen entwurzelt werden. Doch der eigentliche internationale Skandal liegt darin, daß diese Menschen in ihren Bruderländern eine Behandlung erfuhren, wie es sich kein westlicher Staat, nicht einmal mit »fremden« Flüchtlingen, leisten würde.

Als Folge des ersten israelisch-arabischen Krieges 1948 mußten rund 600000 Araber die Gebiete verlassen, die israelisch wurden. Im Gaza-Streifen, den die Ägypter annektierten, wurden sie in Lagern gehalten, obschon die Möglichkeit konstruktiver Wiederansiedlung in der Gegend um das benachbarte El-Arisch bestanden hätte. Ja sogar in Jordanien, das damals Zisjordanien annektierte und dessen Bevölkerung zu zwei Dritteln aus Palästinensern bestand, blieb der Mythos vom »landlosen Volk« bestehen, obgleich das haschemitische Königreich bis 1967 100000 der 120000 Quadratkilometer des ursprünglichen Mandates Palästina umfaßte. Aber auch hier wurden die Flüchtlinge in Lagern eingesperrt. Offen gaben arabische Führer zu, daß sie diese Menschenmassen als politische Waffe gegen Israel gebrauchen wollten.

Und Israel stellte sich auf den Standpunkt, daß es rund 700000 Juden aus arabischen Ländern aufgenommen und integriert habe, was einem Bevölkerungsaustausch gleichkomme.
Der »Sechstagekrieg« von 1967 brachte ein neues Element in die historische Entwicklung. In letzter Zeit wird immer wieder die Resolution 242 des Sicherheitsrates erwähnt, die einen Rückzug Israels aus besetzten Gebieten im Tausch für einen Frieden fordert. Sie enthält auch den etwas abstrusen Satz über die »Unzulässigkeit, Gebiete durch Kriege zu erwerben«. Bisher waren nämlich alle Grenzen der Weltgeschichte das Resultat von gewonnenen oder verlorenen Kriegen. Doch das Entscheidende bei der Resolution 242, das heute vergessen wird, ist die Tatsache, daß ungefähr zur selben Zeit in Khartum ein Araber-Gipfeltreffen stattfand, das die Losung »Keine Verhandlungen, keine Anerkennung und kein Friede« mit Israel beschloß. Was natürlich die Resolution 242 völlig negierte und echte Friedensverhandlungen ausschloß.
Der Krieg von 1973 brachte auch keine Wende, erst die Sadat-Reise nach Jerusalem, welcher Geheimverhandlungen zwischen Israel und Ägypten in Marokko vorangegangen waren, führte zu Camp David und dem Frieden von Washington. Sadat mußte mit seinem Leben dafür bezahlen, er wurde von moslemischen Fanatikern ermordet.
Betrachten wir nun noch die PLO, diese »einzige legitime Vertreterin« des Palästinenser. Sie ist ein einzigartiges Phänomen. Nie zuvor hat eine international so hochgejubelte »Befreiungsorganisation« (zumindest bis zu Arafats Umarmung von Saddam Hussein) existiert, nie gab es eine reichere (ebenfalls bis zur Enttäuschung der Golf-Emire und Saudis im Golfkrieg), noch nie eine für ihre Landsleute erfolglosere. Und keine Organisation ist in einem solchen Maße in blutigen internationalen Terror verstrickt. Ob Linksextremisten oder Neo-Nazis in Europa, Japaner, Iren oder Mittelamerikaner, überall hat die PLO schon mitgemischt.
Die PLO wurde – auch das scheint man vergessen zu haben – im Jahre 1964 gegründet, und zwar im damals noch unter jordanischer Herrschaft stehenden Ostjerusalem, wo auch der erste palästinensische Nationalkongreß stattfand. »Besetzte Gebiete«, dieses angeblich so unüberwindbare Hindernis auf dem Wege zu

einem Frieden, gab es damals noch nicht. Außer man betrachtet – was ja die PLO und die meisten arabischen Staaten auch tun – Israel innerhalb seiner Grenzen von 1967 als »besetztes Gebiet«. Somit stellt sich die Frage, was denn die Palästinensische Befreiungsorganisation eigentlich »befreien« wollte.

Im Gegensatz zu andern Befreiungsorganisationen, die innerhalb einer Bevölkerung entstanden sind, verdankt die PLO ihre Existenz der Doppelzüngigkeit der arabischen Bruderstaaten. Ägypten, Syrien, Irak – jeder hatte »seine« Palästinenser. Und nutzte das aus: nicht etwa um ihnen zu einer Heimstätte zu verhelfen, sondern als Mittel im Kampf gegen Israel. Hätten es die arabischen Staaten, aber auch die sogenannten Führer der Palästinenser, mit ihren Parolen ernst gemeint, so wäre es ja in den 19 Jahren zwischen 1948 und 1967 durchaus möglich gewesen, in Zisjordanien und dem Gaza-Streifen den palästinensischen Staat zu errichten, den man heute so sehnsüchtig anstrebt.

Abu Iyad, ein treuer Gefolgsmann von Jassir Arafat, gab am 4. März 1985 im »Spiegel« ein Interview und sagte unter anderem, daß es »ein Fehler der PLO war, unbegrenzt auf die arabischen Regierungen zu vertrauen. Sie haben uns richtig reingelegt, indem sie sich zwar zu unserer Sache bekannten, aber das waren Lippenbekenntnisse. In Wahrheit betrieben sie eine mörderische Politik, die uns fast vernichtete«.

Im Dezember 1987 brachte die »Intifada«, der Aufstand der »steinewerfenden Kinder« der Palästinenser, ein radikal neues Element in die Nahostpolitik. Alle Beobachter sind sich darüber einig, daß der Aufstand spontan und lokal ausgebrochen war, nicht allein wegen der politischen Patt-Situation in Israel, sondern vor allem, weil die Palästinenser in den Territorien die Geduld mit ihren »Berufsflüchtlingen«, den PLO-Funktionären in der Welt und der PLO-Führung in Tunis, verloren hatten. Der Konflikt zwischen Israel und den Palästinensern war damit wieder auf seine ursprüngliche Ebene zurückgeführt worden. Die Palästinenser hatten die Nase voll von ihren »Führern«, die Israelis mußten zur Kenntnis nehmen, daß für die besetzten Gebiete – nicht zuletzt aus demographischen Gründen – eine Lösung immer dringlicher wurde.

Vor einigen Jahren, als er Vizepremier unter Begin war, frage ich Yigael Yadin, besser bekannt als Archäologe, wie er sich die Zukunft Israels vorstellte. Seine Antwort: »Ich möchte, daß Israel ein jüdischer und ein demokratischer Staat ist«. Was er damit sagen wollte: Wenn die Territorien mit fast anderthalb Millionen Arabern annektiert würden, und ein demokratisches System herrschte, dann hätten die Araber bald die Mehrheit, und Israel würde aufhören, ein Judenstaat zu sein. Wenn man jüdisch bleiben möchte, könnte man nicht demokratisch sein und den Arabern Stimm- und Wahlrecht einräumen. All dem Wirbel um Siedlungen zu Trotz dürfte eine Mehrheit der Israelis die Gefahr der »demographischen Zeitbombe« (bei einer Annexion der Territorien) erkennen.

Doch wie soll es weitergehen? Auch hier ist die Richtung vorgezeichnet. Es wurde bereits gesagt, daß die Mehrheit der Jordanier Palästinenser sind. Somit ist ein palästinensischer »Sandwich-Staat« zwischen Jordanien und Israel blühender Unsinn, denn die jordanischen Palästinenser würden nicht einsehen, warum ihre Brüder jenseits des Jordans unabhängig sein dürfen, sie jedoch haschemitische Untertanen sein müßten. Die Lösung – und in der Tatsache, daß bei den jetzigen Friedensverhandlungen unter amerikanischer Ägide eine gemeinsame jordanisch-palästinensische Delegation teilnimmt, kann man bereits Ansätze dazu sehen –, liegt in einem »Palästina«, das Jordanien und die bevölkerungsreichen Teile Zisjordaniens umfaßt. Mit oder ohne Hussein als König. Meinen Informationen zufolge liegt ihm seine Gattin seit Jahren im Ohr, doch abzudanken, damit sie ein angenehmeres Leben in London oder New York führen könnten. Abba Eban, langjähriger Außenminister Israels, sprach sogar von einer möglichen israelisch-palästinensisch-jordanischen Föderation.

Im November 1988 fand in Algier ein Palästinensischer Nationalkongreß statt, der am 15. November den »Staat Palästina« ausrief. Welche Territorien dieser umfassen soll, wurde allerdings nicht gesagt. Auch die in Algier anwesenden Journalisten berichteten merkwürdig vage von entscheidenden »Durchbrüchen«, aber keiner konnte einen konkreten Resolutionstext abdrucken. Dasselbe galt für die »Absage« an den Terrorismus. Es wieder-

holte sich, als 1988 Arafat in Genf seinen Auftritt hatte. Auch hier wußten die Journalisten zu berichten, daß er »sinngemäß«, »indirekt«, »implicite« den Staat Israel anerkannt habe.
Doch all das hängt nun vom Verlauf der Friedensverhandlungen, wo die palästinensischen Vertreter präziser werden müssen, und von der inneren Entwicklung in den betroffenen Staaten ab. Der arabische Fundamentalismus, vom Iran ausgegangen, macht sich in einigen Ländern breit, und auch in Israel mischt sich Religion mit Politik, nicht zuletzt in den Territorien. Es ist leicht paradox, daß dieselben religiösen Quellen, die einst zu Herzls Zeiten (und auch heute noch in Mea Shearim in Jerusalem) herhalten mußten, um den Zionismus als Eingriff in den göttlichen Heilsplan zu verdammen, heute anderen die theologische Rechtfertigung für Siedlungen in Judäa und Samaria geben. Noch viel beunruhigender ist der Vormarsch der Fundamentalisten in den arabischen Staaten. Dabei sollte man doch aus der Geschichte gelernt haben, daß mit Gott kein Staat zu machen ist. Der Zionismus war ja gewissermaßen eine Säkularisierung des Messianismus.
Wie es weitergehen wird, werden die nächsten Monate zeigen. Ist die Friedenskonferenz ein echter Anfang, oder wurde das Pferd beim Schwanz aufgezäumt, mit Medienrummel in Madrid und Washington, wo doch gerade der Friede mit Ägypten gezeigt hatte, daß zuvor direkte, geheime Verhandlungen zwischen Israel und arabischen Staaten nötig sind. Doch wie immer es weitergeht, etwas Entscheidendes ist geschehen: Die Intifada und auch die Friedensverhandlungen haben Israelis und Palästinenser zu Gesprächen zusammengebracht, was immerhin ein, wenn auch ein bescheidener Fortschritt ist.

II

Die deutsch-israelischen Beziehungen – Bilanz und Ausblick

Inge Deutschkron

Die politischen Beziehungen zwischen der Bundesrepublik Deutschland und Israel – eine Bilanz

Die Beziehungen zwischen der Bundesrepublik Deutschland und Israel waren von Anfang an ein Spiegelbild des gestörten Verhältnisses von Deutschen und Juden. Israelis fanden es schwer, Deutsche und Deutschland in ihr Denken mit einzubeziehen. Von jenen Deutschen, die an dem Geschehen im Dritten Reich gänzlich unschuldig gewesen waren, gab es zu wenige, und sie hatten zunächst auch zu wenig Einfluß in der neu geschaffenen Bundesrepublik, um als Brücke dienen zu können.
Die ersten Bundesregierungen schoben die politischen Beziehungen zum neuen jüdischen Staat viele Jahre unter dem Vorwand vor sich her, nur so die diplomatische Anerkennung der DDR durch die arabischen Staaten und auch international verhindern zu können. In Wirklichkeit aber fehlte die »psychologische Basis« oder die Bereitschaft der Deutschen, die Verantwortung für die Verbrechen der Nazis an den Juden auf sich zu nehmen. Als die Bundesregierung schließlich am 7. März 1965 bekanntgab, sie strebe diplomatische Beziehungen zu Israel an, da stolperte sie quasi in diese neue Beziehung hinein. Der Schritt war nicht wirklich vorbereitet, sondern war eher als Trotzreaktion zu werten. Die Beziehungen zwischen Israel und der Bundesrepublik blieben dann auch in den folgenden Jahren komplex, wesentlich beeinflußt von politischen und wirtschaftlichen Interessen der Bundesrepublik, und waren daher nie frei von Mißverständnissen, Krisen und Konflikten.
Beide Staaten entstanden ungefähr um die gleiche Zeit: Israel 1948, die Bundesrepublik 1949. Die Bundesregierung erwähnte in ihrer ersten Regierungserklärung die Existenz des jüdischen Staates, dessen Gründung weitgehend in ursächlichem Zusammenhang mit dem Schicksal seiner Bewohner stand, mit keinem Wort. Das blieb so bis 1951. Erste Kontakte zwischen Vertretern

beider Staaten fanden zu jener Zeit mehr oder weniger heimlich statt, ausgelöst durch Israels Begehren nach Rückgabe oder finanziellem Ersatz des von Deutschen geraubten jüdischen Besitzes in Deutschland sowie in Osteuropa und wo immer sonst deutsche Truppen mit der SS im Gefolge gehaust hatten. Endlich – im Sommer 1951 – legte Bundeskanzler Dr. Adenauer im Namen seiner Regierung eine erste Erklärung zum Thema Juden vor. Diese Erklärung war eine Vorbedingung, die die Juden stellten, um nach dem schrecklichen Geschehen offiziell erste Kontakte zu den Deutschen aufnehmen zu können.

In den ersten zwei Absätzen dieser Erklärung wird viel über die Verpflichtung des neuen Deutschlands gesagt, menschliche und religiöse Toleranz zu üben. Erst im dritten Teil steht etwas über die von Deutschen verübten Verbrechen am jüdischen Volk. Die Formulierungen dieser Erklärung muten angesichts der Tatsachen recht merkwürdig an. So heißt es da u. a.: »Das deutsche Volk hat in seiner überwiegenden Mehrheit die an den Juden begangenen Verbrechen verabscheut und sich an ihnen nicht beteiligt. Es hat in der Zeit des Nationalsozialismus im deutschen Volk viele gegeben, die mit eigener Gefährdung, aus Gewissensnot, aus Scham über die Schändung des deutschen Namens ihren jüdischen Mitbürgern Hilfsbereitschaft gezeigt haben.« Wäre dies tatsächlich in solchem Ausmaß geschehen, wie diese Erklärung behauptet, dann wären sicher mehr Juden gerettet worden. Daß man jüdischerseits auf diese Formulierungen einging, ist nur erklärbar durch die entsetzliche Notlage des Staates Israel, der Hunderttausende heimatloser und mittelloser Flüchtlinge hatte aufnehmen müssen, unter ihnen natürlich auch geschwächte und kranke Überlebende der Konzentrationslager. In dieser Erklärung ist schließlich auch von einer materiellen Wiedergutmachung für den Staat Israel die Rede.

Es soll hier in keiner Weise an der Integrität von Bundeskanzler Adenauer gezweifelt werden. Die Frage ist dennoch berechtigt, aus welchem Grunde so spät und auf diese Weise diese erste Hinwendung der Bundesrepublik zu Israel erfolgte. Dr. Herbert Blankenhorn, Adenauers Intimus aus jener Zeit, berichtete, daß Adenauer ein Schuldbekenntnis des deutschen Volkes den Juden gegenüber in den ersten Jahren der Bundesrepublik nicht wagen konnte. Für eine solche Erklärung hätte das deutsche Volk erst vorbereitet werden müssen. Er sagte weiter, es wäre doch dem Ansehen der neu erstandenen Bundesrepublik in der Welt abträglich gewesen, wenn die deutsche Bevölkerung diesen Bemühungen um ein solches Schuldbekenntnis Widerstand geleistet hätte. Seinen Bestrebungen, das deutsche Volk für einen demokratischen Staat zu gewinnen, hätte dies ebenfalls geschadet.

Diese Politik, die eigentlich aus moralischen und psychologischen Gründen zu verurteilen ist, hat sicherlich nachfolgenden Generationen die Auseinandersetzung mit dem Nationalsozialismus erschwert. Zweifeln an dem Wahrheitsgehalt der Berichte über die Leiden der Juden und die Verbrechen gegen die Menschlichkeit im allgemeinen während des nationalsozialistischen Regimes in Deutschland wurde nichts entgegengesetzt.

Der Bonner Erklärung von 1951 folgten schließlich sehr langwierige Verhandlungen zur Wiedergutmachung, die zu einem ersten Vertrag zwischen Deutschen und Juden führten. Er sagte deutsche Warenlieferungen im Wert von 3,4 Milliarden Mark über einen Zeitraum von zwölf Jahren zu. Dieser Vertrag hatte allerdings in Bonn viele Hürden zu nehmen, bevor er rechtskräftig werden konnte. Drohungen arabischer Staaten, im Falle der Annahme des Wiedergutmachungsabkommens den gerade wiederbelebten Handel mit der Bundesrepublik wieder einzustellen, verfehlten ihre Wirkung auf die deutsche Wirtschaft und damit auch auf eine Reihe von Politikern nicht. Einige von ihnen argumentierten sogar, Israel habe kein Recht auf Reparationen, da es während des Krieges noch gar nicht existiert habe. Und so stimmten nur 239 Abgeordnete (von 402) für diesen ersten Vertrag zwischen Deutschen und Juden, 86 enthielten sich der Stimme, mit »Nein« stimmten 35 Abgeordnete. 42 zogen es vor, bei dieser Abstimmung nicht anwesend zu sein. Von den 214 Abgeordneten der drei Regierungsparteien – CDU/CSU, DP und FDP – stimmte noch nicht einmal die Hälfte, nur 104, für den Vertrag, den ihre eigene Regierung vorgelegt hatte. Ohne die Stimmen der SPD wäre dieser Vertrag nie angenommen worden. Es muß Adenauer bewußt gewesen sein, daß dieser Vertrag den Deutschen helfen würde, ihre Beziehungen zu den Vereinigten Staaten zu verbessern. Er hat jedenfalls alles versucht, ihn auch mit List und Tücke durchzubringen, indem er z. B. eine für den Vertrag entscheidende Kabinettssitzung ansetzte, als er Finanzminister Schäffer, der diesem Vertrag nicht wohlwollend gegenüberstand, im Ausland wähnte.

David Ben Gurion, Israels großer Staatsmann, kommentierte den Abschluß des Vertrages mit den Worten: »Die Deutschen werden niemals zahlen.« Er war überzeugt davon, daß es mit diesem Vertrag am Ende so ausgehen würde wie mit dem Versailler Vertrag. Doch er fügte hinzu: »Ob sie zahlen oder nicht, ist nicht entscheidend. Daß sie die Entscheidung trafen, ist von Bedeutung, denn es ist eine politische Entscheidung; es ist die Anerkennung des Staates Israel.«

Ben Gurion irrte sich: Die Deutschen erfüllten den Vertrag auf das Komma genau. Die Anerkennung, die Ben Gurion darin zu sehen glaubte, führte noch viele Jahre lang nicht zu einer politischen Anerkennung des jüdischen Staates. Wobei man hinzufügen muß, daß eine diplomatische Anerkennung Israels seitens der Bundesrepublik kurz nach diesem Vertragsabschluß wohl noch im Bereich des Möglichen gewesen wäre. Damals aber war Israel noch nicht bereit, Deutschen zu einem offiziellen Bekenntnis die Hand zu reichen, so wenige Jahre nach den ungeheuerlichen Verbrechen Deutscher an den Juden.

Das Jahr 1955 brachte einen deutlichen Wendepunkt in der offiziellen Politik beider Staaten. Israel wollte nun diplomatische Beziehungen zur Bundesrepublik. Es hatte inzwischen die starke Stellung erkannt, die die Bundesrepublik durch ihre Mitgliedschaft in der NATO und in verschiedenen europäischen Gremien einnahm. Isoliert im Nahen Osten, suchte Israel dringend engere Beziehungen zu Europa und auch zu Asien und Afrika. Diplomatische Beziehungen zur Bundesrepublik hätten ihren Eindruck auf die blockfreien Staaten sicher nicht verfehlt, möglicherweise auch zur Normalisierung ihrer Beziehungen zu Israel geführt. Aber zu jener Zeit festigte sich in Bonn die Furcht, die Araber könnten sich von einer offiziellen Anerkennung Israels herausgefordert fühlen und die DDR anerkennen. Entsprechende Berichte deutscher Botschafter und Drohungen aus der arabischen Welt taten das Ihre dazu. Um vornehmlich die blockfreien Staaten von einer solchen Anerkennung der DDR abzuschrecken, legte Bonn 1955 in der »Hallstein-Doktrin« fest, daß sie ihre Beziehungen zu solchen Ländern lösen würde, die die DDR diplomatisch anerkannten. Damit begründete Bonn nun seine Ablehnung diplomatischer Beziehungen zu Israel. Bonn war lediglich zur Errichtung einer deutschen Dienststelle in Israel bereit, ähnlich der Israel-Mission in Köln, die zur Abwicklung der Wiedergutmachungsverträge geschaffen worden war. Aber dies schien Israel wie eine Ohrfeige auf seine Avancen. Die Beziehungen waren in eine Sackgasse geraten.

Das Treffen Ben Gurions und Adenauers am 14. März 1960 in New York war wohl der Versuch von beiden Seiten, aus diesem Engpaß herauszukommen. Für Adenauer war dieses Treffen von politischer Bedeutung. Wenige Monate zuvor hatten Hakenkreuzschmierereien, zunächst an der Kölner Synagoge und später in vielen Teilen Deutschlands, das ohnehin schwache Vertrauen der freien Welt in die Bundesrepublik schwer erschüttert. Auf dem Weg zu einem Gespräch mit der amerikanischen Regierung, deren politische und militärische Unterstützung die Bundesregierung dringend nötig hatte, konnte ein Gespräch mit dem israelischen Premierminister nur von Nutzen sein. Ben Gurion verfolgte einen anderen Zweck mit diesem Treffen. Nicht die diplomatischen Beziehungen wollte er fordern. Das schien ihm unrealistisch. Er wollte eine Anleihe erbitten, die für die Erschließung der Wüste Negev gedacht sein und das Interesse, besonders der deutschen Jugend, an Israels Entwicklung wecken sollte. Er war sich der Tatsache bewußt, daß sich die Deutschen, eben weil sie die diplomatischen Beziehungen zu Israel ablehnten, in einer gewissen Schuld Israel gegenüber befanden. Er leitete damit ungewollt eine Politik ein, die es den Deutschen ermöglichte, die Aufnahme diplomatischer Beziehungen immer wieder hinauszuzögern.

Die beiden alten Herren verstanden einander von Anfang an. Als Ben Gurion seinen Vorschlag vorbrachte, die Bundesrepublik möge sich an der Entwicklung seines Landes zehn Jahre lang mit einer Anleihe von jährlich 50 Millionen Dollar beteiligen, erwiderte Adenauer ohne Zögern, daß Deutschland das tun wolle: »Wir werden Ihnen aus moralischen und aus Gründen der politischen Logik helfen.« So lauteten seine Worte. Aber auf Einzelheiten über die Höhe der von Ben Gurion genannten Anleihe ging er nicht ein. Er widersprach aber auch nicht. »Ich verstehe, daß Sie prinzipiell mit meinen Vorschlägen einverstanden sind«, sagte Ben Gurion. »Ich bin völlig einverstanden«, war Adenauers Antwort. Noch einmal fragte Ben Gurion: »Wenn ich nach Hause zurückkehre, darf ich sagen: der Grund ist bereitet?« Wieder gab Adenauer zur Antwort: »Ja, das stimmt.«

Aber schon die Abfassung des Kommuniqués bereitete den Mitarbeitern der beiden Regierungschefs Schwierigkeiten. Die Deutschen wollten sich auf keinen Fall festlegen lassen, und der vereinbarte Text war dann auch in jeder Richtung auslegbar. Die Israelis wußten nicht mehr, woran sie waren. Als sie eine Art Versuchsballon starteten, indem sie in London durchsickern ließen, daß die Deutschen ihnen eine 500-Millionen-Dollar-Anleihe zugesagt hätten, kam aus Tokio, wohin der Bundeskanzler gereist war, sofort ein Dementi seines Sprechers. Nach langem Hin und Her gewährten die Deutschen schließlich eine geheime Anleihe. Sie wurde absichtlich in ungeraden, stets veränderten Ratenzahlungen als an einen »Geschäftsfreund« in den Büchern eingetragen. Sie führte schließlich nach der Herstellung diplomatischer Beziehungen zu der offiziellen Anleihe von jährlich 140 Millionen Mark, die noch heute gegeben wird.

So ähnlich ist es auch dann bei den geheimen Waffenlieferungen an Israel zugegangen, die durch nichts außer durch mündliche Absprachen zwischen dem damaligen Bonner Verteidigungsminister Franz-Josef Strauß und dem Staatssekretär im israelischen Verteidigungsministerium Schimon Peres festgelegt waren. Auch sie waren eine Art Ersatz für die vorenthaltenen diplomatischen Beziehungen. Und auch diese führten zu den kuriosesten Zwischenfällen. So blieben z. B. zwanzig voll ausgerüstete Panzer, die zur Lieferung an Israel gehörten, mit ihrem zu hohen Aufbau für jedermann sichtbar in einem Tunnel in Italien stecken. Oder Kisten mit Munition wurden versehentlich an einem falschen Kai in

Genua ausgeladen, von den Italienern geöffnet und als Geschenk für sie gefeiert.

Aber derart war eben der Charakter der israelisch-deutschen Beziehungen in jenen Jahren. Biblisch ausgedrückt: »Und grüß' mich nicht unter Palmen.« Adenauer, der zum Architekten dieser wahrhaft zwielichtigen und im Zwielicht sich abspielenden Beziehungen geworden war, hat das sicher nicht gewollt. Aber er stand ständig unter dem Druck seiner Minister, im besonderen seines Außenministers Gerhard Schröder, der ihn bis zuletzt gegen eine Aufnahme diplomatischer Beziehungen zu Israel beeinflußte, immer mit dem gleichen Argument, die arabischen Staaten könnten sich in einem solchen Falle mit der Aufnahme offizieller Beziehungen zur DDR rächen. Adenauer, der als Kanzler die Richtlinien der Politik hätte bestimmen können, hat von seinem Privileg in dieser Frage keinen Gebrauch gemacht. Jedoch mußte diese Politik der Heimlichkeiten eines Tages scheitern.

Viele Menschen in der Bundesrepublik, denen die geheimen Abmachungen zwischen der Bundesrepublik und Israel natürlich unbekannt waren, fanden die Art der Behandlung Israels höchst unwürdig, unmoralisch und unerträglich. Sie gaben dem auch in immer stärker werdenden Maße Ausdruck. Erklärungen, Resolutionen, Aufrufe für die Herstellung von Beziehungen mit Israel waren an der Tagesordnung. Schon 1951 hatten Erich Lüth und Rudolf Küstermeier die »Frieden-mit-Israel-Bewegung« gegründet, weil es sie erregte, daß von offizieller Seite zu diesem Punkt nichts gesagt wurde. Die Zahl der Reisenden nach Israel nahm stetig zu, ebenso wie die Zusammenarbeit von Wissenschaftlern beider Länder, die als erste den Kontakt zueinander aufgenommen hatten. Deutsche kauften israelische Staatsanleihen, Städte begannen Partnerschaften. Ereignisse wie die Enthüllung, daß deutsche Wissenschaftler in Ägypten mithalfen, Waffen gegen Israel zu schmieden (1962), oder die fragwürdigen Diskussionen in Bonn um die Verjährung der Naziverbrechen (1965), vergrößerten die Zahl der Deutschen aus allen politischen Richtungen, die sich – gegen ihre Regierung – für die Belange Israels und für die Herstellung diplomatischer Beziehungen einsetzten.

Angesichts der langjährigen Hinhaltetaktik war die Bekanntmachung der Bundesregierung am 7. März 1965, sie habe beschlossen, diplomatische Beziehungen zu Israel aufzunehmen, für viele überraschend und verwirrend. Zwar war Bonn damals über Wochen und Monate in zwei Nah-Ost-Konflikte verwickelt, die zu lösen der Regierung offensichtlich sehr schwer fiel. Der eine mit Israel: Bonn wollte die heimliche und von den Arabern 1964 plötzlich aufgedeckte Waffenhilfe für Israel unter allen Umständen beenden. Israel dagegen wollte Bonn auf keinen Fall aus dieser Verantwortung entlassen. Die Drohungen der Araber, sie würden im Falle der Nichtbefolgung ihrer Forderungen die DDR anerkennen, verfehlten ihre Wirkung auf Bonn nicht; Israel ließen sie natürlich kalt. Der zweite Konflikt bestand zwischen Bonn und Kairo. Nasser hatte den Staatsratsvorsitzenden der DDR, Walter Ulbricht, zu einem offiziellen Besuch eingeladen. Er tat dies unter dem Vorwand, dies sei ein Protest gegen die geheimen Bonner Waffenlieferungen an Israel. Aber in Wirklichkeit stand Nasser unter dem Druck Moskaus, das nichts unversucht ließ, um seine Theorie von der Existenz zweier deutscher Staaten in der Welt durchzusetzen. Bonns Sorge war darum, daß dieser Besuch Ulbrichts die gefürchteten diplomatischen Beziehungen zwischen Kairo und der DDR näherbringen würde und daß Bonn dann seinerseits, aufgrund seiner schon erwähnten Hallstein-Doktrin, die Beziehungen zu Ägypten hätte abbrechen müssen. Trotz aller Warnungen aus Bonn empfing Kairo den Staatsratsvorsitzenden der DDR mit viel Pomp wie einen hohen Staatsgast.

Beide Konflikte schienen unlösbar. Was sich in jenen Wochen und Monaten in Bonn abspielte, unter einem zögernden Kanzler Erhard, mit einem in beiden Fragen in der Mitte gespaltenen Kabinett, ging manchmal fast ins Groteske. Als Illustration sei darauf verwiesen, daß Bonn sich zeitweise eines Vermittlers in Kairo bediente, des Staatssekretärs im spanischen Außenministerium Marques de Nerva, der so ungeschickt taktierte, daß ihn seine Auftraggeber in Bonn schließlich nicht einmal mehr empfangen wollten. Tagelang rang die Regierung um eine Lösung. Hunderte von in- und ausländischen Journalisten warteten mehrere Tage stundenlang vor dem Kanzleramt auf eine angekündigte, dann mehrmals verschobene Entscheidung, die dann unter fadenscheinigen Vorwänden nicht kam. Bundeskanzler Erhard machte den endlosen Diskussionen, was bloß zu tun sei, um dieser Konflikte Herr zu werden, schließlich ein Ende. Wie es dazu kam, schilderte er so: »Ich sagte mir, jetzt frage ich überhaupt niemanden mehr, jetzt nehme ich diplomatische Beziehungen zu Israel auf.« Und zu seinen Ministern sagte er stolz, kurz und bündig: »Meine Herren, ich brauche Sie jetzt nicht mehr.« Auch dieser letzte Akt ist ein Beweis für die Richtungslosigkeit der Bonner Nahostpolitik in den vorangegangenen Jahren.

Und so begann auch noch die Mission des Bundestagsabgeordneten Kurt Birrenbach mit einem Kuriosum. Kanzler Erhard hatte Tage zuvor beschlossen, Birrenbach nach Israel zu entsenden, um den Israelis klar zu verstehen zu geben, daß die versprochenen Waffenlieferungen in Geld umgewandelt werden müßten. Zugleich hoffte er, mit der Aussicht auf die Eröffnung eines deutschen Konsulats in Israel die Israelis zufriedenstellen zu können. Während Birrenbach aber im Flugzeug nach Israel saß, entschied sich der Kanzler für die Aufnahme diplomatischer Beziehungen zu Israel. Als sein Unterhändler nun in Lod eintraf, wurde er über Lautsprecher ausgerufen, zur Information zu kommen. Er aber beschloß, dieser Aufforderung nicht Folge zu leisten, da er in geheimer Mission nach Israel geflogen war. Und so kam es, daß Birrenbach von der neuen Entscheidung keine Kenntnis hatte, als er den israelischen Verhandlungspartnern gegenübertrat, die sehr erstaunt waren, als sie längst überholte Vorschläge zu hören bekamen.

Bundeskanzler Erhard kommt das Verdienst zu, den scheinbar unlösbaren Gordischen Knoten zerschlagen zu haben. Zehn arabische Staaten haben damals tatsächlich die diplomatischen Beziehungen zu Bonn abgebrochen, aber nicht die Beziehungen zur DDR angeknüpft, wie es so oft befürchtet worden war. Sie waren wohl realistisch genug einzusehen, daß die DDR der Entwicklungshilfe der Bundesrepublik nichts Vergleichbares entgegenzusetzen hatte. In Israel gab es Kreise, die diese Art der Aufnahme der Beziehungen mit der Bundesrepublik nicht zu akzeptieren bereit waren. Aber sie konnten sich nicht durchsetzen gegenüber

denen, die jahrelang diese diplomatischen Beziehungen als eine praktische Notwendigkeit angestrebt hatten.
Als die diplomatischen Beziehungen nun am 12. Mai 1965 nach dreimonatigen Verhandlungen über viele in Jahren angehäufte Konflikte tatsächlich aufgenommen wurden, hatte Kanzler Erhard die beste Presse seiner Amtszeit. Er konnte sich in dieser Sache voll auf die Unterstützung des deutschen Volkes verlassen. Diese positive Haltung Israel gegenüber hielt noch über die Herstellung der Beziehungen hinaus an. Als Israel in den Sechs-Tage-Krieg gezwungen wurde und Tausende und Abertausende in der Bundesrepublik ihre Sympathie für den jüdischen Staat zum Ausdruck brachten, waren Regierung und Volk der Bundesrepublik eins in der Unterstützung Israels. Der damalige Außenminister Willy Brandt prägte den Ausdruck, daß es keine »Neutralität des Herzens« sei, wenn sich die Bundesrepublik in keinen kriegerischen Konflikt verwickele. Mit aufrichtigem Stolz verfolgte man in Israel die nicht zu überhörenden Sympathiekundgebungen in der Bundesrepublik.
Dies aber hielt nicht lange an. Besonders die deutsche Jugend, die zuvor so überschwenglich für Israel eingetreten war, stellte sich Ende der sechziger Jahre zunehmend auf die Seite der Verlierer, gegen die israelische Besetzung des Westjordanlandes, die Israel damals vollzog, weil es glaubte, nur so seine Feinde an den Verhandlungstisch bringen zu können. Der sogenannte »Anti-Zionismus«, der nun ein fester Bestandteil des Gedankengutes der revolutionären Jugendbewegungen jener Tage wurde, nahm fürchterliche Ausdrucksformen an. Israels erster Botschafter in der Bundesrepublik wurde in deutschen Universitäten durch tumultartige Szenen am Sprechen gehindert, obwohl Studentenvereinigungen ihn dorthin eingeladen hatten. Ja, es kam sogar zu Tätlichkeiten, bei denen das Leben des Botschafters bedroht war.
Es war eine schwere Zeit für Israel in seinen Beziehungen zur Bundesrepublik. Vor allem, weil man in Israel nicht begriff, wogegen die jungen Deutschen sich auflehnten. Israel hatte sich gegen die arabischen Angreifer verteidigt und hoffte, endlich mit ihnen Frieden machen zu können. Dazu hielt es die Gebiete besetzt.

Die Beziehungen zur Bundesrepublik wurden noch problematischer, als die Bundesregierung, die es offensichtlich leid war, an die Vergangenheit erinnert zu werden und sich bei Verhandlungen mit Israel moralisch bedrängt zu fühlen, eine »Normalisierung« der Beziehungen zwischen beiden Ländern herbeiführen wollte. Danach sollte der Charakter der Beziehungen denen ähnlich werden, die Bonn mit Nigeria oder Indonesien unterhielt. Die besonderen Beziehungen sollten der Vergangenheit angehören. Der damalige Außenminister Walter Scheel drückte das – nur vier Jahre nach der Herstellung der Beziehungen – so aus: »Unser Verhältnis zu Israel ist wie mit anderen Ländern. Die Normalisierung besteht darin, daß wir die früheren vertraglichen Abmachungen als Bereinigung bestimmter Tatbestände der Vergangenheit abgelöst haben durch eine ganz normale Zusammenarbeit.«

Für diese Haltung hatte man in Israel, wo auch heute noch viele der Opfer leben und an den Folgen ihrer Qualen leiden, kein Verständnis. Der damalige Bundeskanzler Brandt hat darum bei seinem ersten Besuch in Israel im Juni 1973 versucht, die Beziehungen auf eine neue Stufe zu stellen, die einerseits den Forderungen der Deutschen, besonders der deutschen Jugend, nach einer Normalisierung des Verhältnisses nachkam, und andererseits die israelische Ansicht nicht außer acht ließ, daß eine solche Normalisierung der Beziehungen noch lange nicht denkbar ist. Er prägte die Devise von den »normalen Beziehungen mit besonderem Charakter«, eine Formel, die offiziell heute noch Gültigkeit hat, und die gewissermaßen die bis dahin geltenden »besonderen Beziehungen« herunterstufte.

Diese Formel verlor indes ihre Bedeutung zu einer Zeit, als die allgemein angenommene Abhängigkeit vom Öl und vom Einfluß der arabischen Welt, nicht nur die Bundesrepublik zur Erfüllungsgehilfin unmoralischer Forderungen machte. Die erste Krise in den Beziehungen, die zu einem Zeitpunkt sogar zur Rückberufung des israelischen Botschafters aus Bonn führte, setzte ein nach der Ermordung der elf israelischen Sportler bei der Olympiade von München im September 1972. Als eine Gruppe arabischer Terroristen eine Lufthansa-Maschine auf ihrem Flug von

Damaskus nach München entführte, kam die Bundesregierung der Forderung der Terroristen nach Herausgabe der überlebenden drei Mörder von München unverzüglich nach. In Israel reagierte man voller Empörung auf die deutsche Entscheidung, die drei Mörder so einfach in die Freiheit zu entlassen. Aber das interessierte in Bonn nicht. Als Beweis dafür, wie man zu jener Zeit um die Araber warb, mag folgendes gelten: Präsident Heinemann hatte anläßlich der Trauerfeier für die ermordeten Sportler unter tosendem Beifall erklärt: »Alle jene Staaten tragen die Verantwortung für das Verbrechen, die die Terroristen nicht an ihrem Tun hinderten.« Es gab im Olympia-Stadion niemanden, der diese Anspielung auf die arabischen Regierungen, die Terroristen Asyl gewährten und sie wirken ließen, nicht verstand. Regierungssprecher von Wechmar beeilte sich jedoch, in einer Pressekonferenz zu erläutern, daß das kein Hinweis auf die arabischen Staaten gewesen sei. »Sie werden nicht eine einzige Erwähnung des Wortes arabisch in seiner Rede finden.«

Aber das war nur der Beginn einer deutschen Politik, in der Israel keinen Platz hatte, und seine Forderungen, ja seine Existenz die Bundesrepublik nur störten. Denn die arabische Welt schien nun den Schlüssel zum Wohlstand Europas in ihrer Hand zu halten. Als Mitglied der Europäischen Gemeinschaft folgte Bonn ohne Widerstand den Staaten, im besonderen Frankreich, deren Nahost-Politik den Forderungen der Araber durchgängig entgegenkam. Der Gipfel dieser unterwürfigen Politik war zur Zeit der Ölkrise erreicht, die von den arabischen Staaten nach dem Jom-Kippur-Krieg geschickt in die Wege geleitet worden war. In der Sucht, sich des flüssigen Goldes zu versichern, ging man wahrhaftig sehr weit. Eine erste Nahost-Erklärung der »Neun« gipfelte in der Forderung, Israel solle die Besetzung der Gebiete beenden und die legitimen Rechte der Palästinenser berücksichtigen. Noch nicht einmal die damals immer wieder zitierten UN-Resolutionen gingen so weit. Mit keinem Wort wurde Israels Recht auf Existenz sowie auf sichere Grenzen und Frieden für sein Volk erwähnt.

Zuguterletzt erwies sich die Ölwaffe als stumpf; Versorgungsschwierigkeiten waren kaum eingetreten, und die Araber zogen sie langsam aber sicher wieder zurück. Das Trauma aber, die Angst vor wirtschaftlichen Sanktionen und ihren Folgen für den Bestand der Bundesrepublik, beeinflußte die damaligen Beziehungen zwischen Bonn und Jerusalem. Denn in Bonn wollte man nie wieder in eine Situation geraten, in der die Räder der Produktion angehalten werden müßten und der deutsche Wohlstand sich in ein Nichts auflösen könnte.

Und in diesem Sinne ging es dann weiter. In den Vereinten Nationen enthielt sich die Bundesrepublik am 14. Oktober 1974 der Stimme – wählte also weder mit Nein noch mit Ja, als es um die Teilnahme Yassir Arafats in der Nahost-Debatte ging. Sie enthielt sich auch der Stimme, als am 21. November 1974 eine Resolution zur Abstimmung stand, die die PLO als »Vertreterin des Volkes von Palästina« bezeichnete, und in der von den »unveräußerlichen Rechten auf Rückkehr in ihr Heimatland und sein Besitzrecht« gesprochen wurde. Immerhin stimmte sie gegen die Aufnahme der PLO in die UNO mit Beobachterstatus. Wenige Tage danach setzte der deutsche Vertreter in der UNO allem die Krone auf, als er als erster Politiker des Westens das Selbstbestimmungsrecht für das palästinensische Volk forderte. Als Konsequenz dieses Rechtes erkenne die Bundesrepublik das Recht des palästinensischen Volkes an, selbst zu entscheiden, ob es auf dem von Israel zu räumenden Gebiet eine »eigene Autorität« errichten oder eine andere Lösung wählen wolle. Nie zuvor hatten Deutsche eine solche Sprache gesprochen, die sie als »ausgewogene Nahost-Politik« bezeichneten – eine Politik, in der auf die Forderungen der Araber eingegangen wurde, ohne auch nur im geringsten auf die Belange der Israelis Rücksicht zu nehmen, ja, ohne sie zu konsultieren.

Israel hat immer wieder versucht, sich ins Spiel zu bringen, hat immer wieder mit viel Geduld und Zähigkeit seine Argumente vorgebracht. Israels Premierminister Yizchak Rabin nutzte auch seinen ersten Besuch in der Bundesrepublik im Juli 1975 in diesem Sinne. Das mag eine kluge Politik gewesen sein. Sie hat aber nicht verhindern können, daß die Bundesregierung die Argumente der Araber immer stärker zu den ihren machte. Floskeln wie die »legitimen Rechte der Palästinenser« und die »Errichtung ei-

ner staatlichen Autorität in den zu räumenden Gebieten« – ein Ausdruck, den selbst in Bonn niemand richtig zu interpretieren wußte – gehörten nun zum Standard-Vokabular der Deutschen.
So kann es nicht verwundern, daß man im Sommer 1979 von einem Tiefstand der Beziehungen sprach, der noch dazu durch den Regierungswechsel in Israel gefördert wurde. Der neue Regierungschef Menachim Begin war für seine kompromißlose antideutsche Haltung bekannt. Die Tatsache, daß der deutsche Bundeskanzler Schmidt einer Einladung zu einem Besuch Israels jahrelang nicht nachkam, tat ein übriges. Als dann noch im gleichen Jahr die Europäische Gemeinschaft ihre Erklärung von Venedig veröffentlichte, an der die Bundesregierung entscheidenden Anteil hatte, schien es keinerlei Gemeinsamkeiten zwischen Israel und der Bundesrepublik mehr zu geben. Forderungen wie die, die PLO solle an den Friedensbemühungen im Nahen Osten teilhaben, ließen den Regierungschef Israels überschäumen vor Wut. Eine häßliche Kontroverse, in der Premierminister Begin Bundeskanzler Schmidt mit ungewöhnlicher Schärfe angriff und Zweifel an dessen Vergangenheit äußerte, war die Folge. Schmidt hatte vor dem deutschen Fernsehen von einer deutschen Verpflichtung den Palästinensern gegenüber – »den Vertriebenen und Flüchtlingen von der Westbank und von der Ostbank« – gesprochen, aber mit keinem Wort eine Verpflichtung gegenüber den Juden erwähnt. Dies war ganz offensichtlich ein Ausdruck gegenseitiger Antipathien und des Unverständnisses des einen für die Politik des anderen. Der Einmarsch der Israelis im Libanon im Juni 1982 führte in der Bundesrepublik zu einer Flut von Protesten, die in Wellen von anti-israelischen Äußerungen gipfelten.
Kurz nach seiner Wahl zum Bundeskanzler versicherte Helmut Kohl, der in der Opposition die Nahost-Politik der Bundesregierung verurteilt hatte, daß er baldmöglichst Israel besuchen werde – offensichtlich ein Versuch, die Beziehungen zu Israel zu verbessern. Mit Staunen und Verwunderung verfolgten dann allerdings die Israelis diesen Mann, der da so einfach in Israel erklärte, die ganze Vergangenheit ginge ihn eigentlich nichts an, da er zu spät geboren sei, um von der Hitlerzeit belastet zu sein. Überdies schien es, als sei zwischen Premierminister Schamir und Bundes-

kanzler Kohl kein rechtes Gespräch zustandegekommen. Es wurden Monologe gehalten, in denen der eine immer wieder die Notwendigkeit hervorhob, Saudi-Arabien mit Waffen auszustatten, um es gegen eine kommunistische Infiltration abzusichern, während der andere die Gefahren betonte, die für Israel mit einer Waffenlieferung an Saudi-Arabien verbunden wären, das wie die übrigen arabischen Staaten nichts anderes im Sinn hätte, als Israel zu vernichten und zu diesem Zweck auch Waffen an die Israel aktiv bekämpfenden Terrororganisationen lieferte.
Es schien, als sei die gegenseitige Achtung und das Bemühen, den Standpunkt des anderen zu verstehen, die trotz aller Belastungen die Anfänge der Beziehungen zwischen Bonn und Jerusalem charakterisiert hatten, gänzlich verlorengegangen. Zwar hatte es die Bundesrepublik nie an politischem Kalkül in ihren Beziehungen zu Israel fehlen lassen, aber sie hatte doch den Versuch unternommen, durch Gesten des guten Willens und Verständnis für Israels schwere Situation Israel eine gewisse Hilfe angedeihen zu lassen. Davon war nun nicht mehr viel zu spüren.
Ohne Zweifel machte die Rede des deutschen Bundespräsidenten Richard von Weizsäcker anläßlich des 40. Jahrestages des Kriegsendes am 8. Mai 1985 einen großen Eindruck auf Israel. Er hatte als erster deutscher Staatsmann offen bekannt, daß, obgleich die Ausführung der Verbrechen gegen die Juden in den Händen weniger gelegen hatte und sie vor den Augen der Öffentlichkeit abgeschirmt gewesen waren, jeder Deutsche damals miterleben konnte, was jüdische Mitbürger erleiden mußten. »Wer seine Augen und Ohren aufmachte, wer sich informieren wollte, dem konnte nicht entgehen, daß Deportationszüge rollten.« Aber diese Rede, die so deutlich mit der nazistischen Vergangenheit Deutschlands abrechnete, konnte die erkalteten Beziehungen zwischen beiden Staaten nicht wieder erwärmen. Israels Politik unter einer weit rechts stehenden Regierung, die sich für die Einverleibung der besetzten Gebiete stark machte, blieb in Deutschland unverständlich. Als Kanzler Kohl es für nötig hielt, sich anläßlich des 40. Jahrestages des Kriegsendes auf dem Friedhof von Bitburg gemeinsam mit dem amerikanischen Präsidenten Reagan auch vor den Gräbern von Waffen-SS-Männern zu verneigen,

und Unverbesserliche ungeniert in Deutschland antisemitische Äußerungen machten, da hatten die meisten Menschen in Israel das Empfinden, daß dieses Deutschland trotz Bundespräsident von Weizsäcker immer noch nazistisch verseucht sei.
Der Golfkrieg tat dann ein Übriges: er belastete die politischen Beziehungen und nun auch die zwischenmenschlichen Kontakte zwischen Israel und der Bundesrepublik aufs Schwerste. Als sich nämlich herausstellte, daß westdeutsche Firmen, die Giftgashersteller allen voran, den Kriegsverbrecher Saddam Hussein ohne die geringsten Skrupel aufgerüstet hatten, und dies auch der Bundesregierung nicht verborgen geblieben war, da schlug die Empörung in Israel hohe Wellen. Das konnten auch die plötzlichen finanziellen Zuwendungen Bonns für Israel zur Beseitigung der durch den Krieg entstandenen materiellen Schäden nicht ausgleichen. Es waren Schecks ohne moralische Deckung, die Außenminister Genscher noch während des Krieges nach Israel brachte. Hinzu kam noch, daß, während die Israelis Grund hatten, um ihr Leben und ihr Land zu bangen, Tausende, vornehmlich junge, Deutsche auf die Straßen gingen, um gegen den Krieg zu demonstrieren, den die Anti-Irak-Koalition führte. Nur eine verschwindende Minderheit protestierte gegen den Mann, der diesen Krieg verursacht hatte, als er ein anderes Land überfiel. Am kleinsten war wohl die Zahl derer, die ihre Solidarität mit Israel offen bekundeten, das nun Tag für Tag von den Raketen Saddam Husseins bedroht wurde. Protestkundgebungen vor deutschen Firmen, die den Irak mit Giftgas beliefert hatten, waren ebenfalls nicht sehr zahlreich.
In Israel begriff man diese Massendemonstration für Frieden und gegen den Krieg als eine Parteinahme für den irakischen Kriegsverbrecher. Man muß sich dabei einmal vergegenwärtigen, was es für einen Israeli bedeutete, bei Alarm in einem abgedichteten Zimmer zu sitzen, auf die Einschläge der Raketen zu warten und zugleich auf dem Fernsehschirm derartige Demonstrationen mitansehen zu müssen. Völliges Unverständnis war die Folge.
Der Zusammenschluß der beiden deutschen Staaten erweckte in Israel Erinnerungen an Groß-Deutschland. »Das jüdische Volk hat sechs Millionen Gründe, sich einer Wiedervereinigung zu wi-

dersetzen«, hieß es in einer israelischen Zeitung. Die Tatsache, daß in der Präambel des Einigungsvertrages ein ausdrückliches Bekenntnis zur nationalsozialistischen Vergangenheit Deutschlands und zur Massenvernichtung der Juden fehlt, verstärkte noch die Vorbehalte vieler Israelis und die Furcht vor diesem neuen Deutschland. Die kurz nach der Wiedervereinigung einsetzenden Ausschreitungen gegen Ausländer auf dem Gebiet der ehemaligen DDR und die Lässigkeit, mit der man in Bonn damit umging, gaben dem Argwohn der Israelis neue Nahrung. Später bewiesen Ergebnisse von Kommunal- und Landtagswahlen, daß sich der Rechtsradikalismus, verbunden mit Ausländerhaß, auch in der alten Bundesrepublik wieder breitmacht. Darum ist es wohl nicht verwunderlich, wenn die Israelis die Entwicklung in Deutschland mit wachsender Unruhe verfolgen, und auch viele junge Bewohner des jüdischen Staates, die bereit waren, Deutschen ihren Alters ohne Vorbehalte zu begegnen, sich enttäuscht abwenden.

Tatsache ist also, daß die Beziehungen zwischen Israel und der Bundesrepublik mit dem Beginn der neunziger Jahre einen neuen Tiefpunkt erreicht haben. Gewiß, es hat seit 1965, dem Beginn offizieller Beziehungen, immer wieder Konflikte gegeben, die das Verhältnis der beiden Staaten belastet haben. Dennoch entstanden zahlreiche menschliche Kontakte zwischen Angehörigen der beiden Staaten, die schnell über eine erste Neugier hinausgegangen waren. Und diese zwischenmenschlichen Beziehungen, die auf natürliche Weise gewachsen waren, schienen der Garant dafür zu sein, daß mit den Jahren eine Annäherung der beiden Völker Selbstverständlichkeit werden würde, unabhängig von staatlichen Belangen. Diese Entwicklung hat nun durch den Golfkrieg, die Teilnahme der deutschen Wirtschaft und Technik an der Aufrüstung des Irak und auch die deutsche Wiedervereinigung, verbunden mit dem Wiedererscheinen längst überwunden geglaubten Gedankengutes, wohl den bisher schwersten Rückschlag erlitten. Beide Seiten haben sich danach weniger zu sagen als vor Jahren, als man versuchte, über die unselige Vergangenheit hinwegzukommen.

Das darf nicht so bleiben. Die Bundesrepublik hat allen Grund,

Israel gegenüber eine historische Verantwortung zu empfinden. Darum darf es in seinen Beziehungen zu diesem Staat kein opportunistisches Denken geben, darf in Bonn nicht der Gedanke vorherrschen, man könne eines politischen oder wirtschaftlichen Vorteils wegen mit Israels Feinden paktieren und Israel mit Schecks und Schmeicheleien abfinden.
Die deutsche Bundesregierung muß bestrebt sein, die Beziehungen zu Israel aus dem Zustand technischen Zusammenwirkens auf die Ebene enger menschlicher Bindungen zu heben. Daher müssen Kontakte geschaffen werden, die geeignet sind, Erkenntnisse zu sammeln über die Probleme des anderen, die helfen, beiderseitige Vorurteile abzubauen und die getragen sein müssen von dem Wunsch, den anderen und sein Handeln zu verstehen. Das hat bisher gefehlt. Nach den bisherigen Erfahrungen, die Israel mit der Bundesrepublik gemacht hat, wird es nicht ganz leicht sein, diesen Zustand herzustellen. Aber nur wenn das gelingt, werden Beziehungen des Vertrauens entstehen, die Grundlage werden können für Bindungen, die Israelis und Deutsche ein Zusammenleben in Frieden und Freundschaft garantieren. Nur so wird die Vergangenheit, in die beide Völker auf so schreckliche Weise verstrickt waren, als historische Schuld eingeordnet und überwunden werden können.

Konrad Weiß

»Du hast den Frieden frech ans Kreuz geschlagen ...« Israelfeindschaft und Antisemitismus in der DDR

Im Frühjahr 1980 arbeitete ich mit dem Dichter Walther Petri an einem Film über das Tagebuch des Dawid Rubinowicz, einem jüdischen Jungen aus Polen, der 1942 in Treblinka umgekommen ist. Wir wollten diesen Dokumentarfilm für Kinder drehen, weil damals, Ende der siebziger Jahre, die ersten Anzeichen für einen neuen Rechtsradikalismus in der DDR sichtbar wurden. Erst bei der Arbeit wurde uns bewußt, daß eine ganze Generation aufgewachsen war, die nichts mehr über Juden und Judentum wußte, nichts über jüdische Religion, Geschichte und Tradition, und nichts über Israel. Die antifaschistische Erziehung war schrecklich erstarrt, formalisiert, kalt, entfremdet; die Besuche der Gedenkstätten waren ungeliebte Pflichtübungen, die mehr schadeten als nutzten. Der Nationalsozialismus war für diese Generation eine ferne historische Epoche, eine Schulbuchwahrheit, die mit dem eigenen Leben nichts zu tun hatte. Und Israel war ein feindliches Land.

Fast ein halbes Jahr haben wir um unseren Film gekämpft. Ein Argument gegen den Film war, daß er Sympathie für Dawid wekken könnte und damit Sympathie für Israel. Ein anderes, daß wir ihm keinen »optimistischen« Schluß gegeben hatten, sondern ihn mit einem Kaddisch, mit dem Gefühl der Trauer über den Tod Dawids und die Shoah ausklingen ließen. Und schließlich, daß wir vom jüdischen Volk gesprochen hatten, das es nach der herrschenden DDR-Doktrin ja nicht gab. Damals begriff ich, daß der Antizionismus der Realsozialisten in Wahrheit Antisemitismus war. Und schlimmer noch, ich mußte erkennen, daß sich die DDR durch ihr Schweigen über alles Jüdische und durch ihren Haß gegen Israel zum Vollender des Holocausts machte: Ein jüdisches Volk, einen jüdischen Staat, jüdische Tradition und Kultur, jüdisches Leben sollte es nach dem Willen der Realsozialisten

nicht geben. Ein paar hundert wehrlose Juden in den aussterbenden Gemeinden wurden geduldet, als Alibi, als Vorzeigejuden, ohne wirkliche Autonomie.
Bis Mitte der achtziger Jahre gab es kaum Bücher und Filme, kaum eine historische Forschung über Juden und Judentum. Und wenn, waren es immer einzelne, die entgegen der Parteilinie etwas durchsetzten. Der Historiker Helmut Eschwege brauchte acht Jahre, bis seine Dokumentation »Kennzeichen J« über die Judenverfolgung des Dritten Reiches gedruckt wurde. Sein Band »Die Synagoge in der deutsche Geschichte« lag gar von 1967 bis 1980 beim Verlag. Dennoch sind, trotz aller Widerstände und Behinderungen, über die Jahre hin wichtige Arbeiten zu jüdischen Themen entstanden; stellvertretend sollen »Herr Moses in Berlin« von Heinz Knobloch und Kurt Jung Ahlsens Fernsehfilm »Die Bilder des Zeugen Schattmann« nach dem Roman von Peter Edel genannt sein. Israel aber blieb in Wissenschaft, Kunst und Literatur der DDR fast bis zuletzt ein terra incognito.
Es blieb den Kirchen überlassen, wenigstens ein wenig die Wissens- und Gefühlslücken zu schließen. Das Stuttgarter Schuldbekenntnis hatte für die evangelische Kirche, das Vatikanische Konzil für die katholische ein Umdenken gebracht. Lothar Kreyssigs »Aktion Sühnezeichen« hat zahlreichen jungen Menschen in der DDR geholfen, sich tätig mit deutscher Schuld und Verantwortung auseinanderzusetzen und mehr und anderes über Juden und Israel zu erfahren als in der Schule oder aus den Zeitungen. Auch die Gruppen für das jüdisch-christliche Gespräch, die es mancherorts in der DDR gab, und die darin engagierten Theologen haben eine wichtige Aufklärungsarbeit geleistet.
Dennoch, die Mehrzahl der jungen Menschen in der DDR blieb davon unberührt, war allein dem Schweigen oder der Lüge ausgesetzt. Ich habe im Verlauf der achtziger Jahre meinen Film »Dawids Tagebuch« in vielen Schulklassen und Jugendgruppen, zumeist im kirchlichen Rahmen, vorgeführt. Fast immer wurde ich dabei mit dieser niederschmetternden Unwissenheit über das Judentum, mit den verfestigten Vorurteilen gegenüber Israel konfrontiert. Nur zweimal berichteten mir Kinder, daß sie mit ihrer Klasse in einer Synagoge bzw. auf einem jüdischen Friedhof ge-

wesen waren. Ein typisches Ergebnis der sozialistischen Unbildung war die Äußerung einer Dreizehnjährigen, Juden seien ja auch Menschen, sie könnten nichts dafür, daß sie christlich sind. Israel wurde und wird wohl bis heute von den meisten jungen Ostdeutschen nur negativ gesehen und bewertet. Die Juden in Israel wurden und werden als Zionisten, als Aggressoren, als Feinde der Palästinenser betrachtet. Über die historischen, die politischen und kulturellen Realitäten des Judenstaates erfuhren junge DDR-Bürger gar nichts. Diese Unwissenheit, gepaart mit dem Antizionismus der Realsozialisten, ist eine der Ursachen des Rechtsradikalismus unter der Jugend in Ostdeutschland.

Für viele Deutsche in der Sowjetisch Besetzten Zone und später in der DDR war der Antifaschismus die Ideologie der Sieger, der sie sich fügten. In der »wissenschaftlichen Weltanschauung« der Marxisten war kein Raum für Schuld, Reue und Versöhnung. Das schreckliche Versagen der Deutschen wurde mit dem simplen Einmaleins der Klassenlehre anonymisiert: Der Faschismus war demnach die aggressivste Ausprägung des Kapitalismus, der Antisemitismus diente »der Ablenkung der Massen von der Ausbeuterpolitik der herrschenden Klasse«. Das Dogma ersparte die Auseinandersetzung mit der eigenen Schuld. Das Gift des Antisemitismus wirkte unterbewußt fort und weste all die Jahre unbehelligt, ja erwünscht als Antizionismus. Denn »die extrem antikommunistische Ideologie des Zionismus« war, getreu der antiquierten Analyse Lenins, eine »nationalistische Bewegung der internationalen jüdischen Bourgeoisie« und allein dazu da, das jüdische Proletariat vom Klassenkampf abzuhalten. [1]

Bei soviel Selbstgerechtigkeit der Realsozialisten blieb kein Raum für Israel, womöglich gar für Sympathie mit dem jüdischen Staat. Wohl der einzige Reisebericht, der zu DDR-Zeiten ein wenig freundlicher aus Israel berichtete, die 1980 erschienene »Reise ins Gelobte Land« von Walter Kaufmann, wurde denn auch prompt mit einem Nachwort auf Linie gebracht:

> »Mehr als die Bourgeoisie anderer Länder hat die israelische ihre ideologischen und politischen Hebel zur Steuerung des Grundwiderspruchs dieser in Israel entstandenen, heute bereits monopolkapitalistischen Gesellschaft mit dem bürgerlichen

> Nationalismus verzahnt, der dort die Gestalt des Zionismus trägt. Damit die jüdischen Arbeiter den Gegensatz der Klassen im Innern der Nation nicht erkennen, (...) zeichneten Bourgeoisie und rechte Opportunisten mit Hilfe des Zionismus, den sie als die ›nationale Befreiungsbewegung der Juden‹ darstellten, den jüdischen Arbeitern, dem Mann auf der Straße, über Jahrzehnte hinweg ein falsches Weltbild. Zu Hauptfeinden ›der Juden‹ machten sie eine Zeitlang ›die Deutschen‹ – gleichgültig ob Antifaschisten oder Faschisten –, vor allem aber ›die Araber‹.« [2]

Ich habe dieses marxistische Kauderwelsch so ausführlich zitiert, weil diese Sprache den Ungeist offenbart, der in der DDR herrschte und in dem die Mehrzahl der DDR-Bürger erzogen wurde. Man sollte die noch immer fortdauernde Wirkung nicht unterschätzen; bis Israel als Staat unter Staaten, bis die Juden als Volk unter Völkern gelten werden, ist noch viel Aufklärung und Erziehung vonnöten.

Dabei war seinerzeit die Gründung Israels in der Sowjetisch Besetzten Zone durchaus begrüßt worden. Helmut Eschwege beschreibt in seinen soeben erschienenen Lebenserinnerungen [3], daß aus Anlaß der Unabhängigkeitserklärung Israels von der Jüdischen Gemeinde in Dresden eine Feierstunde gestaltet wurde, an der auch Vertreter der Landesleitung der SED teilnahmen. In einer Informationsbroschüre des ZK der SED vom 12. Juni 1948 wird Wilhelm Pieck, damals Vorsitzender der SED, zitiert:

> »Die demokratischen Kräfte Deutschlands begrüßen den Beschluß der UN, Palästina in einen arabischen und einen jüdischen Staat zu teilen. Wir betrachten die Schaffung eines jüdischen Staates als einen wesentlichen Beitrag, um Tausenden von Menschen, denen der Hitlerfaschismus die schwersten Leiden zufügte, den Aufbau eines neuen Lebens zu ermöglichen.« [4]

Und in einer Mitteilung des SED-Pressedienstes vom 8. Mai 1948 heißt es:

> »Seit Monaten waren bereits heftige Kämpfe zwischen den Kräften der Haganah und der Arabischen Legion im Gange, die weitere 2400 Todesopfer und 5100 Verletzte kosteten. Der

Jewish Agency und der Haganah blieb infolgedessen keine andere Alternative, als entweder vor der Arabischen Legion, die vorwiegend aus faschistischen Elementen zahlreicher Nationalitäten zusammengesetzt ist und die zum Teil unter der Führung von deutschen SS-Leuten der Rommel-Armee steht, zu kapitulieren oder alles daran zu setzen, um die Teilung Palästinas und damit den Beschluß aus eigener Kraft durchzuführen. (...) Der erste Schritt dazu war die Bildung einer Regierung des jüdischen Staates, die am 4. Mai 1948 erfolgte. Zum erstenmal trat nach nunmehr 2000 Jahren das Kabinett einer jüdischen nationalen Regierung zusammen.« [5]

Wie anders klingt das doch als die dann jahrzehntelang von der SED verbreiteten Lügen über Israel!

Der Umschwung kam im November 1952 mit dem Slánsky-Prozeß in Prag, einem der übelsten stalinistischen Schautribunale. Rudolf Slánsky und weitere 13 Beschuldigte, darunter elf Juden, wurden als Verräter, Verschwörer und Spione angeklagt und verurteilt. Dieser Prozeß löste auch in der DDR eine Welle der Verfolgung und Demütigung aus. Die Räume der jüdischen Gemeinden wurden durchsucht, Gemeindevorsteher verhört und zahlreiche Juden verhaftet. Sie sollten nach den »Lehren aus dem Prozeß gegen das Verschwörertum Slánskys«, so ein Beschluß der ZK der SED, in ähnlichen Schauprozessen als »Werkzeuge der internationalen Finanzoligarchie« entlarvt und als »Agenten der jüdischen Weltverschwörung« verurteilt werden. Zu den Opfern gehörte das Mitglied des Politbüros der SED, Paul Merker, dem seine Genossen vorwarfen, daß er sich für die Wiedergutmachung gegenüber den Naziopfern eingesetzt hatte: »Die Verschiebung von deutschem Volksvermögen forderte er mit den Worten: ›Die Entschädigung des den jüdischen Staatsbürgern zugefügten Schadens erfolgt sowohl an die Rückkehrer wie an diejenigen, die im Ausland bleiben wollen‹. Merker fälschte die aus deutschen und ausländischen Arbeitern herausgepreßten Maximalprofite der Monopolkapitalisten in angebliches Eigentum des jüdischen Volkes um«, heißt es im erwähnten Beschluß der SED [6].

Die totale Kehrtwendung der SED und die willkürlichen Verhaftungen vieler Juden führte zu einem neuerlichen Exodus von Jü-

dinnen und Juden aus Sachsen und Thüringen, aus Mecklenburg und Sachsen-Anhalt, aus Brandenburg und Ostberlin. Viele tausend haben damals die DDR verlassen, und zurück blieb eine überalterte jüdische Gemeinde, die zuletzt im Jahr 1989 gerade noch 600 Mitglieder zählte.
1967, mit dem Sechs-Tage-Krieg, begann eine neue Hetzkampagne gegen den jüdischen Staat. In meinem Archiv habe ich aus jenen Tagen ein Gedicht [7] von Rudi Riff gefunden, das ebensogut im »Stürmer« hätte stehen können. Diese Verse sind ein wichtiges Zeugnis für den Antisemitismus der DDR und sollen deshalb hier dokumentiert werden:

O Israel!

O Israel! Du hast das Schwert geschliffen
und deine Söhne Raub und Mord gelehrt,
und dreist von fremdem Land Besitz ergriffen
und fremde Taschen wie ein Dieb geleert.

Du hast den Frieden frech ans Kreuz geschlagen,
treibst täglich neue Nägel in sein Fleisch,
und eine Dornenkrone muß er tragen,
weil du ihn stündlich geißelst, Streich auf Streich.

Du wagst es noch, als Sieger dich zu spreizen
und pochst dabei auf deine Waffenmacht.
Ja, deine Gönner nicht mit Waffen geizen,
weil sie dich brauchen in der Großen Schlacht,

die zwischen Gut und Böse schon entbrannte,
als erstmals griff das Unrecht zur Gewalt –
du hast's empfunden, als man einst verbannte
dein Volk aus Palästina, jung und alt …

Doch wehe dir, wenn du in blindem Wahne
den Nachbarn drohst mit neuem Golgatha,
wenn du erhebst des Krieges blutge Fahne
zu neugeplanter, unheilvoller Tat!

Die Völker dulden keine Sklavenketten.
O hüte dich vor neuem Friedensbruch,
denn kein Jehova wird dich dann erretten
vor der Vergeltung strengem Richterspruch!

Zugleich aber empörte man sich heuchlerisch über alle, die den Antisemitismus der DDR beim Namen nannten, und machte sie flugs zu »Judenhassern des Nazireiches und den Nazis in Westdeutschland«. Deren böswillige Verleumdung sei die Umkehrung aller Werte, erklärte Paul Markowski am 4. Juni 1967 im Sonntagsgespräch des Deutschlandsenders:

> »Schließlich haben wir nachgewiesen, daß wir den Antisemitismus auf unserem Territorium mit Stumpf und Stiel ausgerottet haben ... Man muß auch darauf hinweisen, daß man den Staat Israel nicht identifizieren kann und darf mit den Menschen jüdischer Herkunft, die in allen Ländern der Welt leben. Es gibt in der Welt ungefähr 13 Millionen Menschen jüdischer Herkunft, die nicht in Israel leben, während in Israel 2,2 Millionen jüdische Bewohner ansässig sind.« [8]

So einfach war das ...

In einer Stellungnahme des Instituts für Völkerrecht an der Humboldt-Universität zu Berlin erklärten die Professoren Steiniger, Gräfrath und Öser Israel zum »internationalen Rechtsbrecher« und Aggressorstaat. Obwohl die Schließung der Straße von Tiran durch Ägypten, die Anlaß für den 67er Krieg war, ganz eindeutig gegen die UN-Konvention über die Hoheitsgewässer und angrenzenden Zonen aus dem Jahr 1958 verstoßen hatte, machten die SED-Völkerrechtler auftragsgemäß Israel zum Schuldigen und behaupteten:

> »Der Kampf der arabischen Staaten gegen die israelische Aggression und für ihre Souveränität und territoriale Integrität ist rechtmäßig. Der Überfall, zu dem Israel von seinen imperialistischen Verbündeten in Washington und Bonn ermuntert wurden, ist ein flagranter Bruch des Völkerrechts.« [9]

Nach diesem banalen Muster wurde fortan immer argumentiert – die Wissenschaft als Hure der Partei.

Die Medien standen dem nicht nach und beschmutzten und verleumdeten Israel, wo immer es ging. Da war im CDU-Organ »Neue Zeit« von »Bonns Blutschuld im Nahen Osten« zu lesen, denn Westdeutschland hätte »einen Strom von Waffen und Munition nach Israel gepumpt – für mehr als 600 Millionen Mark« [10], und so sähe die westdeutsche Wiedergutmachung aus. Die gleiche Zeitung lastete führenden israelischen Politikern an, daß sie nicht Verfolgte des Nazi-Regimes waren oder aus Deutschland hatten fliehen müssen. [11] David Ben Gurion, so das Blatt, habe seinerzeit gar dem Bonner Kanzler die briefliche Versicherung gegeben, daß Israel alles tun werde, damit beim Eichmann-Prozeß nicht das Prestige Deutschlands berührt werde.

Die Achse Bonn–Tel Aviv wurde zum Lieblingspopanz der SED. Unter der sinnreichen Überschrift »Bonn ist das europäische Tel Aviv« zitierte das Neue Deutschland das Damaszener Kampfblatt Al Baath: »Im Nahen Osten ist Israel der Brückenkopf des Imperialismus gegen den gesellschaftlichen Fortschritt. In Europa fungiert der westdeutsche Staat als die Speerspitze des Kampfes der imperialistischen Kräfte gegen den siegreichen Sozialismus«. [12] Auch die Magdeburger »Volksstimme« mischte mit im schmutzigen Propagandakrieg und meldete, daß »Israels vietnamerfahrener Kriegsminister« Moshe Dayan die Stelle Hitlers im Wachsfigurenkabinett von Coney Island bei New York einnehmen solle. [13] Besonders infam war jene Argumentation der SED, die Verbindungen zwischen Juden und Nazis konstruierte oder gar eine Mitschuld unterstellte. Diese These taucht zuerst 1965 in der offiziösen Zeitschrift »Staat und Recht« auf, in einem Aufsatz der Staatsrechtler Walter Müller, Ingo Steiner und Horst Westphal. »Das verlogene Gerede von einer angeblichen Wiedergutmachung gegenüber den in Israel lebenden jüdischen Menschen«, so heißt es dort, »soll nur die Tatsache verschleiern, daß der deutsche Militarismus und die für die faschistischen Judenverfolgungen Schuldigen wiederum dazu übergegangen sind, eine jüdische Bevölkerung – und zwar diesmal vor allem die Israelis – skrupellos in den Dienst ihrer expansionistischen Ziele zu stellen«. [14] Diese These wurde ausgebaut und gehörte fortan zum festen Repertoire des realsozialistischen Antisemitismus. Sie hatte auch praktische Konsequenzen für die jüdischen Verfolgten des Nazi-regimes, die in der DDR lebten. Sie wurden von der SED als zweitklassige Antifaschisten behandelt, als Opfer, die eine geringere Unterstützung erhielten als die Nichtjuden.

Während sich seit Beginn der siebziger Jahre im Ergebnis der Entspannungspolitik das internationale Klima allmählich besserte, blieb es zwischen Israel und der DDR frostig. Die Propagandaschlacht gegen den jüdischen Staat tobte bis weit in die achtziger Jahre. Die Medien der DDR schmähten Israel mit immer neuen Verbalinjurien; eine Horrormeldung jagte die andere: Eine Blutspur terroristischer Aktionen ziehe sich durch Israels Weg; es betreibe eine Politik des unverhüllten Raubes und des organisierten staatlichen Terrors; es habe seit Jahrzehnten eine Atmosphäre von Chauvinismus, Verhetzung und Rassismus gezüchtet. Selbst vor dem Begriff »Endlösung« schreckt die SED nicht zurück: 1982 schreibt Klaus Wilczynski, einer der übelsten antijüdischen Hetzer, in der »Berliner Zeitung«, Israel wolle die Kampfhandlungen im Libanon bis zur Endlösung fortsetzen. [15]

Ganz nach dem Vorbild der Nazis mißbrauchten schließlich auch die Realsozialisten die Bibel:

> »Da war ihnen gepredigt worden, ›alle Örter, darauf eure Fußsohle tritt, sollen euer sein; von der Wüste an und vom Berge Libanon und von dem Wasser Euphrat bis ans Meer gegen Abend soll eure Grenze sein.‹ (Altes Testament 5. Mose, 11, 24) – und nun redet die ganze Welt von Aggression. Da hatte man ihnen prophezeit, ›es wird dir niemand widerstehen, bis du sie vertilgest‹ (5. Mose, 7, 24) – und dann hatten die Palästinenser noch Widerstand geleistet, und erst beim Massaker an wehrlosen Frauen und Kindern wurden die mißbrauchten Bibelworte traurige Wahrheit.«

So beginnt eine Betrachtung von Christa Schaffmann über »Israels Träume vom Großreich«. [16]

Genug der Zitate. Eines ist deutlich: Der dumpfe Haß der Realsozialisten gegen Israel speiste sich aus vielen Wurzeln. Die besondere Ausprägung des Antisemitismus der DDR aber wird noch zu erforschen sein.

Ein allmählicher Wandel im Verhältnis zu den jüdischen Gemeinden und dann auch zu Israel begann Mitte der achtziger Jahre.

Honecker wollte Staatsgast in Washington sein und war bemüht, die Beziehungen zu den USA zu verbessern. Dagegen erhoben die jüdischen Verbände Einspruch. Das nötigte die SED, ihre Politik zu ändern: 1986 wurde auf Veranlassung von Honecker der Friedhof der Adass-Jisroel-Gemeinde wiederhergestellt. 1987 konnte die Ostberliner Synagoge mit öffentlichen Mitteln restauriert und nach zwei Jahrzehnten der Vakanz ein Rabbiner eingesetzt werden. 1988, im Vorfeld des 50. Jahrestages des Großen Pogroms vom 9. November 1938, gab es eine Fülle von Aktivitäten, von Veranstaltungen und Publikationen zu jüdischen Themen – eine Kampagne, die schon wieder kontraproduktiv wirkte. Heinz Galinski, der Vorsitzende des Zentralrates der Juden in Deutschland, traf mit Honecker zusammen und mahnte Objektivität in der Berichterstattung über Israel an. Der Staatssekretär für Kirchenfragen reiste mit einer Regierungsdelegation nach Israel. Von da an wurde das Klima deutlich besser; die Medien begannen, mehr und objektiver über Israel zu berichten, auch über Land und Leute, über Kultur und Gesellschaft, über Religion und Tradition. Zaghaft begann ein Kulturaustausch.

Ich habe diesen Text mit persönlichen Erinnerungen begonnen, mit persönlichen Erinnerungen will ich schließen. Im Oktober 1989 fand in Israel die Internationale Korczak-Konferenz statt. Ich wurde mit meinem Film über Janusz Korczak »Ich bin klein, aber wichtig« eingeladen. Fast ein Jahr lang habe ich mich um die Reiseerlaubnis bemüht. Was anfangs unmöglich schien, gelang: Ich profitierte von Tauwetter und durfte nach Israel fahren. Mir schien dies ein Wunder, denn wenige Tage zuvor, nach der Gründung der Bürgerbewegung »Demokratie Jetzt«, war ich vom Staatssicherheitsdienst verhört worden; die Hoffnung auf das Visum hatte ich aufgegeben. Doch einen Tag vor den Festlichkeiten zum vierzigsten Jahrestag, mit denen das Ende der DDR begann, durfte ich reisen. Mit mir fuhren meine Frau, die Polonistin Karin Wolff, mein Mitautor Walther Petri und der Grafiker und Keramiker Friedrich Stachat – alles Leute, die der Israelpolitik der DDR immer kritisch gegenübergestanden hatten, niemand in der Partei, niemand ein Reisekader. Für jede und jeden war Israel ein lange geträumter Traum.

So kam es, daß wir zur Wendezeit in Israel waren und dort die große Anteilnahme, die herzliche Sympathie der Israelis für die friedlichen Demonstranten erlebten, ihre Freude über den beginnenden Demokratisierungsprozeß in der DDR. Überall spürten wir Solidarität und fanden Verständnis für unsere Angst um die Angehörigen und Freunde zu Hause. Mit unseren Gedanken waren wir in Berlin und Leipzig, in der Gethsemanekirche und auf der Schönhauser Allee. Aber niemand brachte es fertig, vorzeitig zurückzukehren. Wie sollten wir auch wissen, daß der Fall der Mauer nah war und daß eine Israelreise schon bald nichts Einzigartiges mehr sein würde, auf das man ein Leben lang wartet.

Wenige Tage vor der Maueröffnung kehrten wir zurück. Wir kamen heim in ein anderes Land. Ein Land, das uns von der ersten Minute an auf ganz neue Weise forderte, in dem wir uns einbringen konnten, an dessen Gestaltung wir endlich verantwortlich mitwirken durften. Für mich begann die Arbeit am Runden Tisch und bald darauf in der Volkskammer.

Meine erste Aktivität als Parlamentarier war, ein Schuldbekenntnis gegenüber Israel anzuregen und zu verfassen, das dann Bestandteil der Gemeinsamen Erklärung wurde, die die Volkskammer in ihrer zweiten Sitzung am 2. April 1990 abgab. Darin bekennt sich das erste frei gewählte Parlament der DDR im Namen der Bürgerinnen und Bürger zur Mitverantwortung für die Demütigung, Vertreibung und Ermordung jüdischer Frauen, Männer und Kinder und bittet die Juden in aller Welt um Verzeihung. Die Abgeordneten erklären, zur Heilung der Leiden der Überlebenden beitragen und für die gerechte Entschädigung materieller Verluste eintreten zu wollen, die jüdische Religion, Kultur und Tradition in Deutschland in besonderer Weise zu fördern und zu schützen, und sich für die Erziehung der Jugend zur Achtung vor dem jüdischen Volk einzusetzen. Zu Israel heißt es:

> »Wir bitten das Volk Israels um Verzeihung für Heuchelei und Feindseligkeit der offiziellen DDR-Politik gegenüber dem Staat Israel und für die Verfolgung und Entwürdigung jüdischer Mitbürger auch nach 1945 in unserem Lande. (...) Wir erklären, uns um die Herstellung diplomatischer Beziehungen und

um vielfältige Kontakte zum Staat Israel bemühen zu wollen.« [17]

Diese Erklärung eröffnete ein letztes, aber gutes Kapitel in den Beziehungen zwischen der DDR und Israel. Im Juni 1990 kehrte ich eher, als ich jemals gedacht, und anders, als ich jemals geträumt hatte, nach Israel zurück. Ich begleitete als einziger Abgeordneter die beiden Parlamentspräsidentinnen. Mit uns reiste eine deutsch-deutsche Jugendgruppe; auch das ein wunderbares Zeichen des Neubeginns.

Im Juli 1990 schließlich, in der 27. Tagung der Volkskammer, konnte ich mit einer weiteren Initiative zur Klärung des Verhältnisses zwischen der DDR und Israel beitragen. Ich hatte einen interfraktionellen Antrag initiiert, durch den sich die Volkskammer von der Zionismus-Resolution der UNO vom 10. November 1975, der die DDR seinerzeit zugestimmt hatte, distanzierte.

Leider ist es nicht mehr zur Aufnahme diplomatischer Beziehungen zwischen der DDR und Israel gekommen. Ich hätte es wichtig gefunden, wenigstens symbolisch noch für die letzten Tage der endlich deutsch und demokratisch gewordenen Republik einen Botschafter nach Israel zu entsenden, um die Wandlung auch augenfällig zu machen. Und ich gestehe, daß ich diese Mission gern übernommen hätte ...

Anmerkungen

[1] vergl. BI Handlexikon. Leipzig: Bibliographisches Institut, 1984. S. 54 und 1366

[2] Nachwort von A. Jörgensen in: Walter Kaufmann »Das Gelobte Land«. Leipzig: VEB F. A. Brockhaus, 1980. S. 224 f.

[3] Ich verdanke den Forschungen und Erinnerungen Helmut Eschweges zahlreiche Informationen über die Situation der Juden in der DDR und über das Verhältnis zu Israel, insbesondere in den Nachkriegsjahren:
Helmut Eschwege: Fremd unter Fremden. Berlin: Christoph Links Verlag, 1991.

[4] zitiert nach: Eschwege, a.a.O., S. 63 f.

[5] zitiert nach: Eschwege, a.a.O., S. 64
[6] zitiert nach: Eschwege, a.a.O., S. 70f.
[7] ohne genauen Nachweis, vermutlich aus der Magdeburger »Volksstimme«
[8] Neues Deutschland vom 5. Juni 1967, S. 2
[9] Neues Deutschland vom 5. Juni 1967, S. 7
[10] Neue Zeit, Berlin vom 8. Juni 1967, S. 6
[11] Neue Zeit, Berlin vom 20. Juni 1967, S. 3
[12] Neues Deutschland vom 13. Juli 1967, S. 7
[13] Volksstimme, Magdeburg, vom 13. Juni 1967, S. 2
[14] zitiert nach Eschwege, a.a.O., S. 122
[15] Berliner Zeitung, 2. Juni 1982, S. 4
[16] Berliner Zeitung, 9./10. Oktober 1982, S. 4
[17] zitiert nach: Deutschland Archiv, 23. Jg., Heft 5 vom Mai 1990, S. 795

Hildegard Hamm-Brücher

Deutschland und Israel – Herausforderungen für die Zukunft

Seit der Aufnahme diplomatischer Beziehungen zwischen der Bundesrepublik Deutschland und Israel vor 27 Jahren haben sich zwischen beiden Staaten in allen politischen, gesellschaftlichen und kulturellen Bereichen statistisch nachweisbar »normale« Kontake entwickelt, vielleicht sogar mehr und intensivere als mit vielen anderen befreundeten Staaten. Und es besteht kein Zweifel, daß über die Jahrzehnte – sowohl amtlicherseits als auch von ungezählten Menschen hier wie dort – große Anstrengungen gemacht und sehr viel guter Wille in den Aufbau und die Festigung dieser Beziehungen investiert wurden. Dabei gab es bewegende Höhepunkte. Ich denke zum Beispiel an die Begegnungen und Gespräche zwischen den beiden amtierenden Staatspräsidenten Chaim Herzog und Richard von Weizsäcker 1987, bei denen – jenseits aller protokollarischen Rituale – über die dauerhafte Mühsal dieser Beziehungen offen gesprochen und nichts verkleistert wurde. Die beiden ersten Bürger Deutschlands und Israels begnügten sich nicht damit, die Vielzahl der Programme lobend zu addieren und sich damit zufrieden zu geben, sie sprachen vielmehr auch über Belastungen und Irritationen, über Mißtrauen und alt-neue Ängste, von denen deutsch-israelische und israelisch-deutsche Beziehungen nach wie vor und immer von neuem überschattet sind, und die sich gelegentlich als gravierender erweisen als alle Anstrengungen und aller guter Wille zusammen. Mit solcherlei Mut zu Realitäten wurden diese Beziehungen von Illusionen und Verkrampfungen freier und damit offener, – wurden die Voraussetzung dafür geschaffen, daß sie dauerhaft gut werden. Mit Statistiken und gutem Willen allein ist es eben nicht getan!

An diesem Beispiel möchte ich mich in meinem Beitrag orientieren, denn erst dann und nur dann, wenn wir eine ungeschönte Bestandsaufnahme wagen, wird es gelingen, realistische Perspektiven für eine hoffentlich dauerhaft vertrauensvolle Zukunft dieser Beziehungen zu entwickeln. Meiner Einsicht nach dürfen wir uns nicht darüber hinwegtäuschen, daß sich die deutsch-israelischen und die israelisch-deutschen Beziehungen, allen positiven Statistiken zum Trotz – nach wie vor und immer wieder alles andere als stabil erweisen, daß sie vielmehr großen Schwankungen unterworfen sind, und daß sich die Ursachen hierfür weder hinter noch so zahlreichen bilateralen Aktivitäten verbergen noch damit allein beseitigen lassen.

I

Den bisher schlimmsten und nachhaltigsten Rückschlag haben die israelisch-deutschen Beziehungen zweifellos während des Golfkrieges erlitten. Als die mit deutschem Know-how »verbesserten« irakischen Scud-Raketen in Israel einschlugen und, noch entsetzlicher, als Giftgasbomben – gleichfalls mit Hilfe deutschen Know-hows hergestellt – das Trauma von Auschwitz wieder erlebbar machten und die einschlägigen Bilder der mit Gasmasken ausgestatteten, nächtelang in Luftschutzkellern eingepferchten Israelis um die Welt gingen, da schienen alle jahrzehntelangen Bemühungen vergebens. Da stürzten die Beziehungen unter den Nullpunkt, und zahlreiche Deutsche guten Willens packte Verzweiflung, Wut und Beschämung. So jedenfalls habe ich es zusammen mit vielen empfunden. Für uns waren und sind anhaltende Verbitterung und Enttäuschung in der öffentlichen Meinung Israels nur zu verständlich.
Aber es waren nicht nur die hierdurch verursachten Rückschläge. Hinzu kamen die – vor allem von der deutschen Friedensbewegung postulierten und bestenfalls als primitiv zu bezeichnenden – anti-amerikanischen Parolen und Stimmungen, in denen die tödliche Bedrohung Israels durch den irakischen Aggressor nicht einmal in Betracht gezogen wurde. Nachträglich mag man darüber rätseln, ob das aus Ignoranz geschah oder aus traditioneller anti-amerikanischer Einseitigkeit oder tatsächlich aus einer neuen Variante anti-israelischer, anti-jüdischer Affekte ..., sicher ist leider, daß auch diese lautstarken Manifestationen, mit denen eigene Ängste artikuliert wurden, ohne die weit größeren und be-

rechtigteren der Israelis zu berücksichtigen, in der öffentlichen israelischen Meinung zu einer anhaltenden »Irritation«, zur Störung der ohnehin nicht besonders belastbaren Beziehungen geführt hat.

Alle Ereignisse zusammengenommen ergeben leider, daß der Golfkrieg einen tiefen Einbruch in diesen Beziehungen hinterlassen hat. Viele Ansätze keimenden Vertrauens sind erschüttert – manche besorgte Beobachter sprechen sogar von einem »Scherbenhaufen«. Daran konnten auch noch so aufrichtig gemeinte nachträgliche Beteuerungen unsrerseits und anteilnehmende offizielle Politikerbesuche sowie materielle Hilfeleistungen nichts entscheidendes ändern:

Seit dem Golfkrieg ist die Glaubwürdigkeit deutscher Solidarität für Israel und mit Israel erschüttert, und für viele Deutsche ist es eine schmerzliche Tatsache, daß Deutschland, daß wir Deutschen – inklusive unserer Regierung – diese konkrete Bewährungsprobe nicht ausreichend bestanden haben.

II

Hinzukommen weitere belastende Faktoren: Zum einen ist der Mangel an Eindeutigkeit in den deutschen Positionen zum Nahost-Konflikt insgesamt zu nennen – wozu die häufig tendenziös gegen Israel eingenommenen Kommentare in vielen Medien nicht unwesentlich beitragen. Dazu gehört die oftmals wenig objektive Berichterstattung über die Auseinandersetzungen in den von Israel besetzten Gebieten oder über Terrorüberfälle, für die charakteristisch ist, daß Terror und Gewaltakte, beispielsweise im Libanon, im Irak, in Algerien oder in anderen Ländern der Region vergleichsweise bagatellisiert werden, während bedauerliche israelische Übergriffe gegen Palästinenser als Antwort auf ebenfalls bedauerliche Provokationen hierzulande Stürme moralischer Entrüstung entfachen ...Daher wird von den Israelis eine grundsätzliche Solidarität mit Israel – zumindest ein Verständnis für ihre Positionen – oft schmerzlich vermißt (was nicht mit Kritiklosigkeit zu verwechseln ist).

Eine weitere Belastung sind die wiederholt erst in letzter Minute gestoppten Waffenexporte deutscher Firmen an die Todfeinde Is-

raels und die illegale, nicht rechtzeitig verhinderte Beteiligung deutscher Firmen am Bau der lybischen Giftgasfabrik in Rabta. In dieses traurige Kapitel gehören auch die sogenannten »Knebelverträge«, mit denen sich deutsche Firmen bei arabischen Partnern verpflichten, keine Produkte an Israel zu liefern.
So kann es eigentlich kaum wundernehmen, wenn in den deutsch-israelischen Beziehungen Glaubwürdigkeitsdefizite entstanden sind und die oft beschworene Solidarität beträchtliche Risse hat. So jedenfalls sehen es die Israelis, und das darf uns nicht gleichgültig sein. Abhilfe tut dringend Not.

III

Erste Voraussetzung hierfür ist, daß wir diese Rückschläge nicht ignorieren. Noch weniger ist es uns erlaubt, zu resignieren, die Achseln zu zucken oder uns auf andere Sorgen hinauszureden.
Der einzig erfolgversprechende Weg, um aus den derzeitigen Glaubwürdigkeitsdefiziten und dem daraus entstandenen »Tief« der Beziehungen herauszukommen, ist das Bemühen, den Ursachen für die schwelenden Ent-solidarisierungs und Ent-fremdungstendenzen nachzugehen, sie zu benennen und daraus Konsequenzen zu ziehen. Dies möchte ich im folgenden versuchen:
Als eigentliche *Ursache* erkenne ich die beunruhigende Tatsache, daß wir Deutschen – trotz aller ehrlichen Bemühungen und Ansätze über viele, viele Jahre – offenbar immer noch nicht vorbehaltlos akzeptiert haben, daß deutsche Schuld nicht allein mit noch so ehrlich gemeinten Bekundungen, mit materieller Hilfe und schon gar nicht mit Scheckbüchern – von Aufrechnerei ganz zu schweigen – zu tilgen ist, sondern allein durch eindeutige Positionen und eine grundsätzliche *Solidarität,* die sich in Krisensituationen bewähren muß, sowie durch entschlossenen Widerstand gegen neue Anfänge von Rassismus und Antisemitismus im eigenen Land.
Diese Maximen gelten übrigens nicht nur im deutsch-israelischen oder deutsch-jüdischen Verhältnis. Sie gelten gegenüber allen Völkern, Rassen und Kulturen, denen wir in der Nazizeit und während des Krieges so Schreckliches, mit materiellen Leistungen allein nicht Wiedergutzumachendes zugefügt haben.

Das mag radikal und schonungslos klingen, aber ich meine, daß die strikte Beachtung dieser Maxime die Voraussetzung für eine dauerhafte Vertrauensbildung und Glaubwürdigkeit Deutschlands gegenüber der Weltgemeinschaft im allgemeinen und im deutsch-israelischen Verhältnis im besonderen ist.
Nur in der Eindeutigkeit und Zuverlässigkeit unserer Positionen, in der Bewährung und im Widerstehen, können wir die Glaubwürdigkeit unserer Solidarität mit Israel und für Israel beweisen! Darin erkenne ich die eigentliche Herausforderung jetzt und für die Zukunft.

IV

Eindeutige Positionen sind zuerst und vor allem gefordert, wenn es um die Erhaltung des Staates Israels in sicheren und gesicherten Grenzen geht. Wir müssen uns zu einer deutschen Mitverantwortung für die Zukunft des Staates der Juden bekennen und unsere Politik daran orientieren.
Das muß ein unverrückbares »ceterum censeo« unserer Nahost-Politik sein, das wir auch und vor allem gegenüber unseren arabischen Partnern vertreten müssen, ohne uns dafür quasi zu entschuldigen. Auf allen Ebenen der nationalen und der internationalen Politik müssen wir dafür Flagge zeigen, unabhängig von den Wechselfällen der weiteren Entwicklung. Diese prinzipielle und eindeutige Unterstützung der Lebensinteressen Israels schließt Kritik an israelischer Politik im Einzelnen nicht aus. Jede deutsche Kritik muß aber zumindest respektieren, daß das Trauma des Holocaust den Staat der Juden verpflichtet, eine neuerliche existentielle Bedrohung nicht widerstandslos hinzunehmen, und daß diese – oft als stur oder unnachgiebig empfundene – Entschlossenheit für das jüdische Selbstverständnis konstituierend ist. Sicher macht uns die Unnachgiebigkeit der israelischen Regierung im Nahost-Konflikt und das gelegentlich brutale Vorgehen in den besetzten Gebieten schwer zu schaffen, und sicher ist Kritik daran noch lange kein Beweis für eine anti-israelische Einstellung. Es geht auch gar nicht um das »ob«, es geht vielmehr um das »wie«, um die Unter- und die Zwischentöne, die bei dieser Kritik mitschwingen. Entscheidend ist die Gewissenhaftigkeit

unserer Argumente – und dies gilt erst recht für die kritischen. Genau das ist es, was Israelis oft vermissen und was uns so oft ins Zwielicht bringt. Ich zitiere hierzu den israelischen Schriftsteller Amos Os, der übrigens ein führendes Mitglied der *»Frieden-Jetzt«* Bewegung ist und damit unverdächtig, ein »Hardliner« zu sein. Er schreibt:

> »Einige Deutsche sind vielleicht unbewußt dankbar dafür, daß ihnen die Palästinenser ihr Schuldgefühl abnehmen ... sie könne sagen, wir sind nicht so schlecht denn wir haben keine Engel getötet ... Wir wissen jetzt, daß wir nur Menschen umgebracht haben. Das ist nicht so schlimm ... Ich parodiere natürlich ...«

Das heißt mit anderen Worten, wenn Kritik von Deutschen an der israelischen Politik gegenüber der arabischen Bevölkerung in den besetzten Gebieten geübt wird, dann muß sie frei sein von jeder mehr oder weniger unterschwelligen Genugtuung oder Erleichterung. Von der Hochkonjunktur der Auschwitz-Revisionisten will ich in diesem Zusammenhang nicht sprechen, aber sie lauert natürlich hinter der Zwielichtigkeit deutscher Israel-Kritik, und sie wittern Morgenluft.

Worum es also wirklich geht, ist die absolute Eindeutigkeit der deutschen Positionen, was ehrlich gemeinte Kritik nicht ausschließt. Eindeutigkeit gelingt immer dann, wenn das Existenzrecht Israels in sicheren und gesicherten Grenzen zu leben, aus den Folgenwirkungen der Holocaust-Erfahrung, nie wieder Opfer werden zu wollen, von uns Deutschen verstanden und zur Handlungsmaxime gemacht wird. Zum Prüfstein unserer Zuverlässigkeit gehört deshalb zum Beispiel auch ein uneingeschränktes Exportverbot für alle Rüstungsgüter, inklusive jeden Knowhows sowie technischer Hilfe, an die Todfeinde Israels.

V

Wenn es gelingt, diese Eindeutigkeit unserer Positionen unter Beweis zu stellen und durchzuhalten, dann erkenne ich keine weiteren Hindernisse für ungetrübte, wechselseitig fruchtbare Beziehungen in allen Bereichen der Politik, Gesellschaft und Kultur. Falls diese Prämissen allerdings ignoriert oder bagatellisiert werden, dann können die derzeitigen Verunsicherungen und Belastungen nicht überwunden werden.

VI

Deutsch-israelische Beziehungen waren und sind nicht unberührt von unserer Bewährung und unserem Widerstehen angesichts von antisemitischen und rassistischen Strömungen im eigenen Land. Es geht um das solidarische Zusammenleben mit Juden deutscher oder anderer Nationalität, und es geht um unseren Umgang mit Fremden, Flüchtlingen, Asylsuchenden, es geht um das Widerstehen gegen jedweden Rechtsextremismus, Ausländer- oder Rassenhaß. Schließlich gibt es noch eine weitere Herausforderung. Solidarität zwischen Deutschland und Israel, zwischen Deutschen und Israelis darf nicht auf eine Generation begrenzt sein. Sie muß auch bei nachwachsenden Generationen, die sich von der Erblast ihrer Väter und Großväter nicht mehr unmittelbar »betroffen« fühlen, entstehen und wachsen. Hier wartet eine wichtige Aufgabe auf Eltern und Erzieher, auf Kirchen, demokratische Parteien und Medien. Erinnern ist die beste Vorsorge für neue Anfälligkeit.

VII

Wer wie ich für den mühsamen Prozeß der Aussöhnung zwischen Juden und Christen, Deutschen und Israelis seit Jahrzehnten gearbeitet, ja gelebt hat, ist angesichts der derzeitigen Entwicklung zutiefst besorgt, ob wir den Herausforderungen in der Zukunft gerecht werden. Zu mühsam ist der Friedensprozeß im Nahen Osten; er wird unsere Geduld und unsere Solidarität mit Israel noch auf manche Probe stellen.
Dennoch dürfen wir nicht resignieren.
Gerade jetzt ist es nötig, daß sich gesellschaftliche, politische und kirchliche Kräfte wie bisher auch, allen negativen Entwicklungen zum Trotz, in Solidarität für Israel und zu Israel engagieren. Nicht etwa im »Büßergewand« (welch ein böses und vergiftendes Wort!), sondern im Bewußtsein unserer fortdauernden Verantwortung. Darin erkenne ich unsere entscheidende Herausforderung für Gegenwart und Zukunft.

Yohanan Meroz

Deutschland und Israel – Herausforderungen für die Zukunft

I

Über vierzig Jahre sind vergangen, seit die ersten Schienen gelegt und die ersten behutsamen Weichen gestellt wurden. Sie sind zu einem weitgefächerten Geflecht geworden, reich und vielfältig in Inhalt und Form, und von einer Einzigartigkeit geprägt, die es noch Jahrzehnte begleiten wird – und vielleicht darüber hinaus.
Die Einzigartigkeit – die Bezeichnung scheint mir treffender als die der »Besonderheit« – ist die Funktion einer geschichtlichen Tragik, die in diesen Zeilen nicht allein auf die Schrecken der Nazi-Zeit bezogen ist, sondern nicht minder auf die pathetische Verblendung durch das Vertrauen auf eine »Symbiose«, an die auch heute noch von Zeit zu Zeit mit unbelehrbarer Nostalgie erinnert wird.
Die Entwicklung der israelisch-deutschen Beziehungen, wie der nicht immer identischen deutsch-israelischen, ist die Antithese zu der oft bemühten, im Sande verlaufenen, Symbiose; daß Irrwege und Rückschläge in ihnen nicht fehlten, tut dem Urteil keinen Abbruch. Sie bieten, zum ersten Mal in der Geschichte der Begegnung von Deutschen und Juden, die Verwirklichung der unveräußerlichen, doch in der Vergangenheit nie erfüllten, oder nicht erfüllbaren, Voraussetzung – die der Gleichheit der Partner.
Das deutsche Bemühen um Versöhnung mit dem jüdischen Volk, das prominente, vor allem aber viele »einfache«, Bundesbürger seit langem, und auch heute, intensiv beschäftigt, konnte und kann nur zum Ziel führen, wenn es in Israel und seinen Menschen, *den*, oder zumindest den *zentralen*, Partner auf jüdischer Seite sieht. Wie glücklich die Wahl des Begriffes »Versöhnung« ist, soll hier nicht untersucht werden. Ich habe mich dazu schon oft geäußert, nicht ohne Widerspruch zu erfahren. So mag man, zum Beispiel, zu dem Versuch des Neuaufbaus eines jüdischen

Gemeinwesens auf deutschem Boden unterschiedliche Meinungen haben, doch wie immer man zu ihm steht, wie scheinbar überzeugend er motiviert und in die Praxis umgesetzt sein mag, stellt er weder eine realistische Antwort auf den Schiffbruch jüdischer Illusionen, noch auf den ehrlichen deutschen Wunsch oder Ruf nach Aussöhnung dar.
So auch in anderen Bereichen der Versöhnungsthematik, in denen es ernste innerjüdische Auseinandersetzungen gegeben hat, ein Phänomen, das die Gemeinschaft der Juden seit Jahrtausenden begleitet, ohne – unbegreiflich für viele, oft für uns selbst – ihre Kraft zum Überleben trotz grausamer Schläge zu erschüttern.

II

Die Einzigartigkeit, oder »Besonderheit«, hatte – und hat – viele Interpreten und Interpretationen auf beiden Seiten. Sie ist nicht nur, und nicht in erster Linie, »politisch«. Wohl war es der mit Politik identifizierte Herbert Wehner, der von sich sagte, daß es für ihn keine »Neutralität« geben könne, wenn es um Israel geht, aber das war ihm ein humanistisch-moralisches, kein »politisches« Bekenntnis. Er war keineswegs ein blinder Bejaher israelischer Politik; nicht selten hatte er Vorbehalte, doch sein Verständnis der einmaligen Einzigartigkeit bestimmte ihn zu Diskretion in der Öffentlichkeit. Im vertraulichen, privaten Verkehr äußerte er Bedenken oder Kritik freimütig und fand um so mehr Gehör.
Wehners Haltung unterstrich zwei wesentliche, für viele Israelis unverzichtbare, Elemente in ihrem Verhältnis zu Deutschland, deren Berücksichtigung seine Anfälligkeit zwar nicht immer beheben kann, die ihm jedoch ein Maß an vorbeugendem Schutz bietet. Sie sind Bestandteile und Kennzeichen der Besonderheit und haben auch heute, trotz zunehmender gegenseitiger Unbefangenheit, nichts von ihrer Bedeutung eingebüßt.
Das eine ist die Erkenntnis, daß die Normalisierung der Beziehungen im Jahr 1965, d. h. der Austausch diplomatischer Vertretungen, ihnen kein Etikett der »Normalität« verlieh; das andere, daß die Besonderheit nicht nur Geboten, sondern auch Verboten untersteht und ihnen Wegweiser sein muß. Die Wahrung der bei-

den Erkenntnisse ist auch in Zukunft für unsere Gemeinsamkeit unentbehrlich, und so sollen ihnen einige Worte der Erörterung gelten. Ich bitte um Nachsicht, wenn ich mich aus alter Gewohnheit politischer Beispiele bediene.

Es war lange Zeit üblich, in der Bundesrepublik wie in Israel, die Beziehung als »besondere« zu definieren, ohne den Begriff einer genauen Überprüfung zu unterziehen oder eine solche zu suchen. Ebensowenig waren die Umstände seiner Anwendung für jede mögliche Situation im voraus bestimmbar. Verallgemeinert und vereinfacht wurde die Besonderheit als die Zusammenfassung einer deutschen Verpflichtung gegenüber den Menschen im Staat der Opfer und Überlebenden der Nazi-Verbrechen und der Sicherheit ihrer Existenz verstanden. In diesem Sinne äußerten sich berufene Sprecher deutscher Regierungen, vor und nach der Aufnahme diplomatischer Beziehungen, und gelegentlichen Umfragen nach bekannte sich eine Mehrheit der Bundesbürger zu diesem Verständnis.

Im Sommer 1972 vollzog Willy Brandt den ersten Staatsbesuch eines amtierenden Bundeskanzlers in Israel. Im Laufe seines Aufenthalts prägte er eine neue Definition. Er sprach von »normalen Beziehungen auf einem besonderen Hintergrund«, und viele meinten damals, daß es sich um eine »semantische«, und somit eher bedeutungslose, Neuerung handle. Wenige Monate später wurden sie eines besseren – oder schlechteren – belehrt.

Die erste ernste Krise im israelisch-deutschen Verhältnis nach der Aufnahme diplomatischer Beziehungen brach aus, als die Bundesregierung amerikanischer Hilfeleistung an das im Jom-Kippur Krieg hart bedrängte Israel Schwierigkeiten in den Weg legte – und so der vermeintlichen Semantik politische Substanz verlieh. Es wurde offenbar, daß in der neugeprägten Formel die »Normalität« – nicht die Besonderheit ihres Hintergrundes – Vorrang hatte und Bonns Verhalten bestimmte.

Der Schock, den diese Offenbarung in Israel auslöste, rief einmal mehr traumatische Zweifel und Ängste wach. Daß dies in der Amtszeit eines Kanzlers geschah, dem in Israel und in der jüdischen Welt uneingeschränktes Vertrauen gegolten hatte, gab der Bestürzung eine zusätzliche Dimension.

Es war die erste, nicht die letzte Krise. Die Auffassung, daß Formalisierung mit Normalisierung – und diese mit Normalität – gleichzusetzen sei, bürgerte sich auf offizieller bundesdeutscher Ebene zunehmend ein, vornehmlich in den Ressorts, die sich mit Israel laufend befassen. Als praktische Konsequenz bedeutet es ihnen, daß sich die Beziehungen Bonns mit Jerusalem »an sich« nicht von denen mit anderen unterscheiden, zumindest nicht von denen mit anderen Opfern der Schreckens- und Kriegsjahre. Bei allem Respekt für die Leiden jener anderen kann kein Israeli die Gleichsetzung in dieser Form akzeptieren.
Das andere wichtige Element, das Wehner immer wieder betonte und als Verhaltensmotiv unterstrich, ist eine natürliche Folge des ersten. Die Besonderheit ist nicht nur ein »Leitfaden« für *Gebote,* sondern nicht minder, oft sogar mehr, für *Verbote*. Beiden Seiten fehlt dafür bisweilen das Verständnis, ein Mangel, dessen Korrektur mir unerläßlich erscheint. Ich will dies kurz erläutern.

III

Nicht wenige Israelis, vornehmlich, aber nicht nur, auf amtlicher oder »politischer« Ebene, haben die Gepflogenheit, die Schrekken der Vergangenheit in ihren Verkehr mit Deutschen als Argument für operationelle Anliegen einzuflechten.
Bitten um Erleichterung im Außenhandel, erweiterte Finanzhilfe, günstigere Kredite usw., aber auch Gesuche von geringerer materieller Konsequenz werden nicht selten, andeutungsweise oder expressis verbis, mit Hinweisen auf die Geschichte »untermauert« und so – vermeintlich – bekräftigt.
Ganz abgesehen davon, daß solche Argumente Unwillen auslösen und zu gegenteiligen Resultaten führen können, stellt ihre Nutzung eine beschämende Entweihung der Schoah dar. Wie berechtigt dieses oder jenes Anliegen, oder die Enttäuschung über seine Ablehnung, sein mag – die Krematorien und Gaskammern dürfen nicht in Verhandlungen über Flugrechte oder Einfuhrquoten von Citrus-Früchten eingeschaltet werden, auch nicht in Diskussionen über hart umstrittene politische Themen, wie das der PLO.

Nicht etwa daß, wie Franz Josef Strauß meinte, Deutschland ein »Anrecht« habe, an Auschwitz nicht mehr erinnert zu werden. Nicht nur *darf,* es *muß,* erinnert werden, doch nicht als mechanische Routineübung bei banalem Anlaß oder zu banalem Zweck. Junge Deutsche – aber auch junge Israelis – bedürfen der Vermittlung genauen Wissens um den Kern des nur bei besonderen Gelegenheiten ausgesprochenen Erinnerungsmotivs, nicht als ein Eigenerlebnis, das sie nicht haben können, sondern als Leitfaden zu geistiger und moralischer Führung.

Von Ausnahmen abgesehen, für deren Berechtigkeitsbewertung es nur subjektive Maßstäbe geben kann, sollten Israelis ihre deutschen Gesprächspartner nicht durch vergangenheitsträchtige Hinweise in Verlegenheit oder Befangenheit versetzen. Zugleich müssen sie jedoch von der Annahme ausgehen können, daß sich der Partner der Thematik bewußt ist, eine Annahme, die sich jedoch leider nur allzu häufig nicht bestätigt.

Die Verhaltens*gebote,* die Israel an das deutsche Geschichtsbewußtsein – auch ohne Hinweis – knüpft, sind vielleicht nicht immer realistisch. Andererseits hat es Anspruch auf die Erfüllung der Erwartung, daß in jenen Dingen, die irgendwie seine Sicherheit betreffen, strikte Verhaltens*verbote* eingehalten werden; das gilt für die offizielle wie für die »private« Ebene.

Die Verstöße gegen diese Selbstverständlichkeit, die die Golfkrise und der Krieg selbst aufdeckten, sind extreme, doch keineswegs die einzigen enttäuschenden Erfahrungen, die Israel im Laufe der letzten Jahre in diesem Bereich gemacht hat. Daß die deutsche Öffentlichkeit sein Entsetzen teilte und die Bundesregierung sich bemühte, den Schaden einzudämmen, verdiente zwar Anerkennung und beruhigte auch politisch, konnte jedoch die Wogen des Mißtrauens in der Bevölkerung nur zum Teil, und nur langsam, glätten.

Die Wintermonate 1990/91 führten die Komplexität und die außerordentliche Anfälligkeit des israelisch-deutschen Verhältnisses einmal mehr überzeugend vor Augen. Diese ganz und gar nicht neue Erkenntnis löste besonders bei denen Besorgnis aus, die sich schon früh zu dem Versuch des Brückenschlags bekannt hatten.

IV

Anläßlich eines Vortrags, den ich wenige Woche nach Ende des Golfkriegs vor deutschen Akademikern hielt, fragte einer der Anwesenden, ob Deutschland und Israel sich heute eigentlich noch gegenseitig »brauchten«. Die keineswegs als Provokation gestellte Frage überraschte im ersten Augenblick. Zugleich ist sie durchaus legitim, und gerade im Hinblick auf Zukunftsperspektiven gebührt ihr ein Bemühen um Beantwortung. Sie zielt natürlich auf die konkret-praktischen Aspekte des Verhältnisses in Anlehnung an die Binsenwahrheit, daß Beziehungen zwischen Staaten von Interessen, nicht von Gefühlen, bestimmt werden.

Aus dieser Sicht ist die Antwort für Israel *scheinbar* einfacher. In der Tagesprosa der Beziehungen kann der Eindruck entstehen, als sei Israel der größere »Nutznießer«, und er ist leicht belegbar. Schon die Unterschiede in Größenordnung und wirtschaftlicher Stärke reichen aus als »Beweise«, wobei allerdings unterstrichen werden muß, daß dieses Kriterium fast alle Staaten zu Nutznießern in ihren Beziehungen mit Deutschland macht, darunter viele, die Israel an ökonomischer Potenz beträchtlich übertreffen.

Wie dem auch sei, Israel hat allen Grund, die Beziehungen mit der Bundesrepublik als überaus wichtig zu bewerten, nicht nur auf bilateraler Ebene, sondern auch als seine vielleicht aussichtsreichste Brücke zu engeren Verbindungen mit Europa, vor allem mit dem Integrationsprozeß der Zwölf. In langjährigen Bestrebungen gegenüber der Gemeinschaft hat Israel nicht mehr als Teilerfolge erzielen können, und auch sie wären ohne die aktive Unterstützung der Bundesrepublik vermutlich gescheitert. (Ich spreche hier ausschließlich von wirtschaftlichen, nicht von »politischen« Dingen; letztere sind ein anderes Kapitel, das ich bewußt ausklammere.)

Aus verständlichen Gründen hat das Thema Wirtschaft, im weitesten Sinne des Wortes, einen hohen Stellenwert in Jerusalems Blick nach Deutschland, ist aber nur eines von vielen. Es sei erinnert, daß ein früherer Bereich deutsch-israelischer Zusammenarbeit, noch in »prä-diplomatischen« Zeiten, Wissenschaft und Forschung galt; er ist weiterhin ein Pfeiler in den Beziehungen, zu dem sich – auch ohne ein formales Abkommen – ein überaus reger Kulturverkehr gesellt hat. Ähnliches gilt für den Jugendaustausch, für Städtepartnerschaften, für vieles andere. Im Gesamtbild unserer Außenbeziehungen ist nur Amerika mit Deutschland vergleichbar. Das beantwortet die an mich gerichtete Frage für Israel.

Und auf der anderen Seite? In den ersten Jahren, bei ihren noch zaghaften Gehversuchen auf der Weltbühne, war es für die Bundesrepublik wichtig, den Beweis ihres Bemühens um Aussöhnung mit den Juden und dem Staat Israel zu bringen. Er war eine der Voraussetzungen ihrer allmählichen Aufnahme in die Völkergemeinschaft. Angesichts der Ungeheuerlichkeit der Nazi-Verbrechen muß es noch heute als fast übermenschlich gewertet werden, daß sich eine Mehrheit der Bürger Israels diesen Bemühungen nicht verschloß und so zur (bundes)deutschen Rehabilitation beitrug.

Tempi passati, tempi obliati? Manche Meinungsumfragen aus jüngster Zeit lassen einen solchen Schluß zu. Im Laufe der Jahrzehnte hat die Bundesrepublik nicht nur volle internationale Anerkennung und Integration erreicht. Die Verwirklichung des Traums der Einheit vor zwei Jahren hat Deutschland auch zu *einer,* wenn nicht *der, politischen* Führungsmacht in Europa verholfen. Ist damit das Bekenntnis zu Israels »verjährt«? Nicht nur Wunsch und Hoffnung verleiten mich zu einem Nein.

Wohl besteht, wie gesagt, in einigen konkreten Bereichen manche Unausgewogenheit »zuungunsten« der Bundesrepublik, aber in vielen anderen ist das Bild durchaus ausgeglichen, doch alles in allem halte ich diesen »statistischen« Faktor für eher nebensächlich. Als bedeutsamer aus deutscher Sicht erscheint mir dies: Neben den positiven Aspekten der Vereinigung, die der Aufzählung nicht bedürfen, wurden mit ihr Geister aus der Flasche entlassen, die für das – im ganzen – erfolgreiche Experiment bundesdeutscher Demokratie eine ernste Gefahr darstellen. Die ersten Auswirkungen betrafen scheinbar »nur« die innere Szene, aber sie lös(t)en auch »draußen« große Besorgnis aus, eben *weil* Deutschland wieder eine zentrale Rolle in Europa spielt. Waren die Jugendjahre der Bundesrepublik von dem Bemühen gezeichnet, der Welt ein neues deutsches Gesicht zu bieten, so wächst

heute mancherorts der Eindruck, es sei doch vieles »beim alten« geblieben.
Wie damals, vor einigen Jahrzehnten, kann Israel auch diesmal zur »Entlastung« beitragen. Die sporadischen Ausbrüche von radikalem Nationalismus und Ausländerhaß, die die erweiterte Bundesrepublik seit der Vereinigung heimsuchen, sind unter anderem eine Folge der ideologisch untermauerten Geschichts-Verzerrung in der ehemaligen deutschen »Arbeiter-und-Bauern-Republik« (auch wenn sie, erstaunlich für viele, in den »alten« Ländern wesentlich häufiger auftreten). Der Staat Israel war ein vornehmliches Objekt dieser Verzerrung, was auch erklärt, daß er nie Beziehungen zur DDR unterhalten hatte.
Doch neben der Abrechnung mit der »roten« Vergangenheit, darf die der »braunen« nicht verdrängt werden. Im Demokratisierungsprozeß der neuen Bürger sind sie eng miteinander verbunden. Israels Erfahrung mit *beiden* Seiten der totalitären Medaille kann dabei von nicht zu unterschätzender Bedeutung sein.

V

Es fehlt uns in vielem an Wissen umeinander. Manche israelische Deutschlandbilder sind zu ausschließlich vergangenheitsbezogen. Sie verkennen oder übergehen, daß der Bundesbürger von heute in einer echten Demokratie lebt, auch wenn sie, wie jede andere, im Detail nicht selten enttäuscht.
Das erste Jahr der Einheit wurde von Ereignissen begleitet, die nicht nur berechtigte Besorgnis auslösten, sondern auch Skepsis in bezug auf die Tiefe des Demokratieverständnisses in der erweiterten Bundesrepublik. In der Tat bestand lange ein Eindruck von Hilflosigkeit seitens Bund, Länder und Kommunen in der Bekämpfung der Übel, die – wie oft in ähnlichen Situationen – auch soziale und wirtschaftliche Wurzeln haben und deswegen fast mechanisch Vergleiche mit den 20er und 30er Jahren herbeirufen.
Deutschlands demokratische Erfahrung ist zweifelsohne jünger als die vieler anderer Völker, aber es hat – im westlichen Teil – seit Kriegsende erstaunlich viel »nachgeholt«. In der Chaotik der (Wieder-)Vereinigung, auf die niemand wirklich vorbereitet war,

konnte sich die Demokratie nur langsam durchsetzen, und es wird auf dem Hintergrund der Fusion verschiedener »Politkulturen« noch weiter Ärgernisse und Spannungen geben, aber, wenn nicht alles täuscht, wird das Ergebnis, schon allein aus rein »arithmetischen« Gründen, von der Erfahrung Bonns geprägt sein.

Nicht Gleiches, doch Vergleichbares, gilt für Israel, das eine Demokratie in einem Teil der Welt aufgebaut hat, in dem es sie nie gegeben hat. Perfektionisten mögen ihre Mängel beanstanden; sie ist gewiß nicht frei von Unvollkommenheiten, doch daß sie in einem seit seiner Gründung unter Krieg und Belagerung lebenden Staat überhaupt errichtet werden konnte, ist bemerkenswert genug und sollte, besonders in Deutschland, gewürdigt werden.

Ein zweites Vergleichsmotiv besteht, dessen Auswirkung in Israel noch größer als in Deutschland ist. Beide müssen sich mit demographischen Problemen auseinandersetzen, die ihre jungen demokratischen Gefüge schwer belasten. Die Ursachen sind unterschiedlich, obwohl verwandt – hier Einwanderung, dort Rücksiedlung und Vereinigung –, und in der Behandlung sind sie sich ähnlich; auch darin, daß es im Vollzug gelegentlich Entgleisungen gibt. Die Herausforderungen der Thematik verlocken zu intensivem Erfahrungsaustausch.

Solidarität mit Israel bedeutet nicht Verzicht auf Kritik; echte Freundschaft bedingt das Recht auf freie Meinungsäußerung als selbstverständlich. Das gilt für Deutsche wie für andere, und die Einschränkung der Diskretion, an die sich Wehner in der Öffentlichkeit hielt, hat heute nicht mehr das Gewicht früherer Jahre. Eines allerdings darf der Israeli ganz besonders von deutscher Kritik erwarten – daß sie die Gründe scheinbar unverständlicher Verhaltensweisen zu begreifen sucht. *Das jahrtausendealte Trauma jüdischer Verunsicherung und Schutzlosigkeit, das seinen Tiefpunkt in den Jahren der NS-Schrecken erfuhr, prägt noch immer, oft unterbewußt, das Denken und Handeln der Menschen des Landes.*

Ungeachtet »weltanschaulicher« und anderer Unterschiede war und ist diese Erkenntnis stets allen Freunden Israels gemein und bestimmt(e) ihre Haltung auch in der Prosa des Alltags. Stellvertretend für die vielen seien aus der langen Liste der Namen nur einige angeführt, die die Breite des Spektrums bezeugen: Theodor Heuss und Carlo Schmid, Heinrich Böll und Axel Springer, Eugen Gerstenmaier und Herbert Wehner, Annemarie Renger und Rainer Barzel, Rita Süssmuth und Johannes Rau, Berthold Beitz und Siegfried Lenz ... nicht zuletzt Richard von Weizsäcker, der die unerschöpfliche deutsch-jüdische und deutsch-israelische Thematik gedanklich und menschlich unermeßlich bereichert hat.

VI

Ein Wort zum Abschluß. [1] Nicht alle Regierungen Israels entsprechen jedermanns Wunschvorstellung (auch nicht vieler seiner Bürger). Sie sind jedoch, anders als alle anderen im Nahen Osten, demokratisch gewählt und können ebenso demokratisch abgewählt werden.

Kritik und Vorwürfe, wie »objektiv« berechtigt auch immer, müssen auch dieser Tatsache stets gedenken. Der Brückenschlag, den wir seit vierzig Jahren gemeinsam gefördert haben, ist einmalig in der Geschichte. *In beiden Richtungen* darf er nicht parteipolitischen Schwankungen oder gar Rechnungen unterliegen.

Deutsches »Verstehen« ist gefordert, aber auch Förderung des Verständnisses für Israel, besonders in den neuen Ländern. Dazu gehört vornehmlich mehr Wissen über den Zionismus, das Vehikel geistiger und menschlicher Erneuerung des Judeseins in unserer Zeit. Über kaum ein anderes Thema ist in den letzten Jahrzehnten mehr Unsinn verzapft worden; kaum eines hat vergleichbare Ausbrüche boshafter Verleumdung ausgelöst. Zum Teil geschah es aus Unkenntnis, zum Teil aber aus weit weniger »salonfähigen« Gründen.

Die DDR war ein führender Bannerträger der Hetze, und ihre Bürger waren auch in diesem Bereich Opfer einer verzerrenden Willkür, die dringend der Berichtigung bedarf. Dazu muß vor allem Israel selbst beitragen, aber andere können beträchtlich helfen, wie z. B. die Bundes- und Landeszentralen für politische Bildung, die seit frühester Stunde in unseren Beziehungen eine wichtige Rolle spielen, sowie die christlich-jüdischen Arbeitsgemeinschaften und, natürlich, die der deutsch-israelischen Gesellschaft.

Wir haben in vierzig Jahren Wege gebahnt, die auf dem Hintergrund unsagbaren Leids nur als wundersam bezeichnet werden können. Mit den gewaltigen Umwälzungen der letzten Jahre stellen sich uns neue Aufgaben. Sie sind nicht unlösbar.

Einmal mehr sei an ein Wort des Bundespräsidenten bei seinem Besuch in Jerusalem im Dezember 1991, anläßlich eines Konzerts der Dresdner Staatskapelle, erinnert: »Das geeinte Deutschland ... ist nun auch geeint in der Verantwortung für die Folgen der schrecklichen Vergangenheit.« Möge es allen Deutschen in ihrem Verhältnis zu Israel Wegweiser sein.

Anmerkung

[1] Dieser Beitrag wurde im Februar 1992, also vor den Knessetwahlen in Israel im Juni 1992, geschrieben.

Lili Eylon

Ein Weg zum gegenseitigen Verständnis. Kulturelle Beziehungen zwischen Deutschland und Israel

> ... aus Kampf und Tränen
> Blut und Tod
> wuchs der Orangenbaum
> immergrün duftend
> vor erwartungsvollen Blüten
> weiß wie der Anfang
>
> Hanna Blitzer*
> (geboren in Beuthen,
> 1933 nach Tel-Aviv ausgewandert)

Zweifellos sind die kulturellen Beziehungen zwischen Deutschland und Israel überaus intensiv und vielschichtig, wenn man bedenkt, daß es sich bei Israel um ein weit entferntes Land mit kaum fünf Millionen Einwohnern handelt. Aber Israel ist eben der Staat der Juden, und die Beziehungen zwischen Deutschen und Juden sind besonderer Art: Neben der langen Leidensgeschichte der Juden in Deutschland, die in den Schrecken des Holocaust gipfelte, steht die Tatsache, daß Juden viele Jahre hindurch entscheidende Beiträge zur deutschen Kultur in all ihren Aspekten leisteten, und andererseits auch viele Werte dieser Kultur in ihre eigene aufnahmen. Dies führte wohl dazu, daß nach dem verlorenen Zweiten Weltkrieg viele Deutsche, und besonders die Jugend, sich Fragen zu stellen begannen und das Bedürfnis wuchs, mehr über Juden und Judentum zu erfahren. Mit der Entstehung des Staates Israel, wo das jüdische Volk nun endlich

---

* Aus: »Deutsche Literatur von Frauen«, zweiter Band, hrsg. von Gisela Brinker-Gabler, C. H. Beck 1988; Staub und Sterne – Deutsch-schreibende Autorinnen in Erez Israel und Israel, von Margarita Pazi.

seine eigenständige Existenz aufbauen und sichern konnte, entstand bei vielen Deutschen – und wiederum in erster Linie wohl bei der Jugend – besonderes Interesse für diesen neuen, ungewöhnlichen Staat und der Wille, mit seinen Menschen ins Gespräch zu kommen.
In Israel zögerte die Öffentlichkeit aus verständlichen Gründen, mit Deutschen und deutscher Kultur in Berührung zu kommen. Andererseits entwickelte sich aber allmählich auch bei vielen Israelis, und auch hier besonders bei der Jugend, eine gewisse Neugierde in bezug auf Deutschland, trotz all des Schrecklichen, das sie erfahren oder von dem sie gehört hatten, oder vielleicht sogar gerade deshalb. Auch wollten viele wissen, was es mit der neuen deutschen Republik, von der alle sprachen, für eine Bewandtnis hatte.
Diplomatische Beziehungen zwischen beiden Ländern wurden 1965 aufgenommen, und seitdem hat der kulturelle Austausch zwischen ihnen einen Umfang und eine Vielfalt erreicht, die jeden verblüfft, und dies, obwohl kein formelles Abkommen auf diesem Gebiet besteht. Die Anfänge waren vorsichtig: Ascher Ben-Natan, der erste Botschafter Israels in der Bundesrepublik, erinnert sich an »Anatevka«, die Besuche der Sängerin Esther Ofarim und der Pianistin Pnina Salzman und an vereinzelte Kunstausstellungen. Das war so ziemlich der einzige kulturelle Import aus Israel zu seiner Zeit in Bonn, und damals blieb dies im Grunde eine »Einbahnstraße«.
Aber dann begann der kulturelle Austausch zu einem wahren Crescendo anzuschwellen und erreichte eine bemerkenswerte Intensität auf den verschiedensten Gebieten.

Im März 1991 bereiste der bekannte israelische Schriftsteller Yoram Kaniuk die Bundesrepublik und hielt in mehreren Städten Vorträge. Sein Thema war nicht die Literatur. Vielmehr sprach er von dem Ereignis, das nur wenige Wochen zuvor die Welt erschüttert hatte: dem Golfkrieg. Er erwähnte die Friedensmärsche und die Friedenserklärungen von einigen deutschen Schriftstellern in jenen kritischen Tagen im Januar und Februar 1991. Kaniuk wollte – wie viele andere Israelis – wissen, wo die deutschen Intellektuellen waren, als die jüdische Bevölkerung in Israel von Gasangriffen bedroht war und mit irakischen Scud-Raketen beschossen wurde – und das im selben Jahrhundert, das den Holocaust sah. Bei den Symposien in deutschen Städten, wo er das Wort ergriff, geriet er in eine Reihe verbaler Zusammenstöße: »Wenn wir uns jetzt nicht verstehen, werden wir uns nichts mehr zu sagen haben«, erklärte er. Dieses Aneinander-Vorbeireden war ein Symptom einer Krise im kulturellen Dialog. Diejenigen, die ihre potentielle Tragweite begriffen und ihr ein Ende bereiten wollten, machten sich sofort an die Arbeit. Genau sechs Wochen später, im September 1991, wurde das Projekt »Literatur im Austausch« lanciert. Vier Schriftsteller aus Israel wurden von deutschen Kollegen eingeführt und lasen aus ihren Werken in vier Treffen im Frankfurter Literaturbüro. Im Gegenzug wurde sofort eine Tour von deutschen Autoren in Israel vorbereitet. Die Gäste, die das Land unter den Auspizien des Goethe-Instituts bereisten, wurden von ihren israelischen Kollegen vorgestellt und lasen aus ihren Werken vor einem interessierten Publikum in Jerusalem, Tel-Aviv und Haifa.

Gegenseitige Besuche von Dichtern und Schriftstellern, die Übersetzungen und Veröffentlichungen von Werken deutscher Autoren auf Hebräisch und israelischer Schriftsteller in deutscher Sprache sowie lebhafte Begegnungen und Diskussionen bei spontan arrangierten Autorentreffen sorgen für kontinuierlichen literarischen Austausch zwischen den beiden Ländern.

Aber die anderen Zweige kultureller Beziehungen stehen der Literatur keineswegs nach: In der bildenden Kunst arrangieren die großen Museen beider Länder den Austausch von großen Kunstausstellungen, während private Galerien den individuellen Künstlern aus dem anderen Land die Chance geben, ihre Werke zu zeigen. Moderne deutsche Theaterstücke werden auf Bühnen in Israel inszeniert, während Dramen und Musicals sowie Schauspieler und Sänger aus Israel vor dem deutschen Publikum erscheinen. (Wer in Deutschland kann Rudensky in »Anatevka« vergessen?)

Und was die Musik betrifft, so reißt die Reihe der Gastkonzerte

von Sinfonie- und Kammerorchestern, Opernensembles, Chören und Solisten aus Deutschland und Israel im jeweils anderen Lande nicht ab.
Auch Ballett und moderner Tanz kommen häufig in den »Gastländern« zur Aufführung. Ein besonderes Kapitel sind die israelischen Volkstanzgruppen und Jugendorchester, die Deutschland alljährlich im Rahmen des Jugendaustauschs besuchen.
Alle diese kulturellen Aktivitäten bedürfen keiner großen formellen Beschlüsse, sondern entwickeln sich organisch. Sie alle aufzulisten und im einzelnen zu bewerten, würde eine ganze Enzyklopädie erfordern. In den folgenden Ausführungen können wir die verschiedenen Themen nur kurz ansprechen und versuchen, eine Übersicht zu geben und an Hand einiger Beispiele einen allgemeinen Eindruck zu vermitteln.

Literatur

Die Autorentreffen 1991–1992 waren nicht die ersten ihrer Art. Immerhin dauerte es eine lange Zeit, bis das erste organisiert werden konnte. Auf die Initiative von Siegfried Lenz und Yehuda Amichai konnte – in Zusammenarbeit mit den beiden Außenministerien – ein erstes Symposium im Mai 1989 in Freiburg stattfinden. (Ein analoges Treffen in Israel wurde für 1992 vereinbart.) In Freiburg trafen zwölf Israelis mit vierzehn Deutschen (aus Ost und West) zusammen und diskutierten über das Thema »Schriftsteller als Bürger und Kritiker ihres Staates«.
In seinem Grußwort sagte Christoph Meckel:

> »Die öffentlichen Diskussionen wiederholen und erschöpfen sich in Ratlosigkeit, Halbheit, Beschwichtigung, Gerede und fragwürdiger Tonart. Von Regierungen und Parteien ist nicht zu erwarten, daß dies verändert wird ... Schriftsteller sind Leute wie alle andern, aber sie sind vielleicht imstande, etwas mehr an Erschütterung auf sich zu nehmen als üblich und mit Kenntnis und Erkenntnis entschiedener umzugehen ...«

Was deutsche Literatur in Israel angeht, sei hier nur gesagt, daß allein die Bücherei des Goethe-Instituts in Tel-Aviv Übersetzungen von Büchern von Goethe bis Grass besitzt. 43 Titel sind von deutschen Klassikern und 176 von Autoren des 20. Jahrhunderts verfügbar. Hunderte von anderen Büchern deutscher Schriftsteller sind dort in der Originalsprache oder in englischer Übersetzung zu finden. Universitätsbibliotheken, viele Stadtbüchereien und Buchläden in Israel bieten vielfältigen Lesestoff in deutscher Sprache. Deutsche Bücher, ob für Lehrzwecke oder aus der schönen Literatur, werden ständig ins Hebräische übersetzt. Erwähnenswert ist eine vor kurzem auf Hebräisch erschienene »Anthologie moderner deutscher Poesie« aus der Feder von Shimon Sandbank, Professor für Vergleichende Literatur an der Hebräischen Universität in Jerusalem.

Auf zwei Anzeichen wachsenden Interesses der jungen Generation in Israel an der deutschen Sprache und Literatur weist das Goethe-Institut in Tel-Aviv hin: Einerseits sind die Hälfte der neuen Mitglieder der Bücherei nach 1950 geboren; andererseits möchten immer mehr Schulen in Israel Deutsch als Wahlfach für 15–16jährige anbieten.

Die deutschen Dichter Christoph Meckel und Günther Kunert nahmen am internationalen Poesie-Festival in Jerusalem teil, und der deutsche Geschichtenerzähler Jürgen Janning wirkte aktiv bei der internationalen Konferenz von Geschichtenerzählern in Tel-Aviv mit. Lesungen in deutscher Sprache wurden im Goethe-Institut in Tel-Aviv von Jurek Becker, Günther Kunert und Ralph Giordano abgehalten.

Hier sei noch die Zeitschrift *He'atid* (»Die Zukunft«) erwähnt, die dem Leser in Israel regelmäßig in hebräischer Sprache Nachrichten aus Deutschland, unter besonderer Betonung menschlicher und kultureller Aspekte, vermittelt. Andererseits gibt die israelische Zeitschrift *Ariel* dem interessierten deutschen Leser ein Bild vom Kulturleben in Israel.

Da die hebräische Literatur aus Israel eine verhältnismäßig neue Erscheinung ist und Übersetzungen aus dem Hebräischen noch in ihren Anfängen stecken, ist diese Literatur außerhalb Israels im allgemeinen nur wenig verbreitet.

Nach den Worten von Nilli Cohen, Leiterin des Instituts für die Übersetzung hebräischer Literatur, dessen Aufgabe es ist, hebräische Literatur im Ausland zu verbreiten, geschah jahrelang wenig auf der deutschen Szene, aber seit Beginn der achtziger Jahre gab es einen dramatischen Sprung vorwärts in der Veröffentlichung hebräischer Literatur durch deutsche Verleger. Der erste Prosaschriftsteller aus Israel, den deutsche Leser »entdeckten«, war Amos Oz. Vier seiner Romane und eine Sammlung seiner Essays fanden ihren Weg zum deutschen Publikum. Es folgten Romane von Aharon Appelfeld, David Grossman, A. B. Yehoshua, David Shahar, Yoram Kaniuk und Shulamit Lapid.

Fast 200 Veröffentlichungen und mehr als 50 Buchtitel werden nun auf dem deutschen Markt verbreitet. Die Liste der Verlage führen Piper, Ullstein, Suhrkamp, Carl Hanser und Rowohlt an, daneben veröffentlichen aber auch kleinere Verlage wie der Dvorah Verlag in Frankfurt/Main hebräische Literatur. (In den fünfziger Jahren gab es in Deutschland nur zwei Bücher, die aus dem Hebräischen übersetzt waren und in den sechziger Jahren waren es 19.) Es ist interessant festzustellen, daß der DDR Verlag »Volk und Welt« seit 1983 Werke israelischer Autoren veröffentlichte, darunter Agnon und Yehoshua. 1987 erschien dort eine Anthologie von 20 israelischen Schriftstellern, und eine Neuauflage kam nach zwei Jahren heraus.

Wieviele Deutsche lesen wohl diese Bücher? Das ist schwer zu sagen. Man muß annehmen, daß diejenigen, die hebräische Bücher in deutscher Übersetzung lesen, im allgemeinen irgend etwas mit Israel zu tun haben, entweder durch eine Organisation oder weil sie das Land besucht oder eine andere Verbindung mit ihm haben. Die große Ausnahme ist natürlich Ephraim Kishon, dessen Bücher in Deutschland in neun Millionen Exemplaren verkauft worden sind.

Aber in der Hauptsache ist es die Verbreitung von übersetzter Jugendliteratur, die den Schlüssel zu einem gesunden Verständnis zwischen den beiden Ländern in sich birgt. Um eine Paraphrase eines Spruchs von Martin Buber zu benutzen: »Jugend ist der Menschheit ewige Chance für Verständnis.« In diesem Zusammenhang ergriff das Goethe-Institut vor einiger Zeit eine interessante Initiative: Deutsche Autoren von Kinder- und Jugendbüchern kamen nach Israel und lasen in den großen Städten aus ihren Werken und sprachen darüber vor zahlreichen Zuhörern. Gleichzeitig wurden ihre Bücher in hebräischer Übersetzung vorgestellt. In der entgegengesetzten Richtung spielt auf diesem Gebiet das Institut für die Übersetzung hebräischer Literatur eine führende Rolle. Mittels eines Abkommens mit dem Ali Baba Verlag in Frankfurt/Main wird eine Serie von 18 Jugendbüchern aus Israel veröffentlicht.

Auch bei Rowohlt und DTV werden solche Werke verlegt. Viele Übersetzungen, unter anderen derer von den Büchern von Tamar Bergman, Gila Almagor, Nira Harel, Daniella Carmi und Uri Orlev, stammen von Mirjam Pressler, einer Schriftstellerin und Kennerin der israelischen Literatur.

Obwohl die meisten israelischen Schriftsteller und Dichter in der hebräischen Sprache schreiben (selbst, wenn es nur ihre zweite, adoptierte Sprache ist), gibt es noch immer eine Gemeinschaft von Autoren, die ausschließlich deutsch schreiben. Der Verein der deutschschreibenden Schriftsteller ist 1975 im Rahmen des allgemeinen israelischen Schriftstellerverbandes gegründet worden. Zu ihren Mitgliedern gehörten Autoren aus Deutschland und Österreich, aber auch aus der ČSR und Rumänien. Da es sich um Menschen handelt, die ihre Geburtsländer in den dreißiger, vierziger und fünfziger Jahren verlassen haben, nimmt ihre Zahl naturgemäß ständig ab.

Diese Autoren haben sich selbst nie als im Exil Lebende betrachtet, noch sehen sie ihre Arbeit als Exilliteratur an. Sie sind sich dessen bewußt, daß sie weder eine feste Leserschaft noch literarischen Nachwuchs haben. In Deutschland hat sich insbesondere der Bleicher Verlag bemüht, diesen Autoren Gehör zu verschaffen; er veröffentlichte mehr als 23 ihrer Werke, darunter zwei Anthologien, »Stimmen aus Israel« (1979) und »Auf dem Weg« (1989).

In Israel gibt es im wesentlichen drei Kanäle, durch die Wissen über das literarische Schaffen in beiden Ländern verbreitet, literarische Neugierde befriedigt und der literarische Austausch angeregt wird.

Auf täglicher Basis ist es die bereits erwähnte Bibliothek des Goethe-Instituts, die dem breiten Publikum Israels zur Verfügung steht. Auf akademischem Niveau betreibt das Rosenzweig-Zentrum in der Hebräischen Universität in Jerusalem interdisziplinäre Forschung über den jüdischen Beitrag zur deutschen Kultur. Der Direktor des Zentrums ist Stephan Moses, Leiter der Abteilung für Vergleichende Literaturwissenschaft an der Hebräischen Universität.

Der wirkungsvollste Kanal ist sicherlich die Buchmesse in Jerusalem, obwohl sie nur alle zwei Jahre stattfindet. Bei der ersten Messe 1963 waren nur 3 ausländische Verlage vertreten. 1991 waren von 800 Verlegern aus 38 Ländern 100 aus Deutschland – das größte ausländische Kontingent. Die Jerusalemer Buchmesse arbeitet eng mit der Deutschen Lesegesellschaft zusammen. Gemeinschaftlich organisieren sie alljährlich internationale Symposien zum Anspornen der Leselust, abwechselnd in Jerusalem und Deutschland. Wie die größere Buchmesse in Frankfurt, trägt die Messe in Jerusalem viel zur Verbreitung von deutscher Literatur und deutschen Übersetzungen hebräischer Schriften und Dichter bei.

Musik

Wenn man Kultur nicht als Selbstzweck betrachtet, sondern als Mittel, Menschen zusammenzubringen, dann ist Musik zweifelsohne eines ihrer besten Instrumente. Die zahllosen Besuche von Musikern in beiden Richtungen begannen in den frühen siebziger Jahren. Die großen Sinfonieorchester, Kammerensembles, Dirigenten, Solisten und Sänger, Opernvorführungen und Chöre haben einen besonderen Beitrag zur Beziehung zwischen Deutschen und Israelis geleistet.

Das Israelische Philharmonische Orchester zum Beispiel gab sein Debüt in Deutschland in Berlin im September 1971. Seitdem hat es innerhalb von 20 Jahren 13 Deutschland-Tourneen mit 58 Konzerten in 12 deutschen Städten absolviert. Das erste Konzert in Berlin, von Zubin Mehta dirigiert, enthielt »Qumran«, eine sinfonische Metapher des israelischen Komponisten Amie Ma'ayani, die Erste Sinfonie von Mahler und das Dritte Klavierkon-

zert von Beethoven. Der Solist war der israelische Pianist Daniel Barenboim.
Die Kritik in der deutschen Presse war begeistert: »Strahlender Auftakt«, »Es war mehr als nur ein musikalisches Fest ... der Beifall wollte kein Ende nehmen ...«
Fast auf den Tag 20 Jahre später spielte die Philharmonie Israels, wieder unter dem Dirigentenstab von Zubin Mehta, im vereinigten Deutschland im Leipziger Gewandhaus. Dieses Mal wurde die monumentale 9. Sinfonie von Mahler geboten.
Drei Monate später gab es eine Premiere in Jerusalem: Die Dresdner Staatskapelle gab ein feierliches Konzert – unter dem Dirigentenstab des Israelis Daniel Barenboim. Dies war das erste Mal, daß ein Orchester aus der ehemaligen DDR in Israel auftrat. Die Wirkung des Konzerts, dessen Einnahmen der Unterstützung von Neueinwanderern aus der (ehemaligen) Sowjetunion und aus Äthiopien gewidmet waren, wurde durch die gemeinsame Schirmherrschaft der Präsidenten Israels und der Bundesrepublik und ihre effektive Anwesenheit – Präsident von Weizsäcker war eigens für einen Tag nach Israel geflogen – noch erhöht. Ein Kritiker in Israel nannte die Dresdner Musiker »ein musikalisches Naturschutzgebiet, das keinen Wert auf äußeren Glanz, sondern auf die Qualität des Klanges legt«. Das war mehr als ein musikalisches ›Happening‹.
Auch die Berliner Philharmoniker ließen es sich nicht nehmen, vor begeistertem Publikum in überfüllten Sälen in Israel ihre Kunst zu demonstrieren. Es wäre vergebliche Mühe, die zahlreichen musikalischen Ensembles aus Deutschland aufzuzählen, die häufige und gern gehörte Gäste in Israel sind.
Das Sinfonieorchester aus Haifa spielte in Berlin, Bielefeld und Düsseldorf, zum Teil im Rahmen von Städtepartnerschaften. In Deutschland unterhalten 66 Städte und 9 Landkreise solche Partnerschaften mit Städten in Israel. Zweifellos sind diese ein sehr wichtiger Faktor in kulturellen Beziehungen, besonders wenn man an die persönlichen Bindungen denkt, die so geschaffen werden.
Andere Künstler aus Deutschland haben auch ihren Beitrag geleistet. Im Bereich des Tanzes haben, um nur wenige Beispiele zu

nennen, Pina Bausch und das Stuttgarter Ballett einen großen Eindruck bei dem Publikum Israels hinterlassen. Susanne Linkes »Frauenballett« ist im Programm der Kibbuz-Gruppe für modernen Tanz enthalten.

Bildende Kunst

Auf dem Gebiet der bildenden Kunst bieten zahlreiche Ausstellungen von Gemälden, Skulpturen und Fotografien dem interessierten Publikum in Israel einen repräsentativen Querschnitt zeitgenössischer deutscher Kunst.
Ein herausragendes Ereignis war die Ausstellung der »Brücke« im Israel-Museum in Jerusalem. Dies war das erste Mal, daß eine so umfassende Ausstellung von so hoher künstlerischer Bedeutung aus Deutschland in Israel gezeigt wurde. 140 Ölgemälde, Aquarelle, Zeichnungen und Drucke der führenden deutschen Expressionisten – Kirchner, Bleyl, Heckel, Schmidt-Rottluff, Pechstein, Nolde und Müller – waren hier mit ihren Werken vertreten. Und die Israelis nahmen die Gelegenheit wahr: Über 150000 Besucher kamen während der drei Monate der Ausstellung, um die Werke zu bewundern.
Es gibt eine lange Liste von israelischen Künstlern, die ihre Werke in der Bundesrepublik gezeigt haben und sie jetzt in den neuen Bundesländern zeigen, wie etwa Miron Sima, ein Schüler des Expressionisten Otto Dix, der bis zu seiner Ausreise nach Israel in Dresden lebte und wirkte, Yehuda Bacon (in der ČSR geboren und ein Überlebender von Theresienstadt), Jacob Pins – in Deutschland geboren und seit 1936 in Jerusalem – und Dani Karavan, dessen zahlreiche Skulpturen mehrere deutsche Städte zieren.
Im Frauenmuseum in Bonn waren 44 israelische Künstler zu Gast. Die allererste israelische Kunstausstellung in der früheren DDR zeigte die Werke von 40 jungen israelischen Künstlern in Leipzig. Der Empfang war begeistert, und an Ort und Stelle wurde beschlossen, eine zweite Schau zu organisieren. In dieser »zweiten Runde« stellten 21 zeitgenössische israelische Künstler

im Opernhaus der Stadt aus. Vorträge und Symposien über die psychologischen Nachwirkungen des Holocausts auf Kunst, Filme, Musik und Workshops für Jugendliche, die von israelischen Künstlern geleitet wurden – und schließlich auch kulinarische Spezialitäten aus Israel machten das Ganze zu einem wahren israelischen »Happening« in Leipzig.

Theater und Film

Israels Nationaltheater, die »Habima«, ist schon mehrere Male in Deutschland aufgetreten, besonders in Berlin. Bei den 700-Jahre-Feierlichkeiten von Berlin spielten die Schauspieler der Habima Stücke von Kafka, Bavel und Jakob Shabtai. Später wurden ein Stück des bekannten israelischen Dramaturgen David Grossman sowie »Else« (über Else Lasker-Schüler) von einem anderen Israeli, Motti Lerner, aufgeführt. Auch das Cameri-Theater ist mehrfach in Deutschland aufgetreten, vor kurzem in Braunschweig, und das Jerusalemer Theater Khan kam nach Bochum mit dem Stück »Chevraya« (Freunde). Die Kinder in Neuß und Umgebung hatten die Gelegenheit, eine Vorstellung des israelischen Kinder- und Jugendtheaters mit dem Titel »Erster Besuch im Theater« zu sehen.

Yehoshua Sobols Dramen, von denen »Ghetto« das in Israel umstrittenste ist, sind Theaterliebhabern in Deutschland wohlbekannt.

Deutsche Theateraufführungen in Israel sind so zahlreich, daß sie gar nicht aufzuzählen sind. Bei jedem Festival in Israel gibt es mindestens ein dramatisches oder humoristisches Stück aus Deutschland.

Der Liedermacher und Dichter Wolf Biermann erschien vor vollen Sälen in Jerusalem und Tel-Aviv. Franz Xaver Kroetz kam nach Israel, um der hebräischen Premiere seines Stückes »Männersache« im Stadttheater von Haifa beizuwohnen. Verschiedene seiner Stücke sind in Israel in hebräischer Sprache schon früher aufgeführt worden, wie zum Beispiel »Das Nest«, »Mensch Meier« und »Wunschkonzert«. Aus Anlaß des Besuches von Kroetz

in Israel veranstaltete die Theaterabteilung der Universität Tel-Aviv in Zusammenarbeit mit dem Goethe-Institut in Tel-Aviv eine Podiumsdiskussion in englischer Sprache in der Universität.
Israel-Filmwochen ziehen Massen in vielen Städten Deutschlands an. Solche Wochen haben in Berlin, Bielefeld, Freiburg, Oberhausen, Koblenz, Bonn, Duisburg, Augsburg stattgefunden, und jetzt auch in mehreren Städten in den neuen Bundesländern. Manchmal nimmt der israelische Filmproduzent daran teil, und dann folgen den Filmen angeregte Diskussionen.
Erwähnenswert ist das Filmseminar über das Thema »Juden und Deutsche im deutschen Spielfilm nach 1945«, das Anfang Januar 1991, das heißt in der Spannung unmittelbar vor dem Golfkrieg stattfand und dennoch zahlreiche junge Filmstudenten und Historiker anzog. Das Goethe-Institut organisierte dieses deutsch-israelische Treffen in Zusammenarbeit mit der Universität von Tel-Aviv.

Der hier unternommene Versuch, einen Begriff von den kulturellen Beziehungen zwischen Deutschland und Israel zu geben, kann und will keinen Anspruch auf Vollständigkeit erheben. Dazu sind diese Beziehungen zu reichhaltig und vielschichtig, und auch eine längere Abhandlung könnte ihnen kaum gerecht werden.
Aber eines ist klar: Die persönlichen Begegnungen, der literarische und künstlerische Austausch, die Treffen und Veranstaltungen helfen bei der Schaffung einer soliden Grundlage für gegenseitige Bekanntschaft und Verständnis zwischen den Menschen in Deutschland und Israel, und so spielen diese kulturellen Beziehungen eine lebenswichtige Rolle bei den Bemühungen beider Völker, über die Gräben der Vergangenheit hinweg gemeinsam für eine bessere Zukunft zu wirken.

Heiner Lichtenstein

Die deutschen Medien und Israel

»Es gab mal eine Zeit, da konnte sich der Botschafter eines ausländischen Staates in Bonn vor Zeichen der Sympathie und Solidarität kaum retten. Viele junge Deutsche wollten gar als Freiwillige helfen, das ferne Land zu verteidigen. Das war 1967 und 1973. 1967 mußte der Staat sich gegen eine Übermacht fast aller Nachbarn wehren, 1973 fielen zwei große Staaten just an dem Tag über jenes Land her, da seine Bürger den höchsten religiösen Ruhetag begingen: Yom Kippur. Und damit ist klar, von welchem kleinen Land ich rede: von Israel. Eine Auswahl der Briefe und Telegramme hat der Missionschef damals unter dem Titel ›Briefe an den Botschafter‹ veröffentlicht.
Doch schon bald folgten Jahre, in denen sich viele Deutsche von jenem Staat abwandten. Manche sagten sogar, Israel wende ›Nazimethoden‹ gegen die Palästinenser an – etwa bei den Überfällen auf Flüchtlingslager oder bei den blutigen Zwischenfällen jüngst auf dem Tempelberg in Jerusalem. Und nun, angesichts der Terrorüberfälle des Irak auf Tel Aviv und Haifa, ist in der Öffentlichkeit erneut Verständnis für den jüdischen Staat zu beobachten. Freilich ziemlich spät. Anfangs gab es überall im Land große Demonstrationen für den Frieden mit unüberhörbaren Stimmen gegen die USA. Es mußten erst Raketen Wohnhäuser in Tel Aviv vernichten, ehe die Bevölkerung, die Regierung und das Parlament erkannten, in welcher existentiellen Gefahr auch die Menschen lebten, die dem Gas von Auschwitz, Majdanek, Treblinka, Sobibor, Belzec, Chelmno entronnen waren. (...) Wenn am Ende des Krieges eine internationale Konferenz zusammentreten sollte, um für einen halbwegs dauerhaften Frieden im Nahen Osten zu sorgen, müßte selbstverständlich neben arabischen Staaten auch der jüdische Staat am Verhandlungstisch sitzen. Und der würde keinem Kompromiß zustimmen, der seine staatliche Existenz nicht garantiert. Wir in Westeuropa haben uns daran gewöhnen

dürfen, daß Verträge eingehalten werden. Im Nahen Osten aber regieren noch Könige, Fürsten, Scheichs und Diktatoren ohne jede demokratische Legitimation, ohne sie kontrollierende Parlamente. Da können Verträge schnell im Papierkorb verschwinden. Und deshalb kann Israel, solange sich das nicht ändert, auf militärische Garantien gar nicht verzichten. Und deshalb dürfte es demnächst gar nicht lange dauern, ehe auch bei uns Murren und Vorwürfe laut werden, nur Israel widersetze sich einem friedlichen Ausgleich. Spätestens dann ist der Augenblick gekommen, zu dem es Zeit wird, jenes eingangs erwähnte Buch ›Briefe an den Botschafter‹ zu lesen. Es ist heute aktueller als jemals seit 1973, seit dem Yom-Kippur-Krieg.«

So kommentierte der Westdeutsche Rundfunk (WDR), Köln, am 30. Januar 1991, also mitten im Golfkrieg, die Lage Israels. Als im Herbst desselben Jahres in Madrid die Nahost-Friedenskonferenz begann, hatten sich die Befürchtungen bezüglich der deutschen Medien nicht bestätigt. Es gab keine hämischen Kommentare gegen Israel, auch nicht wegen der frühzeitigen Abreise Schamirs. Presse, Hörfunk und Fernsehen in der Bundesrepublik verfolgten die Gespräche in der spanischen Hauptstadt mit großem Interesse und hielten sich mit Gunst und Kritik zurück.

Dafür nutzte ein politisches Fernsehmagazin mit hohen Einschaltquoten die »Gunst der Stunde«, Israel in Mißkredit zu bringen. Franz Alt vom Südwestfunk (SWF) in Baden-Baden, sonst in seinem Magazin »Report« um Aktualität bemüht, beschäftigte sich am 12. November 1991 mit der Frage, ob die nun größer gewordene Bundesrepublik neue Entschädigungszahlungen an Israel leisten müsse, weil die alte DDR dies stets abgelehnt habe. Autor des Beitrages war Udo Frank, und der begann so: »Es ist in der deutschen Publizistik beinahe ein Tabu. Es geht um neue Wiedergutmachungsforderungen Israels an Deutschland nach der deutschen Einheit.« Da Entschädigungszahlungen in der deutschen Öffentlichkeit angeblich nicht populär seien, wolle Bonn die Überweisungen als Wirtschaftshilfe deklarieren. »Die Politiker müssen letztlich die Frage beantworten, wie lange noch Deutschland für nationalsozialistische Verbrechen an den Juden bezahlen soll.« Man beachte den feinen Unterschied zwischen »Deutschland« und »nationalsozialistischen Verbrechen«.

Dann folgten Bilder von einer deutsch-israelischen Konferenz am 3. Oktober 1991 in Berlin. Im Bild Bundestagsvizepräsidentin Annemarie Renger, der Vorsitzende des Auswärtigen Ausschusses des Deutschen Bundestages, Hans Sterken, und der ehemalige israelische Botschafter in Bonn, Yohanan Meroz.

Am Rednerpult Dan Tichon, Vizepräsident der Knesset, der sagte, Auschwitz bleibe das Trauma des jüdischen Staates. »Kein Israel ohne Erinnerung an Auschwitz.« Dann Frank: »Die offiziellen deutschen Juden formulieren schärfer. Sie definieren sich als moralische Instanzen.«

Schnitt. Nun im Bild Heinz Galinski, Vorsitzender des Direktoriums des Zentralrats der Juden in Deutschland. »Wir waren immer das moralische Gewissen in diesem Land« – was zutrifft. Frank schließt an und spricht: »Und aus dieser Überzeugung heraus haben sie die Schuldfrage wieder neu gestellt« – was falsch ist, denn die Forderung nach Wiedergutmachungsverhandlungen mit dem vereinigten Deutschland kam nicht vom Zentralrat, sondern von Israel. Jetzt, so Frank, solle Bonn für die alte DDR nachzahlen. Adenauer habe das angeblich 1953 versprochen. Dann Frank polemisch: »Die Verknüpfung von Schuld und Wiedergutmachungsforderung hat Tradition.« Hans Modrow, der Abwicklungsministerpräsident der DDR, habe dem Jüdischen Weltkongreß gegenüber die Pflicht zur Zahlung von Wiedergutmachungsleistungen ebenso eingeräumt wie sein Nachfolger im Amt, Lothar de Maizière. Die neue Forderung, so Frank: »10 Milliarden D-Mark.« Bonn habe das im Grundsatz akzeptiert. Beides Unsinn. Johannes Gerster freilich, Vorsitzender der Arbeitsgruppe Inneres und Sport und innenpolitischer Sprecher der CDU-Bundestagsfraktion, ein treuer Freund Israels, sagt dem SWF, in Einzelfällen werde selbstverständlich gezahlt. Es könne und dürfe nämlich keine Unterschiede in dieser Frage zwischen verschiedenen jüdischen Opfern geben. Dazu Frank: »Für Einzelfälle haben wir bisher schon kräftig gezahlt: 100 Milliarden Deutsche Mark.« Das ist so falsch. 100 Mrd. DM wird die BRD insgesamt um die Jahrhundertwende an Entschädigung gezahlt haben.

Es folgt ein Interview mit dem Knesset-Abgeordneten Mordechai Wirshuvski aus Tel Aviv, der schlicht und einfach sagt: »Was vor 50 Jahren richtig war, ist auch heute richtig.« Damit meinte er die Verpflichtung aller Deutschen, also auch der der DDR, Wiedergutmachung zu leisten.

Schnitt – im Bild Frank mit Michael Wolffsohn. Das lasse »der deutsche Jude und Historiker nicht mehr gelten«. Wolffsohn ist immer dann gefragt, wenn Merkwürdiges von einem Juden bestätigt werden soll. Er erfüllt seine Aufgabe. »Von offenen Rechnungen kann nicht gesprochen werden ... Die Bundesrepublik ist, wenn wir es rein rechnerisch nehmen, in einem Plus [gegenüber Israel d. V.] von mindestens einer Milliarde Mark ... Die meisten Deutschen brauchten keine Wiedergutmachung zu leisten, weil sie nicht schuldig wurden ... Wiedergutmachung setzt Schuld voraus.« Barer Unsinn, versteht sich. Wäre es so, hätten die Nazi-Verbrecher persönlich zahlen müssen. Dabei wäre vermutlich nicht viel rausgekommen. Franz Alt schloß die von ihm verantwortete Polemik mit der Aufforderung: »Die Bundesregierung sollte die These von der ewigen deutschen Schuld endlich und eindeutig zurückweisen.«

Wem gegenüber, das sagte Alt nicht. Die These vertritt nämlich kein vernünftiger Mensch. Aber einmal in der Welt, bietet sie Diskussionsstoff. Davon war allerdings nach der Report-Sendung nichts zu hören. Außer in der *Allgemeinen Jüdischen Wochenzeitung,* dem Blatt der jüdischen Gemeinschaft in Deutschland. Heinz Galinski selbst wies die unsinnige Behauptungen Alts zurück. Ansonsten übergingen die deutschen Medien jenen verzerrten Report-Beitrag, und Franz Alt verabschiedete sich endgültig als Moderator. Er macht künftig etwas anderes, und das hoffentlich besser.

Das Beispiel des WDR für den Hörfunk und des SWF fürs deutsche Fernsehen zeigen, wie verschiedenartig das Thema Israel in den elektronischen deutschen Medien behandelt werdern kann. Beim WDR handelte es sich um einen Kommentar. Die meisten Sender in Deutschland haben eigene Gesetze, die die Mitarbeiter verpflichten, für Frieden, Freiheit und Demokratie zu arbeiten, Hetze jeder Art ist nicht erlaubt, Polemik selbstverständlich, wenn sie begründet ist. Der Beitrag in »Report« gab vor, Informationen zu liefern. Einige dieser Informationen stimmten aber schlicht nicht. Hier hätte der Rundfunkrat des SWF aktiv werden müssen, was er meines Wissens nicht getan hat. Auch die jüdischen Mitglieder der Rundfunkräte der anderen Sender hätten sich zu Wort melden müssen. Die kennen sich aber nicht einmal untereinander, von gemeinsamen Sitzungen oder Aktionen zu schweigen. Auf diesem Gebiet herrscht in Deutschland unverändert ein heilloses Durcheinander – leider. Eine Arbeitsgemeinschaft jüdischer Rundfunkräte ist überfällig, aber weit und breit nicht in Sicht.

Um so wichtiger sind einige Printmedien, an der Spitze ohne Frage die erwähnte *Allgemeine Jüdische Wochenzeitung* mit Sitz in Bonn. Die Zeitung erscheint jeden Donnerstag und informiert zuverlässig über Israel und viele Fragen, die Juden interessieren. Das Blatt hat je Ausgabe 12 Seiten und wird aufmerksam in Ministerien und Parteizentralen gelesen. Die Auflage ist mit 7000 je Woche nicht hoch, der Einfluß sollte deshalb aber nicht unterschätzt werden. Die *Allgemeine* ist die moralische Instanz in der deutschen Publizistik in Sachen Israel und Juden.

Das gilt gleichermaßen für die *TRIBÜNE – Zeitschrift zum Verständnis des Judentums* in Frankfurt, die es seit 30 Jahren gibt. In der Jubiläumsnummer kommen Bundeskanzler Helmut Kohl, der SPD-Vorsitzende Björn Engholm, der ehemalige deutsche Botschafter in Israel, Niels Hansen, und sein früherer israelischer Kollege in Bonn, Yohanan Meroz, zu Wort, ebenso Edzard Reuter, der Mercedes-Boß, der Oberbürgermeister von Frankfurt, Andreas von Schoeler, die Präsidentin des Deutschen Bundestages, Rita Süßmuth, und viele andere Prominente.

TRIBÜNE ist eine Instanz. Es handelt sich nicht um ein aktuelles Periodikum. Die Zeitschrift mit jeweils mehr als 200 Seiten erscheint viermal im Jahr und wird außer in der Politik, den Gewerkschaften und der Industrie besonders aufmerksam in Universitäten und Hochschulen gelesen, weil einzelne Beiträge über den Tagesjournalismus hinaus grundsätzliche Fragen behandeln. Die Redaktion besteht aus zwei Männern, Otto Romberg und Georg Schwinghammer. Kritische Solidarität mit Israel ist eine Maxime der *TRIBÜNE,* von der sie nie abweichen wird. Das kann man selbstverständlich nicht von den vielen hundert Tageszeitungen, Magazinen, Illustrierten in der Bundesrepublik erwarten. Pluralismus bestimmt die Szene. Dabei kommt den vier überregionalen Tageszeitungen eine besondere Bedeutung zu. Es handelt sich um *Die Welt* in Bonn, die *Frankfurter Allgemeine* und die *Frankfurter Rundschau* sowie die *Süddeutsche Zeitung* in München.

Die Welt, eine Gründung des Israel-Freundes Axel Springer, steht solidarisch zu Israel. Das konservative Blatt hat früher als andere Tageszeitungen in Deutschland vor dem Golfkrieg darauf aufmerksam gemacht, daß die Existenz Israels auf dem Spiel steht, später gefragt, wo die Friedensgruppen mit Demonstrationen blieben angesichts der Angriffe auf Tel Aviv und Haifa. Auf der anderen Seite überging und übergeht *Die Welt* Themen, die Juden in aller Welt interessieren, wie z. B. die Prozesse gegen NS-Angeklagte. Das war auch zu Lebzeiten Springers nicht anders.

Dieser Unterschied fällt – freilich unter anderem Vorzeichen – bei der *Frankfurter Rundschau* auf. Das linksliberale Blatt ist eine Art von Wachhund, wenn es um Neonazismus, Rechtsradikalismus oder Antisemitismus geht. Die *Rundschau*-Berichte über NS-Prozesse übertreffen die aller anderen großen Blätter. In Sachen Israel steht die Zeitung freilich mehr auf der Seite der Palästinenser. Die Intifada ist für sie ein wichtiges Thema, die Siedlungspolitik ebenso. Es handelt sich um ein Blatt, das zu Israel eher auf Distanz gegangen ist.

Das gilt in abgeschwächter Form auch für die *Frankfurter Allgemeine (FAZ),* ein konservatives Blatt mit den Schwerpunkten Wirtschaft und Kultur. In der *FAZ* kann über die Jahre verfolgt werden, was für den großen Teil der deutschen Öffentlichkeit zutrifft: die früher uneingeschränkte Solidarität mit Israel ist einer kritischen Berichterstattung gewichen. Was ein Hörfunkkorrespondent kürzlich auf die Formel brachte: »Früher wäre ich für Israel in den Krieg gezogen, heute ist Israel für mich ein Land wie jedes andere«, beschreibt die Haltung der *FAZ* zu Israel, wobei die besonderen Beziehungen zwischen der Bundesrepublik und Israel allerdings normalerweise nicht aus dem Blick geraten.

Die *Süddeutsche Zeitung* ist die beste Quelle für zuverlässige Information aus und über Israel – kein Wunder, denn die Zeitung leistet sich eine eigene Korrespondentin in Tel Aviv. Anne Ponger macht diese Arbeit seit vielen Jahren. Sie greift Themen auf, die anderswo gar nicht vorkommen, verfolgt Entwicklungen, hechelt nicht aufgeregt aktuellen Ereignissen hinterher, sondern liefert Hintergrundinformationen und Kommentare, die stets eines erkennen lassen: Deutsche und Israelis leben in einer Schicksalsgemeinschaft; der Holocaust verklammert beide Staaten und Völker auf unabsehbare Zeit.

Etwa 40000 Juden leben mittlerweile wieder in Deutschland. Ihr Einfluß bei den Medien sollte nicht unterschätzt werden. Zwar ist die Zahl jüdischer Journalisten winzig, die Aktivitäten der jüdischen Gemeinden können von den Medien aber nicht einfach übergangen werden. Zu Beginn des Golfkrieges waren es diese Gemeinden, die in allen Großstädten bei Kundgebungen zu Solidarität mit Israel aufforderten und dabei in aller Regel von politischer Prominenz unterstützt wurden. Sie definieren sich nicht nur als moralische Instanzen, sie sind solche Instanzen. Als am 9. November 1989 die Berliner Mauer einstürzte, stand zu befürchten, der 9. November 1938, der Tag der »Reichspogromnacht«, werde nun im Schatten des Jahres 1989 verschwinden. Nicht zuletzt die jüdischen Gemeinden haben das durch Demonstrationen, Schweigemärsche und Gedenkstunden verhindert. Die meisten Medien berichteten. Der Novemberpogrom wird nicht vergessen. 1992 hätte vermutlich kaum jemand an den 50. Jahrestag der Wannsee-Konferenz vom 20. Januar 1942 gedacht. Die jüdischen Gemeinschaften erinnerten, die Medien berichteten und kommentierten, die Öffentlichkeit wurde erinnert.

Dennoch sollte nicht übersehen werden, daß das Interesse an der israelischen Innenpolitik nachläßt und distanziert-kritischer wird. Vor etwa zwei Jahren erschien in Jerusalem eine Analyse der Berichte ausländischer Medien über Israel. Autor war Eliyahu Tal. Die Broschüre war in Zusammenarbeit mit der *Jerusalem Post* entstanden. Tal ging es vor allem um die Frage, wie über den

Aufstand der Palästinenser einerseits, Terroranschläge auf Israelis andererseits berichtet wurde. Tal ist an die Aufgabe gewiß nicht unvoreingenommen herangegangen. Er wollte beweisen, daß Israel fast immer schlechter wegkam als die Palästinenser. Der Beweis ist ihm weitgehend geglückt. Auch in der Bundesrepublik ist die Berichterstattung über Israel wesentlich umfangreicher als über andere Länder dieser Größe. Hier wird die Schicksalsgemeinschaft sichtbar. 350 Auslandskorrespondenten arbeiten in Israel – das drittgrößte Kontingent der Welt, übertroffen nur von New York und Washington, inzwischen vielleicht auch von Moskau. Zu bestimmten Jahrestagen, besonders im Zusammenhang mit der Intifada, reisen weitere 500 bis 600 Korrespondenten ins Land. Über die Massaker in Sabra und Chatilla im Jahre 1982 wurde zehnmal mehr berichtet als drei Jahre später über die in denselben Lagern von Schiiten verübten Massaker, obgleich da 60 Prozent mehr Palästinenser umkamen. Das Wort »Massaker« wurde 1982 fast unisono benutzt, 1985 bevorzugten die Korrespondenten und Kommentatoren andere, weniger eindeutige Formulierungen.

Auch die Bilder aus Israel und dem Nahen Osten sind aufschlußreich. Schamir, der israelische Premier, wirkt fast immer ernst, oft verkniffen, Hussein und Arafat hingegen lächeln meistens auf den Zeitungsseiten. Israelische Politiker werden vorwiegend als »intransigent«, also als unversöhnlich charakterisiert, den Palästinensern billigen die Redaktionen gern das Attribut »gemäßigt« zu.

Oft geradezu gierig greifen deutsche Medien Analogien zur NS-Zeit auf, wenn diese von Angehörigen anderer Staaten, besonders freilich von Israelis benutzt werden. So meldete der *Kölner Stadt-Anzeiger* am 30. August 1988 auf der ersten Seite, der Jerusalemer Chemieprofessor Israel Schahak, selbst Überlebender von Bergen-Belsen, habe gefordert, das Internierungslager Ketziot im Negev »Konzentrationslager nach Nazi-Art« zu nennen.

Gelegentlich zeitigen Veröffentlichungen in Medien allerdings durchaus Positives. Mitte der 80er Jahre veröffentlichte die *Jerusalem Post* den Brief ihres Lesers M. B. Dessauer, der mit dem

Satz schloß: »Ja, ich hasse die Deutschen immer noch und alle, die mit ihnen zu tun haben.«
Schülerinnen und Schüler eines Gymnasiums im rheinischen Hochdahl nahe Düsseldorf bekamen den Brief aus Israel geschickt. Sie waren schockiert und bestürzt. Die Geschichtslehrerin Lydia Munker beschrieb die Verfassung der Jugendlichen so: »Neben Verwunderung, Betroffenheit klangen Fassungslosigkeit und Empörung aus ihren Äußerungen.« Die jungen Leute fragten: »Was haben wir mit den Verbrechen der Nazis zu tun? Wie kann man uns für etwas hassen, das wir nur vom Hörensagen kennen? Das ist ja Sippenhaft.«
Die jungen Leute antworteten Dessauer in der Leserbriefsparte der *Jerusalem Post,* andere Leserinnen und Leser meldeten sich zu Wort, viele Stimmen kamen zusammen; die Schüler beschlossen, daraus eine Ausstellung zu machen, angereichert durch Fotos aus der Nazizeit. Die Wanderausstellung wurde ein großer Erfolg, ging von Stadt zu Stadt, von Schule zu Schule; ein Verlag interessierte sich, machte ein Buch mit dem Titel »Briefe an junge Deutsche«, das reißend Absatz fand und längst vergriffen ist. Viele deutsche Zeitungen, Hörfunksender und Fernsehprogramme berichteten und kommentierten. Über Nacht waren die speziellen Beziehungen zwischen Deutschen und Israelis in vieler Munde, positiv und voller Verständnis für beide Seiten – ausgelöst durch den Leserbrief eines Holocaustüberlebenden.
Das Verhältnis zweier Völker und Nationen zueinander spiegelt sich oft in den Medien. Es gibt Zuneigung und Abneigung. Beide können einander ergänzen, abwechseln, ausgleichen. Zwischen Israel und Deutschland, einst der Bundesrepublik, jetzt dem größeren Deutschland, wird es auf unabsehbare Zeit immer ein besonderes Verhältnis geben. Auschwitz trennt und verklammert. Verantwortungsvolle Medien und deren MitarbeiterInnen wissen das. Das gilt selbstverständlich für beide Seiten. Die Zeit, da deutsche Journalisten sich scheuten, israelische Innenpolitik zu kritisieren, ist endgültig vorbei – falls es sie einmal gegeben haben sollte. Wir sind heute gleichberechtigte Partner. In Deutschland hat der größte Teil der knapp 80 Millionen Männer und

Frauen den Zweiten Weltkrieg nicht erlebt. Der Schatten Hitlers erreicht diese Menschen nicht über Vorwürfe und Anklagen. Kenntnis und Einsicht sind gefragt. Die müssen wachsen, um Bestand zu haben. Den Medien fällt dabei eine wichtige Aufgabe zu. Auf beiden Seiten.

Nervös und gereizt zu reagieren, wenn mal der eine oder die andere übers Ziel hinausgeschossen ist, bringt nichts. Das gute Miteinander zwischen der alten BRD und ihren westlichen Nachbarn wird gelegentlich durch Aufgeregtheiten getrübt. Das ändert an dem Grundkonsens wenig oder nichts. Bei den deutsch-israelischen Beziehungen ist das anders. Die Eisfläche sei hauchdünn, hat der neue deutsche Botschafter in Israel, Otto von der Gablentz, nach seiner Ankunft in Israel gesagt. Sie wird aber sicherer und sicherer.

Dazu trägt der Jugendaustausch wesentlich bei. 3000 junge Israelis fliegen Jahr für Jahr nach Deutschland. 7000 junge Deutsche kommen Jahr für Jahr nach Israel. Mehr als 20000 junge Deutsche kommen hinzu – in Sportvereinen, Kirchengruppen, Orchestern und Chören, und viele einfach, um im Mittelmeer zu baden. Auch sie werden zu Kritikern deutscher Verhältnisse wie zu Zeiten des Golfkrieges, als Israelis Gasmasken tragen mußten, um sich vor Gas zu schützen, das mit deutscher Hilfe entstanden war.

Alles in allem darf man feststellen: das Bild Israels in deutschen Medien ist oft einseitig, negativ und verzerrt zu Lasten Israels. Aber in Deutschland garantiert das Grundgesetz die Meinungsfreiheit. Israels Freunde dürfen deshalb nicht nachlassen, auf einseitige Berichterstattung mit Leser- und Hörerbriefen zu reagieren. Die zeigen Wirkung.

Wenn Israel in Not ist, dann kann die Bevölkerung sich auf die Freunde in Deutschland verlassen. Das ist jedenfalls die Meinung von Benjamin Navon, Israels Botschafter in Bonn. Gefragt, wie die Bevölkerung auf die Angriffe auf Israel reagiert habe, sagte er dem *Kölner Stadt-Anzeiger* am 20. Februar 1991: »Überwältigend freundlich, überwältigend in der Anzahl, überwältigend in der Unterstützung, aus allen Schichten der deutschen Bevölkerung. Und sehr viele Deutsche fanden es auch richtig, ihren

Schreiben Spenden beizufügen. Es gab viele Tausende, vielleicht sogar Zehntausende von Anrufen, in denen Deutsche ihr Herz ausschütteten, in denen sie die Gewissenlosigkeit von deutschen Firmen und deutschen Individuen beklagten, die die Erzfeinde Israels mit Giftgas belieferten und den Raketen zu einer Reichweite bis nach Israel verhalfen.«

Martin W. Kloke

Und (k)ein bißchen weiser...? Westdeutschlands Linke im Konflikt um Israel

> Ein neuer Antisemitismusstreit ist entbrannt. Doch angesprochen in diesem Streit ist nicht ein Heinrich von Treitschke und die deutsche Rechte wie im Berliner Antisemitismusstreit Ende des letzten Jahrhunderts, sondern die Linke dieses Landes.
>
> (Ralf Schlagge, 1982)

Der mehr als ein Jahr zurückliegende Golfkrieg hat es in allen Einzelheiten bestätigt: Mit dem Thema »Israel« wird in Deutschland nach wie vor ein empfindlicher Nerv berührt: Davon können gerade jene politischen Kräfte ein Lied singen, die der Friedensbewegung zuzuordnen bzw. lebensgeschichtlich dem linken Milieu verbunden sind.

Wir erinnern uns: Anfang 1991 wurde die jüdische Zivilbevölkerung wochenlang durch jene irakischen Scud-Raketen in Mitleidenschaft gezogen, deren zerstörerische Fracht erst mit Hilfe deutscher Techniker auf israelische Ballungszentren niedergehen konnte. Nächtelang saßen Israels Juden mit Gasmasken in versiegelten Räumen (»Gaskammern«), weil Irak im Besitz von chemischen Waffenpotentialen ist, die wiederum auf deutscher Technologie beruhen. Saddam Hussein drohte offen den Einsatz dieser Waffen gegen Israel an, so wie er sie gegen die kurdische Bevölkerung Iraks bereits früher eingesetzt hatte.

Dieser Krieg hat hierzulande schmerzhafte Klärungsprozesse herbeigeführt und »Mißverständnisse« bereinigt – »Freundschaften« zerbrachen: Selten haben wir in den Winterwochen des Jahres 1991 eine derart emotional aufgewühlte Öffentlichkeit erlebt. Betroffenheit, Engagement, Anklagen und gegenseitige Denunziation allenthalben – nicht zuletzt auf seiten der Linken. In dieser Situation waren Bekenntnisse, nicht abgeklärte Analysen gefragt. Wolf Biermanns verbittertes Plädoyer in der ZEIT für den Krieg am Golf ist uns noch im Ohr. Aber auch harsche Gegenstimmen waren in vielen Schattierungen zu vernehmen: Erinnert sei nur an jene unsägliche Bemerkung des GRÜNEN-Vorstandssprechers Christian Ströbele, wonach irakische Raketenangriffe auf die jüdischen Wohngebiete »die logische, fast zwingende Konsequenz der Politik Israels« seien.

Die Frage nach einer »israelfreundlichen« oder »israelfeindlichen« Grundeinstellung läßt sich im politischen Diskurs des vereinigten Deutschlands längst nicht mehr in den herkömmlichen politischen Koordinaten von »links« und »rechts« fassen; die alten Frontstellungen sind obsolet geworden: Ausgerechnet die »linksradikale« Zeitschrift KONKRET – noch in den frühen achtziger Jahren publizistisches Flaggschiff des politischen Antizionismus in Deutschland – unterstellte unlängst dem Autor, er wolle in seinen Veröffentlichungen »nicht nur die Alternativbewegung, sondern gleich die gesamte staatstragende Linke der BRD vom Vorwurf antisemitischer Tendenzen freisprechen«; die bürgerlich-konservative FAZ dagegen bescheinigte ihm gerade im Hinblick auf die aktuelle Antisemitismus-Diskussion eine »schonungslose (linke) Selbstkritik«.

Woraus speisen sich in der deutschen Linken israelpolitische Irritationen, beckmesserische Aufgeregtheiten und analytische Fehlleistungen bis hin zu antisemitischen Entgleisungen? Warum scheint der Staat Israel ein libidinös besetzter Fixpunkt vor allem linksdeutscher politischer Identität zu sein?

Der Blick auf die spezifische Gründungsgeschichte des jüdischen Staates ist stets auch mit der nicht enden wollenden Erinnerung an die Hypothek der deutschen Vergangenheit verbunden: Auschwitz, jener Ort der millionenfachen Judenvernichtung durch Nazideutschland, steht allen revisionistischen Entsorgungsversuchen zum Trotz immer noch als Metapher für das größte Verbrechen in der gesamten bisherigen Menschheitsgeschichte. Deutsche und Juden, Deutschland und der Staat Israel als das identifikatorische Zentrum der Judenheit, werden auch

nach dem Fall der Berliner Mauer durch die Shoah aufeinander bezogen bleiben.
Unter dem Vorzeichen dieser »negative(n) Symbiose« (Dan Diner) steht bis auf den heutigen Tag die Diskussion um Existenz und Politik Israel bei uns. Weder die Berufung auf die »Gnade der späten Geburt« noch die Aporien des Palästinakonflikts haben daran etwas ändern können. Die Linke in Deutschland hat sich dieser Einsicht bei aller zeitweisen Geschichtsvergessenheit und ideologisch motivierten Wahrnehmungslosigkeit letztlich nie gänzlich zu verschließen vermocht.

Das Entsetzen über die furchtbaren Abgründe deutscher Geschichte in diesem Jahrhundert sollte die blockunabhängige Linke in der alten Bundesrepublik der 50er und 60er Jahre – ebenso wie übrigens auch die frühere UdSSR bis etwa Ende 1948 – zunächst zu weithin israelfreundlichen Grundpositionen führen: Israel galt in erster Linie als die Heimstätte überlebender jüdischer Opfer faschistischer Gewaltherrschaft, der man sich solidarisch verbunden fühlte. Erleichtert wurde der Linken diese Option durch die politisch-ideologische Orientierung des zionistischen Establishments, das in jener Zeit noch überwiegend demokratisch-sozialistischen Idealen verpflichtet war. Nationalistische Strömungen, wie sie etwa von Menahem Begins Cherut-Partei verkörpert wurden, waren im Israel David Ben Gurions zur weitgehenden gesellschaftlichen und politischen Randexistenz verurteilt. So bot sich den fortschrittlichen Deutschen im jüdischen Staat die Möglichkeit einer positiven Identifikation – dies in kontrastreicher Distanzierung zum als restaurativ begriffenen Adenauer-Staat.
Noch Anfang der 60er Jahre bildeten sich an verschiedenen Hochschulen linke »Deutsch-Israelische Studiengruppen«, die in der Kritik an der unaufgearbeiteten Vergangenheit des nachfaschistischen Deutschlands einen unmittelbaren Bezug zu ihrer Israel-Solidarität herstellten. Spätere – neulinke – Studentengenerationen hatten zumeist nur noch Häme für die »Kibbuz-Wallfahrten« sozialistischer Studentenfunktionäre übrig. In der Tat übten die nach innen sozialistisch organisierten Kibbuzim

eine ähnliche Anziehung auf viele Linke aus wie in den 80er Jahren das sandinistische Nicaragua mit seinen internationalen Aufbauhelfern.

Beinahe überflüssig erscheint daher der Hinweis, daß die hiesige Linke – gegen das ängstliche Zaudern der konservativ-liberalen Bundesregierung – jahrelang geradezu leidenschaftlich für die Aufnahme diplomatischer Beziehungen zu Israel gestritten hatte. Dieser Proisraelismus von links endete ziemlich jäh und unvermittelt just in jenen Tagen, als der israelische David im Juni 1967 während eines Präventivangriffs auf seine arabischen Nachbarn zu einem respektablen Goliath avancierte. Unter dem Eindruck des begeisterten Philosemitismus rechtsgerichteter Kreise, die zunächst ungläubig staunend die militärischen Erfolge der Israelis wahrnahmen, um dann in nostalgischer Ergriffenheit um so stürmischer die israelischen »Wüstenfüchse« und »Erben Rommels« zu feiern, vollzog sich innerhalb der Linken ein Stimmungsumschwung: Der ehedem als progressiv begriffene jüdische Pionierstaat wurde nunmehr als »Brückenkopf des US-Imperialismus« in Arabien gegeißelt. Wolfgang Abendroth hat seinerzeit bereits am zweiten Kriegstag die linke Trendwende in akademisch-zurückhaltender, aber darum nicht weniger deutlichen Diktion auf den Begriff gebracht:

> »Im Weltmaßstab gesehen ist leider eine Situation entstanden, in der die Gesamtinteressen der kolonialen Revolution, der sozialistischen Länder und auch des revolutionären Flügels der internationalen Arbeiterbewegung in den kapitalistischen Ländern stärker mit denen der arabischen Staaten (...) als mit den Interessen Israels übereinstimmen.«

Natürlich gab es nach wie vor linke Stimmen, die gegen den plötzlichen antiisraelischen Zeitgeist zu Felde zogen; erinnert sei an das Engagement von Jean-Paul Sartre, Herbert Marcuse, Ernst Bloch und Helmut Gollwitzer – um nur die prominentesten zu nennen.

Dennoch begann der linke Anti-Philosemitismus immer lautstärker die Szenerie zu beherrschen. Ein Verhaltensmuster machte sich breit, das nach dem Motto verfuhr: »Wenn Springer für Israel ist, können wir nur dagegen sein.« So vollzog sich – etappenweise und besonders in der studentischen Neuen Linken – ein Einstellungswandel, der sich von anfänglich neutralistischen Orientierungsmustern zu einer israelkritischen Parteinahme verdichtete, um spätestens 1969 vollends in ein antizionistisches Fahrwasser zu geraten.

Doch nicht nur der schillernde Philosemitismus von rechts oder der machtpolitische Aufstieg Israels, sondern auch ein revolutionsromantisch verklärter Dritte-Welt-Mythos leistete in sozialpsychologischer Hinsicht jener antiimperialistischen Phraseologie Vorschub, die in ihrer weithin ungebremsten Dynamik die antizionistische »Palästina-Solidarität« der 70er Jahre überschatten sollte:

Die zunächst noch rüde artikulierten Drohungen der PLO, »die Juden ins Meer zu treiben« (Achmed Shukeiri), stießen in der linken Öffentlichkeit hierzulande gewiß auf Skepsis und Abscheu. Doch der 1968 von einzelnen Organisationen der PLO forcierte Linksruck rief wachsende Sympathien hervor und weckte antiimperialistische Hoffnungen: Eine PLO, die sich nun als Bestandteil sozialrevolutionärer Befreiungsbewegungen der Dritten Welt verstand, konnte sich der Zustimmung neulinker Internationalisten gewiß sein. Waren die verarmten Massen der Dritten Welt als die neuen Subjekte chiliastisch erwarteter weltweiter Emanzipationsprozesse ausgemacht, so schien der Kampf der palästinensischen »underdogs« gegen Israel keine kritischen Rückfragen mehr zuzulassen. Jetzt war die vorbehaltlose Identifikation linksdeutscher »Internationalisten« mit dem palästinensischen »Volksbefreiungskrieg« angesagt.

Diese Solidaritätsbewegung machte andererseits – und das ist ihr historischer Verdienst – als Anwalt palästinensischer Interessen in der Bundesrepublik schonungslos auf die Tragödie der Palästinenser inner- und außerhalb Israels aufmerksam. Alles in allem fristete sie jedoch auch in den 70er Jahren nur ein Schattendasein im Gesamtspektrum der außerparlamentarischen Linken. Ohnehin oft genug ein Spielball rivalisierender Eiferer des linksextremen Parteienspektrums, verschreckte die aggressive Diktion einer selbstgerechten und geschichtslosen Fundamentalkritik am »zionistischen Gebilde ›Israel‹« jene potentiellen Mitstreiter, die in

ihrer Israelkritik nicht auf differenzierende Zwischentöne zu verzichten bereit waren.
Doch erst die rassistischen Selektionspraktiken eines deutschen Terroristen im Entebber Entführungsfall von 1976 lösten in aktivistischen Kreisen der Neuen Linken einen zaghaften Umdenkungsprozeß aus. Der Schock von Entebbe, wo die jüdischen Passagiere einer französischen Verkehrsmaschine von den Nichtjuden »selektiert« worden waren, machte schlagartig deutlich: Der Kampf gegen Unrecht kann unter Umständen auch monströse Züge annehmen.
In der Tat: Das Jahrzehnt eines nahezu bedingungslosen »Hurra-Palästinensismus« kleiner und kleinster Aktionsgruppen ging unweigerlich zu Ende – nicht zuletzt vor dem Hintergrund einer allgemeinen Krise linksradikalen Bewußtseins. Auch die enttäuschenden Nachrichten über die politischen Verhältnisse im befreiten Indochina stimmten eher deprimierend. Der allmähliche Abschied von einer unsensiblen, geschichtslosen, weil abstrakt-schematischen Anwendung imperialismustheoretischer Kategorien auf den jüdisch-arabischen Konflikt begann den organisatorischen Niedergang der Komitees zu besiegeln.

Gewiß ist es im Sommer 1982 auf dem Höhepunkt des israelischen Libanonkrieges noch einmal zu beispiellos exzessiven antizionistischen Entgleisungen gekommen, die oft genug die Grenze zum Antisemitismus überschreiten sollten: Führende Exponenten der deutschen Linken waren sich nicht zu schade, den Einmarsch Israels in den Libanon als »umgekehrten Holocaust« und »Endlösung der Palästinenser« zu denunzieren. Zahllose »Nahostanalysen«, deren Autoren sich in einer Mischung aus Wut und Triumph über die angebliche Identität von Zionismus und Faschismus echauffierten, waren vom Bedürfnis nach Relativierung, Aufrechnung und moralischer Entlastung der eigenen nationalhistorischen Hypothek durchdrungen.
Doch gerade dieser neue Höhepunkt ressentimentgeladener Israel-Feindschaft in weiten Teilen der außerparlamentarischen Linken und der neuen sozialen Bewegungen sollte zugleich auch kathartische Impulse freisetzen. Ein dialektischer Umschwung setz-

te ein, der in durchaus sehr unterschiedlichen linken Traditionszusammenhängen virulent wurde. Umfassender und »radikaler« als je zuvor begannen Exponenten des neulinken Spektrums jenen Kräften eine Absage zu erteilen, die die deutsche Geschichte auf dem Rücken ihrer Opfer zu bewältigen suchten.
Palästina-Israel wurde in dieser Zeit für viele Linke hierzulande zu einem politisch-psychologischen Alptraum. Wie sehr man sich im Stacheldraht der deutschen und jüdisch-israelischen Geschichte verheddert hatte, wurde weithin erst unter dem Eindruck der coram publico gesprochenen Überreaktionen antizionistischer Eiferer sichtbar. Der erbitterte israelpolitische Schlagabtausch in der deutschen Linken nahm zeitweise eine verbale Intensität an, die den wirklichen Krieg im Libanon in den Hintergrund treten ließ: Wie nie zuvor mußten sich deutsche Linke mit dem Vorwurf des Antisemitismus auseinandersetzen und hatten nur die bittere Wahl zwischen Selbstkritik oder Abwehr.

Bis zum Überfall Saddam Husseins auf das Öl-Scheichtum Kuwait im August 1990 schienen nicht wenige Indizien den Eindruck zu vermitteln, als ob die deutsche Linke in den letzten Jahren eine größere Sensibilität gegenüber jüdischen Belangen – Interessen wie Ängsten – entwickelt habe. Nicht zuletzt die neokonservative Entsorgungsoffensive – etwa im Historikerstreit – mochte in der Linken schrittweise, aber mit kontinuierlicher Progression, die Bereitschaft geweckt haben, die historisch-psychologische Komplexität des nahöstlichen Konflikts wahrzunehmen. Dazu gehörte die Einsicht, statt eines abstrakt-imperialismustheoretisch getönten Antizionismus wieder neu das vom deutschen Vernichtungsantisemitismus herrührende Existenz- und Sicherheitstrauma Israels als eine zentrale Komponente des Konflikts in Betracht zu ziehen.
Wie dünn die Eisdecke ist, auf der sich orientierungslose deutsche Linke im deutsch-jüdischen Terrain noch immer bewegen, zeigen die bereits eingangs angedeuteten Rückschläge im Golfkrieg des Winters 1991. Mit einer »Everything goes«-Mentalität ohnegleichen sollten sich die publizistischen Gladiatoren postmoderner Beliebigkeit einmal mehr austoben – beileibe nicht die einzigen

Indikatoren eines offenbar unaufhaltsamen Zerfalls der politischen Linken in Deutschland:
Zum einen warteten vielerorts alternde Wortführer der (ehemaligen) Linken mit lautstarken Bekenntnissen für den Krieg der alliierten Streitkräfte auf. War es allein die Sorge um die Existenz Israels, die mit atemberaubender Geschwindigkeit ehemals friedensbewegte Intellektuelle zu Apologeten des Bellizismus mutieren ließ? Oder mochte da nach dem jahrelangen Dümpeln im antizionistischen Fahrwasser des sozialistischen Geschichtsstromes auch das Motiv mitschwingen, sich endlich einmal guten Gewissens im mainstream der westlichen Welt bewegen zu wollen?
Gewiß: Der offenkundige Widerspruch zwischen einer solidarischen Verbundenheit mit Israel und einer pazifistischen Grundeinstellung wurde vielerorts sowohl von »Bellizisten« als auch in Kreisen der Friedensbewegung schmerzlich wahrgenommen. Seltenheitswert hatte dagegen jene Position innerer Zerrissenheit, die diesen Gewissenskonflikt auszuhalten versuchte, ohne ihn vordergründig zu »lösen«. So unbefriedigend es auch sein mag: Wäre eine Haltung der verbalisierten Ratlosigkeit während des Golfkrieges hierzulande nicht manchmal angemessener gewesen als die vermeintliche Gewißheit, diesmal auf der richtigen Seite zu stehen?
Bedrückender noch scheint mir die Beobachtung zu sein, mit welcher Gleichgültigkeit Teile der Friedensbewegung – insbesondere an ihrer »Basis« – die existentielle Bedrohung jüdischer Bürger Israels hingenommen haben. Die Protestler waren oftmals mehr mit ihren eigenen Zukunftsängsten beschäftigt als mit der Situation jener mit ABC-Waffen bedrohten Menschen in Israel. Wer als Friedensbewegter in den Wochen des Krieges offen »Solidarität mit Israel« propagierte, stand nicht selten unter Rechtfertigungszwang; er mußte sich erklären oder – schlimmer noch – der Meinung entgegentreten, als seien die Juden wieder einmal selber schuld an ihrer Misere. Der Fall Ströbele ist da nur ein Symptom für eine breite kollektive Befindlichkeit. Längst überwunden geglaubte Geschichtslosigkeiten feierten fröhliche Urständ. Muß denn immer noch darauf hingewiesen werden, daß die Forderung nach einem Boykott israelischer Waren – wie sie zuletzt ausge-

rechnet während des Golfkrieges von seiten der Hamburger Hafenstraße erhoben worden ist – immer auch zugleich Erinnerungen an die antijüdische Boykottkampagne der Nazis vom 1. April 1933 wecken muß? Ganz abgesehen davon, daß ohnehin bereits Firmen wie etwa Thyssen sich mit entsprechenden Boykottklauseln der Sympathien ihrer arabischen Geschäftspartner zu versichern suchen.

In der Tat: Die Palästinenser ebenso wie weite Teile der arabischen Welt haben sich allem Anschein nach mit der Existenz Israels abgefunden; darauf deuten die zurückliegenden Nahost-Friedensverhandlungen hin. So hält heute der Staat Israel den Schlüssel für den nächsten Schritt auf dem Weg zu einer Friedensregelung in der Region in der Hand.

Welche Einsichten können wir in dieser Situation den zurückliegenden Pathologien der linksdeutsch-israelischen Beziehungsgeschichte entnehmen? Anders gefragt: Was bedeutet kritische Solidarität mit bzw. solidarische Kritik an Israel heute für eine Generation junger Deutscher, die sich – obschon individuell schuldlos – nicht der Verantwortung und Haftung für die Folgen deutscher Geschichte entziehen mag?

Unbehagen über Israels Politik gegenüber den Palästinensern und ihre Verurteilung kann und darf auch künftig nicht davon absehen, daß Land und Staat Israel für überlebende Juden der Shoah zur Zufluchtsstätte wurde. Die kollektive Erfahrung von Auschwitz trug dazu bei, daß in der zionistischen Bewegung jene Kräfte tonangebend wurden, die sich eine jüdische Heimstatt in Palästina nur in Form eines exklusiven und vor allem wehrhaften Nationalstaates vorstellen mochten. Das jüdische Vernichtungstrauma begründet bis heute jene außenpolitische Kompromißlosigkeit, die wir im fernen Europa so gern als »halsstarrig« und »rücksichtslos« apostrophieren.

Diese Entwicklung weist zugleich auf die Tragödie jener in Palästina lebenden Araber hin, die in der Konfrontation mit dem vordringenden Zionismus eine eigene Identität als Palästinenser ausgebildet haben und insofern für sich ebenfalls das Recht auf nationale Selbstbestimmung reklamieren. Auch wer sich aus guten Gründen dem tumben Diktum von den Palästinensern als den angeblichen »Opfern der Opfer« widersetzt, wird keineswegs jenes palästinensische Leid ignorieren dürfen, das letztlich – in indirekter Kausalität – auch als Folge des spezifisch deutschen Vernichtungsantisemitismus begriffen werden muß.

Weil im Palästinakonflikt Recht gegen Recht steht, kann nur eine Lösung möglich sein, die dem heute noch scheinbar Unvereinbaren zuarbeitet, nämlich der Einlösung des kollektiven Lebensrechts beider Völker in dem Land zwischen Mittelmeer und Jordan. Jenen linken Akteuren hierzulande, die sich der ungeheuren Komplexität des Nahostkonflikts noch immer zu verschließen suchen, ist im Zweifel Schweigen anzuraten. Im sensiblen deutsch-israelischen Beziehungsgeflecht ist bereits genug Porzellan zerschlagen worden, wovon mißlungene Beispiele israelpolitischer Profilierung in der deutschen Linken ein beredtes Zeugnis ablegen. [1]

Anmerkung

[1] Vgl. M. W. Kloke, Israel und die deutsche Linke. Zur Geschichte eines schwierigen Verhältnisses (Schriften des Deutsch-Israelischen Arbeitskreises für Frieden im Nahen Osten Band 20), Frankfurt/Main 1990.

Niels Hansen

Zusammenarbeit auf hohem Niveau. Die wissenschaftlich-technologische Partnerschaft zwischen Deutschland und Israel

Schon seit über drei Jahrzehnten arbeiten zahlreiche Wissenschaftler beider Länder eng zusammen. Dies gilt vor allem für den naturwissenschaftlichen Bereich, wo die Kooperation schon früh begann, doch hat sie sich seither auf andere Disziplinen ausgedehnt. Eine hochbedeutsame Entwicklung. Sie ist der weiteren Öffentlichkeit jedoch kaum bekannt, so daß es sich lohnt, ihr in diesem Buch einen eigenen Abschnitt zu widmen. [1]

Der Max-Planck-Gesellschaft (MPG) und dem Weizmann Institute of Science (WI) in Rechovot kommen dabei eine entscheidende Vorreiterrolle zu. Das 1934 vom nachmaligen ersten Staatspräsidenten Dr. Weizmann als Daniel-Sieff-Institut gegründete, damals auf Chemie und Pharmazie ausgerichtete WI gehört heute zu den weltweit bedeutendsten naturwissenschaftlichen Forschungseinrichtungen und umfaßt die fünf Fachbereiche Biologie, Biophysik und -chemie, Chemie, Physik und Mathematik.

Am Beginn stand der Besuch einer Delegation der MPG in Rechovot unter der Leitung ihres Präsidenten Otto Hahn im Dezember 1959, also lange vor der 1965 erfolgten Aufnahme der diplomatischen Beziehungen. Ihr gehörten außerdem ein weiterer – späterer – Nobelpreisträger, Feodor Lynen, und Wolfgang Gentner, Direktor des Heidelberger Max-Planck-Instituts für Kernphysik und des Europäischen Laboratoriums für Teilchenphysik CERN an, der für die Partnerschaft deutscherseits viele Jahre lang eine treibende Kraft gewesen ist. Trotz anfänglicher Schwierigkeiten zu einer Zeit, als man in Israel auch dem neuen Deutschland gegenüber noch tiefe Skepsis hegte, wurde der Besuch zu einem Erfolg, zu dem auch Weizmanns Witwe Vera mit

»ihrer geistigen Aufgeschlossenheit und menschlichen Wärme« (Hahn) beitrug. Auf israelischer Seite spielte Dr. Josef Cohn, der vorher bereits mit Adenauer zusammengetroffen war, lange Jahre hindurch eine maßgebliche Rolle.

Das Eis begann zu tauen, und die wissenschaftliche und finanzielle Zusammenarbeit konnte eingeleitet werden. Bei der historischen Begegnung zwischen David Ben Gurion und Konrad Adenauer im New Yorker Hotel Waldorf Astoria am 14. März 1960 wurde die Mitwirkung der Bundesregierung vereinbart.

Die anfänglich bescheidende Zusammenarbeit konnte im Zeitverlauf verstärkt, diversifiziert und in ihren Instrumentarien verfeinert werden. An ihr waren zunächst nur WI und MPG beteiligt, doch wurde sie nach und nach auf die Universitäten und sonstige Forschungseinrichtungen ausgedehnt. Auch die Geisteswissenschaften wurden einbezogen, obwohl die Naturwissenschaften führend blieben.

Die Kooperation wird auf verschiedenen Wegen bewerkstelligt, die sich gegenseitig ergänzen und durchdringen: Insbesondere durch gemeinsame Projekte und damit zusammenhängende gegenseitige Forschungsaufenthalte. Mit Hilfe eines eigenen Programms werden heute im Jahr etwa vierzig Stipendien an israelische und deutsche Wissenschaftler ausgerichtet. An jährlichen Symposien auf den Fachgebieten Biologie, Chemie und Physik nehmen achtzig bis hundert Forscher beider Länder teil. Ein weiteres Förderungsinstrument stellen die mit deutscher Hilfe in Israel errichteten bisher etwa dreißig Forschungslehrstühle und -zentren dar, wobei die Erträge des Stiftungskapitals, aufgestockt um den gleichen Betrag von israelischer Seite, die laufenden Ausgaben decken. Deren Namen erinnern meist an jüdische Wissenschaftler, die, unwiederbringlicher geistiger Aderlaß, Deutschland nach 1933 verlassen mußten (z. B. Otto-Meyerhof-Lehrstuhl für Molekularbiologie, Fritz-Haber-Forschungszentrum für molekulare Dynamik) oder – Georg F. Duckwitz-Lehrstuhl für Krebsforschung – an einen Angehörigen unserer Botschaft in Kopenhagen, der 1943 die jüdische Gemeinde vor der bevorstehenden Deporation warnte und so ihre Flucht nach Schweden ermöglichte.

Die Zusammenarbeit mit dem WI wird weitgehend vom Minerva-Komitee gesteuert, dem angesehene Wissenschaftler beider Länder angehören und das die gemeinsamen Vorhaben auswählt. Das Bundesministerium für Forschung und Technologie (BMFT) fördert im Zusammenwirken mit dem israelischen Nationalen Rat für Forschung und Entwicklung, heute in das Ministerium für Wissenschaft und Technologie integriert, mehrere größere Programme, die mit den anderen israelischen Forschungseinrichtungen durchgeführt werden. Ein eigener, ebenfalls paritätisch besetzter Ausschuß vergibt die Stipendien, vorzugsweise an jüngere Wissenschaftler.

Allein das Minerva-Komitee finanzierte seit 1964 rd. 1500 Vorhaben. An je über 200 israelische und deutsche Wissenschaftler wurden Stipendien für länger dauernde, d. h. mehr als dreimonatige Forschungsaufenthalte im jeweils anderen Land ausgerichtet. Besonders befähigte Nachwuchswissenschaftler vermochten sich auf diese Weise weiter zu qualifizieren.

Während des Staatsbesuchs von Präsident Herzog wurde 1987 die Deutsch-Israelische Stiftung für wissenschaftliche Forschung und Entwicklung gegründet, in die beide Seiten je 75 Millionen DM eingebracht haben. Aus den Zinsen werden – zur Zeit bereits über 150 – gemeinsame Vorhaben in zukunftsorientierten Disziplinen (z.B. Medizin, Biotechnologie, naturwissenschaftliche Grundlagenforschung, Geistes- und Sozialwissenschaften) finanziert. – Weitere Fördermittel kommen u. a. vom Deutschen Akademischen Austauschdienst, der Deutschen Forschungsgemeinschaft, der Alexander von Humboldt-Stiftung sowie privaten Institutionen wie Volkswagen- und verschiedene andere Stiftungen und Unternehmen. – Auch hier ist es wichtig, daß die neuen Bundesländer möglichst bald in die Kooperation einbezogen werden, und der genannte Stipendienausschuß bietet hierfür z. B. besondere Reisekostenzuschüsse an. Das gleiche gilt für die aus der Sowjetunion bzw. GUS nach Israel eingewanderten Wissenschaftler, wofür das BMFT 1991 Mittel zur Verfügung gestellt hat.

Man kann mit Fug und Recht von einer wissenschaftlichen Partnerschaft zwischen unseren Ländern sprechen. Sie hat sich in den drei Jahrzehnten ihres Bestehens voll bewährt und auch für sonstige Staaten, die mit Israel kooperieren, Maßstäbe gesetzt. Wir nehmen bei ihr nach den USA und weit vor allen anderen den zweiten, hinsichtlich staatlicher Förderung und wohl auch in Dynamik und Lebendigkeit den ersten Platz ein. Die Zusammenarbeit, an der allein das BMFT mit bisher mehr als 400 Millionen DM mitgewirkt hat, kommt allen Beteiligten zugute. Als Beispiele dafür, daß dies auch für uns Deutsche gilt, seien genannt die Röntgenstrukturanalyse, der Nachweis der Quarks und Gluonen im Deutschen Elektronen-Synchrotron DESY, die für die AIDS-Diagnose bedeutsamen Ergebnisse der Enzymforschung beim WI sowie die Züchtung von Ribosomen-Kristallen.

Die Partnerschaft ist – über den wissenschaftlichen Nutzen, den beide Länder daraus ziehen, hinaus – von besonderer Bedeutung für die menschliche Dimension der deutsch-israelischen Beziehungen. Hier wurden und werden langfristig angelegte Kontakte zwischen geistigen Eliten geknüpft, die gerade angesichts der Schatten der Vergangenheit nicht hoch genug eingeschätzt werden können. Es gibt kaum eines der über fünfzig naturwissenschaftlichen Max-Planck-Institute, an dem nicht Forscher tätig sind, die persönliche Bindungen zu israelischen Kollegen besitzen, und dies trifft auch für den universitären Bereich und die Berufs- und Fachverbände zu. Unter den nunmehr über 350 Mitgliedern der Deutschen Gesellschaft der Freunde des Weizmann-Instituts (die u. a. hochbegabte Abiturienten für ein jährliches wissenschaftliches Sommerpraktikum in Rechovot vermittelt) befinden sich mehrere Nobelpreisträger und Angehörige des Ordens Pour le mérite für Wissenschaften und Künste.

Wenn von Solidarität für Israel die Rede ist, so muß sie gerade auch für die – dort nach wie vor ganz erheblichen budgetären Schwierigkeiten ausgesetzte – Wissenschaft gelten, die eine so wesentliche Rolle gespielt hat für die »deutsch-jüdische Symbiose« der Weimarer Zeit. Sie ist 1933 grausam zerstört worden. Möge es gelingen, mit der Forschungspartnerschaft ein Stück davon dauerhaft wiederzubeleben.

Anmerkung

[1] Vgl. hierzu Dietmar K. Nickel, Es begann in Rehovot – Die Anfänge der wissenschaftlichen Zusammenarbeit zwischen Israel und der Bundesrepublik Deutschland, Sondernummer von »Modell«, 1989 sowie Niels Hansen, Wegbereiter und Modell – Weizmann-Institut und Max-Planck-Gesellschaft in der wissenschaftlichen Partnerschaft zwischen Deutschland und Israel, in: »Tribüne«, Heft 118, 1991, S. 26–30.

III

Brückenschläge durch Organisationen und Bürgerinitiativen

Niels Hansen

Von Volk zu Volk. Zum nichtstaatlichen Beziehungsgeflecht zwischen Deutschland und Israel

I

Die Einmaligkeit des deutsch-israelischen Verhältnisses wird nirgendwo so deutlich wie darin, daß es sich – weit über den regierungsamtlichen Bereich hinaus – auch auf ein Netz von privaten Initiativen und Unternehmungen gründet, wie sie sonst zwischen zwei Völkern in Art und Umfang nicht gegeben sind. Stichworte sind u. a. die Förderung israelischer Institutionen verschiedener Art, Aktivitäten von Stiftungen, wissenschaftliche Zusammenarbeit, gewerkschaftliche Verbindungen, Deutsch-Israelische Gesellschaft sowie auch Städtepartnerschaften und Jugendaustausch. Sie werden zum Teil in anderen Beiträgen dieses Buches ausführlicher beschrieben und analysiert.

Das Phänomen ist, wie alles im Verhältnis der beiden Länder, komplex und seine begriffliche Zuordnung und systematische Darstellung nicht einfach, insbesondere weil

– sich hier häufig Überschneidungen und Mischformen ergeben haben (etwa bei der – teilweisen – Förderung des Jugendaustauschs durch öffentliche Mittel);

– entsprechend dem föderalistischen Aufbau unseres Staats Bund, Länder und (vor allem auch im Rahmen der Städtepartnerschaften) Gemeinden beteiligt sind;

– der Begriff »privat« der Differenzierung bedarf und darunter in diesem Zusammenhang auch nichtamtliche Einrichtungen verstanden werden sollen, die der unmittelbaren Einflußnahme des Bürgers öfters entzogen sind (z. B. Stiftungen);

– es die Rolle der jüdischen Gemeinschaft in Deutschland zu berücksichtigen gilt und

– im übrigen auf mehreren hier relevanten Gebieten keine allgemein zugänglichen Unterlagen vorhanden sind.

Daran liegt es wohl auch, daß eine ausführliche, methodische Aufarbeitung dieser wichtigen Entwicklung bisher bedauerlicherweise nicht vorliegt. Ich habe versucht, in einem Artikel aus anderem Anlaß [1] summarisch darauf einzugehen und sie als Teil eines – jenseits der eigentlichen Außenpolitik angesiedelten – »besonderen Bilateralismus« einzuordnen, der indessen, bei gegenseitiger Einbeziehung auch von Legislative und Judikative, in manchen seiner Erscheinungsformen rein staatlich geprägt ist.
Bei der Würdigung der bemerkenswerten Intensität des – amtlichen sowohl wie privaten – Verhältnisses zwischen unseren beiden Ländern, wie es sich in den letzten Jahrzehnten ausgebildet hat, muß auch in Rechnung gestellt werden, daß Israel ja nicht oder nur in assoziierter Form den großen inter- und supranationalen Zusammenschlüssen (EG, Europarat, NATO) angehört, welche die Beziehungen zwischen ihren Mitgliedstaaten mit bestimmen und die für Deutschland so hohe Priorität besitzen.
Es liegt auf der Hand, daß diese Dichte – nur scheinbar paradoxerweise – mit den schlimmen zwölf Nazijahren zusammenhängt, also mit dem Holocaust und mit dem, was seit der »Machtübernahme« 1933 bereits vor Auschwitz den Juden durch Deutsche und im deutschen Namen angetan worden ist. Dies gilt gerade auch für den nichtstaatlichen Bereich. Nach allem, was geschehen war, stellte das besondere private, persönliche Engagement für Israel einen Teil der Bemühungen dar, sich mit dem Unfaßlichen in konstruktiver Weise nicht nur gedanklich, sondern auch handelnd auseinanderzusetzen. Es ist nicht möglich, die »Vergangenheit zu bewältigen«, jedoch unabdingbar, sie bei der Bewältigung von Gegenwart und Zukunft im Blick zu halten. Damit hat auch die Bewahrung der Erinnerung an diese schmählichste Epoche unserer Geschichte zu tun, und es versteht sich von selbst, daß der Besuch von Yad Vashem und anderer Mahnmale auf dem Programm aller in diesem Rahmen veranstalteten Israel-Reisen von Jugendlichen und Erwachsenen steht.

II

Die Unternehmungen, die ja israelischerseits jeweils Partner voraussetzen, entwickelten sich im wesentlichen nach der 1965 erfolgten Aufnahme der diplomatischen Beziehungen zwischen unseren Ländern, wenn sich auch auf bestimmten Gebieten (z. B. Zusammenarbeit zwischen dem Weizmann-Institut und der Max-Planck-Gesellschaft) bereits Ende der fünfziger Jahre Kontakte anbahnten. Sie kommen in ihren materiellen Aspekten überwiegend Israel zugute, was schon angesichts dessen nach wie vor schwieriger Wirtschaftslage keiner Erläuterung bedarf. Es soll jedoch unterstrichen werden, daß auch wir Deutsche, von der übergeordneten moralischen Dimension einmal ganz abgesehen, daraus immer wieder – selbst unmittelbare – Vorteile ziehen, wofür die bilaterale wissenschaftliche Partnerschaft ein bedeutendes Beispiel darstellt. [2] Aus unseren – öffentlichen und sonstigen – Fördermitteln werden Stipendien auch für deutsche Studenten und Forscher in Israel ausgerichtet. Dies geschieht ebenfalls gelegentlich seitens der israelischen Partnereinrichtungen.

Es ist durchaus möglich, dieses Netzwerk in einigen seiner Ausprägungen unter verschiedenen Gesichtspunkten zu quantifizieren, wobei naheliegenderweise – aktiv und passiv – ein Vergleich mit anderen Ländern von Interesse ist. Beim Jugendaustausch etwa steht Israel, von deutscher Seite aus gesehen, hinsichtlich der vom Bund aufgewendeten Förderungsmittel und der Zahl der reisenden Jugendlichen (jährlich rd. 7000) – nach Frankreich – an zweiter Stelle, unter Berücksichtigung seiner Einwohnerzahl jedoch weit an der Spitze. Israelischerseits (im Jahr über 3000) gibt es mit keinem anderen Land einen derartigen institutionalisierten Austausch. – Bei den heute insgesamt 74 Partnerschaften zwischen Städten und Landkreisen nimmt Deutschland aus israelischer Sicht vor den USA den ersten Platz ein. Umgekehrt liegt Israel in der deutschen Statistik absolut (hinter fünf EG-Ländern, Österreich und den USA) an achter Stelle, relativ jedoch vorn, da die vorstehenden Länder meist erheblich größer und zudem unmittelbar benachbart sind.

Andererseits gibt es manche Bereiche, die sich zusammenfassend kaum zahlenmäßig belegen lassen, etwa, um nur ein Beispiel zu nennen, die privat aufgebrachten Zuschüsse an die sieben israelischen Universitäten, die alle in Deutschland Fördervereine besit-

zen. Häufig werden sie in der Art von »matching gifts« jeweils um den gleichen Betrag aus den betreffenden kommunalen Haushalten aufgestockt (welches Prinzip sinngemäß auch bei anderen privaten Leistungen, z.B. beim Jugendaustausch oder etwa bei den Freundeskreisen für den Naturschutz in Israel oder das Jerusalemer Israel-Museum zum Zuge kommen kann).
Im übrigen mag es letztlich müßig sein, stets genau zwischen staatlicher und »privater« Finanzierung unterscheiden zu wollen, da ja auch die erstere vom Steuerzahler aufgebracht wird. Es ist zwar richtig, daß diese u.U. leichter verfügbar ist, doch werden Bundestag sowie Länder- und Gemeindeparlamente auf Dauer kaum bereit sein, sie zur Verfügung zu stellen, wenn sie hierfür nicht die Zustimmung der Wählerschaft voraussetzen dürfen. Ähnliches gilt mutatis mutandis für die Stiftungen (z.B. VW, Bosch, Krupp, Thyssen), für sonstige nichtstaatliche und halbstaatliche Einrichtungen wie Berufs-, Wirtschafts- und Fachverbände und schließlich für gewisse Unternehmen. Es soll auch betont werden, daß die finanzielle Seite des Engagements, die hier vor allem, ohne konkrete Zahlen nennen zu wollen, als mögliches Unterscheidungskriterium zwischen »öffentlich« und »privat« eingeführt wurde, nicht von entscheidender Bedeutung ist.

III

Solidarität kommt in erster Linie in der geistigen und moralischen Anteilnahme zum Ausdruck, die der einzelne am Schicksal Israels und seiner Menschen nimmt. Dieses hat – so oder so – etwas mit dem Holocaust zu tun. Unser Engagement gilt aber, davon abgesehen, einem Volk, dem wir uns verbunden fühlen, weil es unsere Kultur und Zivilisation jahrtausendelang mit geprägt hat, und einem nach wie vor gefährdeten Staat, der die einzige Demokratie in einer schwierigen Umwelt darstellt. Dies zu unterstreichen erscheint wesentlich, weil der »Wiedergutmachungs«-Aspekt im Zeitverlauf zurücktritt und kürzliche Meinungsumfragen [3] auch ausgewiesen haben, daß für weite Teile unserer Bevölkerung insoweit »Schlußstrichtendenzen« zu unterstellen sind.
Die 1966, ein Jahr nach der Aufnahme der diplomatischen Bezie-

hungen gegründete Deutsch-Israelische Gesellschaft (DIG) mit ihren über vierzig Arbeitsgemeinschaften und ihrem Jugendforum spielt hier eine wichtige Rolle. Wer die quantitativ und qualitativ eindrucksvollen Programme studiert, die diese – von Vortrags-, Diskussions- und Gedenkveranstaltungen mit israelischen und deutschen Referenten über Informationsreisen nach Israel und zu sonstigen jüdischen Stätten usw. bis hin zur Arrangierung von Ausstellungen und Solidaritätsbekundungen aller Art etwa während des letzten Golfkriegs – Woche für Woche auf die Beine stellen, der vermag einen Eindruck von dem sich darin äußernden Engagement zu gewinnen. Hier verdienen auch die etwa siebzig aktiven Gesellschaften für Christlich-Jüdische Zusammenarbeit (GChJZ) und deren Koordinierungsrat Erwähnung, die in ihren Veranstaltungen Israel häufig einbeziehen. [4]

Als weiteres Beispiel, das ich zu beurteilen vermag, soll die – ansonsten in diesem Buch nicht erwähnte – Partnerschaft zwischen den deutschen und israelischen Rotariern genannt werden. 1977 konnte Israel, bis dahin zur Region Östliches Mittelmeer gehörig, auf deutsche Initiative wunschgemäß organisatorisch – zusammen mit uns – einer voll europäischen Sektion zugeordnet werden. [5] Beide kooperieren über einen gemeinsamen Länderausschuß, der auf Gegenseitigkeit u. a. Besuchsreisen, einen jährlichen Jugendaustausch und Stipendienprogramme organisiert. Weder deutscher- noch israelischerseits sind die Verbindungen zu anderen Ländern auch nur annähernd so intensiv wie zwischen ihnen. Während des Golfkriegs wurde eine Sitzung der deutschen Gruppe des Ausschusses aus Solidarität von Frankfurt nach Tel-Aviv verlegt, und Rotary Deutschland stellte aus diesem Anlaß einem neuen Kinderkrankenhaus zwei Röntgengeräte zur Verfügung.

Hier ein kurzes Wort zu den Partnerschaften zwischen Gemeinden und Landkreisen, denen in diesem Buch kein eigener Beitrag gewidmet ist. Die bereits erwähnten über siebzig »Zwillingsverbindungen«, die sich seit 1975 entwickelt haben (u. a. Tel-Aviv und Haifa unterhalten sie sogar gleichzeitig mit mehreren Großstädten, d. h. mit Bonn, Frankfurt und Köln bzw. Bremen, Düsseldorf und Mainz), besitzen im menschlichen Bereich der deutsch-israelischen Beziehungen einen hohen Stellenwert. Sie sind überwiegend sehr aktiv, und sie beschränken sich nicht auf gegenseitige Reisen, sondern sie führen Entwicklungsvorhaben und Jugendaustausch durch, arbeiten in kulturellen und Verwaltungsfragen zusammen usw. Bei ihrer Gründung (zu der gelegentlich der Anstoß von israelischer Seite erfolgte) sowie der Vorbereitung und Durchführung der Programme spielt die Privatinitiative eine wesentliche Rolle, wobei in Israel auch in diesem Zusammenhang die aus Deutschland stammenden Juden, die »Jekkes«, dankbar erwähnt werden sollen. Während des Golfkriegs haben die deutschen Partner durch Besuche und auf sonstige Weise ihre Solidarität mit Israel und seiner den Scud-Angriffen Saddam Husseins ausgesetzten Bevölkerung bekundet. – Bei dieser Gelegenheit soll auch auf die regelmäßigen Einladungen deutscher Städte an aus ihnen vertriebene jüdische Bürger sowie auf die Deutsch-Israelische Juristenvereinigung und die Deutsch-Israelische Tierärztevereinigung hingewiesen werden.

Auch Vorhaben, die dem Ausgleich zwischen Juden und Arabern dienen, werden unterstützt, wobei das von der deutschen Sektion der »Jerusalem Foundation« finanzierte arabische Gesundheitszentrum Scheik Jarrakh in Jerusalem und der Verein der Freunde von Neve Shalom/Wahat-al Salam beispielhaft genannt seien. U. a. »Aktion Sühnezeichen«, seit 1961 in Israel tätig und für unser Thema in der Tat besonders relevant, sowie die vier Stiftungen der politischen Parteien, sämtlich in Israel vertreten, sind in diesem Bereich ebenfalls teilweise aktiv.

Schließlich und nicht zuletzt gilt es hier Persönlichkeiten zu würdigen, die sich mit individuellen Initiativen und ständigem Engagement um Israel und die Beziehungen zwischen unseren Ländern verdient gemacht haben: Erich Lüth und Rudolf Küstermeier (»Friedensbitte für Israel«), Propst Heinrich Grüber, Charlotte Petersen mit ihren Aktionen zugunsten der überlebenden Opfer von Wapniarka, unermüdliche Mäzene wie Axel Springer, Walter Hesselbach und Hans L. Merkle, Annemarie Renger, jahrzehntelang »Miss Israel« im Bundestag, Erik Blumenfeld, nicht zuletzt wirksamer Verfechter israelischer Interessen im Europäischen Parlament, Johannes Rau, Bernhard Vogel, Hans Koschnick und

Manfred Rommel, als Länderchefs bzw. Oberbürgermeister und darüber hinaus in vielfältiger Weise bewährte Freunde des Judenstaats, Wolfgang Gentner, Bahnbrecher der wissenschaftlichen Kooperation, Rolf Pauls als erster Botschafter in schwieriger Zeit, Rolf Rendtorff (Deutsch-Israelischer Arbeitskreis für Frieden im Nahen Osten), Heinz Kremers (Nes Ammim), Heinz M. Bleicher, dessen Verlag in der Judaistik und den Beziehungen unserer Länder einen Schwerpunkt setzt und der uneigennützig zahlreiche israelische Autoren betreut, Horst Dahlhaus als Direktor der Bundeszentrale für politische Bildung sowie Rolf Vogel (»deutschland berichte«). Ihnen gebührt neben vielen anderen ein Ehrenplatz.

Welche Bedeutung hat das alles? Schlagen z. B. die rd. 4000 Mitglieder der DIG und die ca. 20000 der GChJZ wirklich zu Buche? Ist das Netzwerk nicht recht weitmaschig? Werden die geschilderten menschlichen Kontakte nicht überschätzt? Gibt es sie für – und in – andere(n) Länder(n) nicht auch? Ich halte das Beziehungsgeflecht, das nicht erschöpfend, sondern nur paradigmatisch dargestellt werden konnte, auch aus den Erfahrungen meiner Tätigkeit in Israel für sehr wesentlich. Es besitzt für den Abbau von Vorurteilen und die Schaffung von Vertrauen in einem durch die »Vergangenheit« nach wie vor erheblich belasteten Verhältnis hohen Wert. Vergleichbares gibt es so nicht. Die beteiligten Personen haben Gewicht. Sie sind in der Lage, auch enttäuschende Reaktionen in Israel [6] in der angemessenen Perspektive und Gelassenheit zu beurteilen, und sie stellen beachtliche Kommunikatoren und Multiplikatoren dar.

IV

Die mit etwa 40000 Menschen leider nur noch sehr kleine jüdische Gemeinschaft in Deutschland ist in dieses persönliche Beziehungsgeflecht in mannigfacher Weise positiv einbezogen. Sie spielt bei vielen der hier angesprochenen Aktivitäten, wenn auch in unterschiedlichem Umfang, eine wichtige Rolle. Entsprechende Initiativen – das trifft z. B. für einige Städte- und für die Universitätspartnerschaften zu – sind zum Teil mit von ihnen ausgegangen. Bei der Frankfurter Gesellschaft der Freunde und Förde-

rer der Krebsbekämpfung in Israel beispielsweise liegt die tägliche Arbeit in ihrer Hand, und bei dieser und etwa den Freunden der Universität Tel Aviv stammen auch die finanziellen Zuwendungen zum größeren Teil von ihnen. ORT-Deutschland, die hiesigen Vertretungen des Jüdischen Nationalfonds (der zur Zeit unter Einschaltung vor allem des Deutschen Städtetags die Kampagne für den »Wald der deutschen Länder« führt), die Deutsche Gesellschaft der Freunde und Förderer des Leo Baeck-Instituts, Studien- und Ausbildungsförderung in Israel e. V. und die meisten Fördervereine der Universitäten werden von Israelis geleitet. Das Engagement für Israel stellt ein nicht zu unterschätzendes Band zwischen jüdischen und nichtjüdischen Bürgern unseres Landes dar.
Andererseits unterscheidet sich Deutschland im Hinblick auf das »Fund Raising« für Israel, auf das der junge Staat wegen seiner Gefährdungen (und jetzt zusätzlich angesichts der erforderlichen Eingliederung der aus der GUS kommenden Einwanderer) nach wie vor dringend angewiesen ist, von den USA und den meisten sonstigen in Frage stehenden Staaten, in denen es ganz überwiegend von der jeweiligen umfangreichen jüdischen Gemeinschaft durchgeführt wird, eben dadurch, daß es bei uns weitgehend von nichtjüdischer Seite ausgeht. Das gilt auch für die meisten anderen in diesem Beitrag erwähnten Aktivitäten.
Was hier darzustellen versucht wurde, bezieht sich in der Tat auf die bisherige Bundesrepublik Deutschland. Sehr bedeutungsvoll ist es, daß die Menschen der neuen Bundesländer so schnell wie möglich beteiligt werden, sofern dies nicht bereits, wie bei den zehn seit längerem dort bestehenden christlich-jüdischen Studiengruppen der Kirchen, der Fall ist. Die verschiedenen Institutionen bemühen sich darum. In Ostdeutschland gibt es jetzt sieben Arbeitsgemeinschaften der DIG, der rotarische Länderausschuß, der seine letzte Sitzung in Leipzig abhielt, und die Gesellschaft der Freunde des Weizmann-Instituts z. B. wurden um Mitglieder aus den neuen Bundesländern erweitert, der Jugendaustausch entsprechend ausgedehnt usw. All das ist nicht immer einfach, denn die Kenntnisse über Israel sind dort bekanntermaßen noch rudimentär und Unsicherheit verbreitet. Andererseits ist das Bedürfnis zu lernen und kennenzulernen besonders bei den Jünge-

ren groß. Insofern ermutigend ist eine kürzliche Emnid-Umfrage, derzufolge die ostdeutschen Bürger den Juden gegenüber aufgeschlossener sind als die Westdeutschen. [7]

V

Der Golfkrieg hat gezeigt, daß wir in Israel noch längst nicht über den Berg sind. Obwohl die Behauptung, die dabei deutlich gewordene Gefährdung des Judenstaats habe die deutsche Öffentlichkeit gleichgültig gelassen – jedenfalls meinem subjektiven Eindruck nach – nicht gerechtfertigt ist. Die Friedensdemonstrationen in der zweiten Januarhälfte 1991 hatten zwar leider häufiger eine antiamerikanische, nie jedoch eine antiisraelische Ausrichtung. Am 17. Januar, dem ersten Tag der alliierten Offensive, schlug DIG-Präsident Koschnick und mir bei der Gründungsversammlung eines Länderkreises Israel der Rheinisch-Westfälischen Auslandsgesellschaft in Dortmund eine Sympathiewelle für Israel entgegen. In Bonn fanden von der DIG und anderen Gruppen organisierte Solidaritätsdemonstrationen ein breites Echo. Auf Plakaten der Jungen Union, immerhin der Jugendorganisation der stärksten deutschen politischen Partei, mit den Fahnen Israels, der Vereinigten Staaten, Deutschlands und Europas war zu lesen: »Freunde halten zusammen! Shalom – Freiheit – Solidarity«. Gerade die in diesem Beitrag angesprochenen Vereinigungen und Institutionen haben aktiv Anteil genommen. Es geschah das in Bonn u. a. mit dem gut gemeinten, aber vielleicht der Lage nicht ganz angemessenen Angebot, Kinder aus raketenzerstörten Häusern bei uns aufzunehmen, das jedoch, nicht gerade diplomatisch formuliert, zurückgewiesen wurde.
Wie geht es weiter? Das gegenseitige Image läßt zu wünschen übrig [8]. Nach wie vor, vielleicht in jüngster Zeit verstärkt? Mancher stellt bereits die Frage, inwieweit sich die Dichte des Beziehungsgeflechts, die ja nicht zuletzt mit der Katastrophe des Nationalsozialismus zu tun hat, im Zeitablauf aufrechterhalten läßt. Um so wichtiger ist es, daß wir es – hier und dort – sorgfältig pflegen. Es sind die einzelnen Menschen, die in unseren Demokratien die Politik bestimmen. Auf sie kommt es für umfassende Solidarität mit Israel letztlich an.

Anmerkungen

[1] Niels Hansen, Verbindungen in die Zukunft – 25 Jahre diplomatische Beziehungen zwischen Deutschland und Israel, in: Aus Politik und Zeitgeschichte B 15/90, 1990, S. 8–18.

[2] s. S. 137ff.

[3] s. Werner Bergmann und Rainer Erb, Antisemitismus in der Bundesrepublik Deutschland – Ergebnisse der empirischen Forschung von 1946–1989, Opladen, »Der Spiegel« 1992 Nr. 3, S. 52–66, und Nr. 4, S. 41–50, sowie dazu Niels Hansen, Image im Widerspiegel – Partnerschaft bedarf gegenseitigen Vertrauens, in: Tribüne Heft 120, 1991, S. 108–116.

[4] Zur Haltung der Kirchen s. S. 212ff.

[5] s. Niels Hansen, Im Blick zurück Weg nach vorn – Rotarische Freundschaft zwischen Israel und Deutschland, in: »Der Rotarier« 1992, Heft 4, S. 22–26; die Ausgabe ist – als erstem anderen Land – Israel gewidmet. – Für die Anbindung Israels an Europa im sportlichen Bereich haben sich mehrere deutsche Sportverbände erfolgreich eingesetzt.

[6] s. etwa die Äußerung von Knesset-Präsident Dov Shilansky anläßlich der deutschen Vereinigung am 3. Oktober 1990: »Wenn die Deutschen heute feiern, sollte sich das jüdische Volk in Sackkleider hüllen, Asche auf die Häupter streuen, auf den Boden setzen und Grabgesänge zitieren.« Andererseits Yehudi Menuhin am 5. März 1989: »Ich möchte hier auch sagen, daß heute alle Juden und die ganze Welt ein Beispiel finden bei diesem guten, gewissenhaften, hochgebildeten deutschen Volk.«

[7] s. »Der Spiegel«, a.a.O.

[8] s. Anm. 3.

Heinz Westphal/Hildegard Radhauer

Zur Arbeit der Deutsch-Israelischen Gesellschaft

Gründung und Aufbau

Der Gründung der Deutsch-Israelischen Gesellschaft (DIG) im Jahre 1966, ein knappes Jahr nach Aufnahme der diplomatischen Beziehungen, waren in den 50er und 60er Jahren Bemühungen einzelner Persönlichkeiten, wie Propst Grüber, Walter Hesselbach, Erich Lüth und Rudolf Küstermeier, sowie Gruppen, z. B. Studenten, Jugendverbänden, Gewerkschaften und der »Aktion Sühnezeichen«, vorausgegangen, die den Versöhnungswillen mit Israel in der bundesdeutschen Öffentlichkeit zum Thema machten.

Als die geforderte Aufnahme diplomatischer Beziehungen endlich erreicht war, sahen es die bisher schon aktiven gesellschaftlichen Kräfte als ihre Aufgabe an, neben die staatlichen Kontakte die Entwicklung intensiver Verbindungen zwischen den beiden Völkern zu stellen. Der Zeitpunkt schien gekommen, die positive Haltung zugunsten einer zwar schwierigen, aber überfälligen Begegnung mit Israel zu verwirklichen. Ein Kreis um die Bundestagsabgeordneten Gerhard Jahn, Gründungspräsident der DIG und späterer Bundesjustizminister, und Ernst Benda, späterer Innenminister und Präsident des Bundesverfassungsgerichts, sowie Professor Dr. Rolf Rendtorff, späterer Rektor der Universtität Heidelberg, bereitete die Gründung der DIG vor. Parallel dazu fand sich in Berlin ein Kreis um Propst Heinrich Grüber und den ehemaligen Bundesminister Ernst Lemmer zusammen, der in ähnlicher Weise die deutsch-israelischen Beziehungen auf gesellschaftspolitischer Ebene fördern wollte. Beide Gruppierungen verbanden ihre Aktivitäten.

Die DIG formulierte ihre Ziele in ihren noch heute gültigen Leitsätzen: »Die DIG engagiert sich für einen Frieden im Nahen

Osten, der die Lebensfähigkeit Israels dauerhaft sichert. Sie tritt für eine Verständigung zwischen allen Völkern dieser Region ein und wendet sich entschieden gegen all diejenigen Kräfte innerhalb und außerhalb der Bundesrepublik Deutschland, die Israels Lebensrecht als jüdischer Staat bestreiten.« [1]

Zu den Mitgliedern des ersten Präsidiums gehörten u. a. Dr. Thomas Dehler, Vizepräsident des Deutschen Bundestages, Pater Dr. Willehad Eckert und Walter Sylten als Mitarbeiter des späteren Ehrenpräsidenten Propst Grüber. Um die politische Bedeutung der Neugründung sowie ihre Unterstützung durch alle demokratischen Parteien und die Kirchen zu unterstreichen, bat man prominente Persönlichkeiten um ihren Beitritt in ein repräsentatives Kuratorium. Diesem gehörten u. a. Bundeskanzler a. D. Dr. Konrad Adenauer, Bundestagspräsident Dr. Eugen Gerstenmaier, Bundestagesvizepräsident Professor Carlo Schmid, der Verhandlungspartner für das Luxemburger Abkommen Professor Dr. Franz Böhm, der katholische Weihbischof Kampe, der evangelische Bischof Kurt Scharf, Professor Dr. Helmut Gollwitzer und der Publizist Walter Dirks an.

Die DIG begann ihre praktische Arbeit mit der Organisation von Gruppenreisen für Multiplikatoren, die Anregungen zur Durchführung eigener Begegnungsprogramme erhielten. Es wurden Seminarveranstaltungen angeboten und Referenten vermittelt. Erste Kontakte zu israelischen Repräsentanten des öffentlichen Lebens wurden geknüpft. Die Bemühungen um die Gründung einer repräsentativen Partnerorganisation in Israel nahmen eine längere Zeitspanne ein und hatten erst Erfolg, als der aus der Bundesrepublik nach Israel zurückgekehrte und aus dem diplomatischen Dienst ausgeschiedene erste Botschafter Asher Ben-Nathan sich dieser Aufgabe annahm. Es gab zwar vorher mehrere sehr hilfsbereite und kontaktwillige Gruppierungen israelischer Bürger, vornehmlich mit deutschem kulturellen Hintergrund. Aber für die DIG ging es darum, die Repräsentanz der tragenden politischen Kräfte Israels, insbesondere durch Abgeordnete der Knesset zu gewinnen. Dieser Durchbruch gelang erst in den 70er Jahren.

1967 übernahm Ernst Benda die Präsidentschaft und damit ein Amt, das im Zusammenhang mit dem Sechs-Tage-Krieg einer

breiteren Öffentlichkeit bekannt wurde. Angeregt durch den Schriftsteller Günter Grass rief die DIG zu Spenden für Israel auf, die dort für humanitäre Hilfe verwendet werden sollten. Binnen kürzester Zeit ergab sich ein Spendenaufkommen von über 3 Millionen DM. Viele Deutsche spürten, in welcher Gefahr sich der Staat Israel befand, und suchten nach Möglichkeiten, Unterstützung und Sympathie auszudrücken.
Schon 1967 wurden erste örtliche Arbeitsgemeinschaften der DIG gegründet, um regionalem Engagement und Interesse einen Platz zu geben und dadurch die Aktivitäten der Gesellschaft zu verbreitern. War die DIG zunächst als zentrale Organisation gegründet worden, so setzte sich ziemlich schnell die Auffassung durch, daß die Vertiefung gesellschaftlicher, politischer und menschlicher Beziehungen nur gelingen könne, wenn sich eine Vielzahl der Mitglieder daran beteiligen und sie selbst zu Multiplikatoren im eigenen Bereich werden. In Berlin, Wiesbaden, Braunschweig, Konstanz, Freiburg und anderen Städten entstanden örtliche Arbeitsgemeinschaften und entfalteten vielfältige Aktivitäten.
Ein Schwerpunkt der DIG war die Förderung der Begegnungen zwischen jungen Menschen, um die Verständigung zwischen den »Nachgeborenen« beider Völker zu bewirken und damit dauerhafte und tragfähige Beziehungen zu entwickeln. In der gemeinsamen Kommission für die Vereinbarung der Jahresprogramme des geförderten Jugendaustausches wirkte ein Vertreter der DIG mit. Ein erstes Pädagogenseminar für deutsche Lehrer an der Hebräischen Universität in Jerusalem fand schon 1968 statt. Mit der Erarbeitung von Unterrichtsmaterial für deutsche Schüler wurde ein Grundstein für die von der UNESCO angeregte Arbeit der deutsch-israelischen Schulbuchkommission gelegt. Zugleich setzte sich die DIG mittels ihrer Mitglieder aus dem politisch-parlamentarischen Bereich für die Förderung des deutsch-israelischen Jugendaustausches durch die zuständigen Ministerien von Bund und Ländern ein. Prominente Mitglieder der DIG betrieben 1969 die Gründung einer deutsch-israelischen Parlamentariergruppe im Deutschen Bundestag, in der sich Vertreter aller Fraktionen trafen, die an der Förderung der bilateralen Beziehungen interessiert waren.

Im Jahre 1971 wurde Heinz Westphal zum Präsidenten der DIG gewählt. Mit den israelischen politischen Instanzen und den vorhandenen Partnerorganisationen wurden regelmäßige Kontakte gepflegt. Ein neuralgischer Punkt der bilateralen Beziehungen war der Kulturaustausch, dem eine Knesset-Resolution entgegenstand, um deren Aufhebung sich schon die erste Delegation des DIG-Präsidiums bei ihrer Israel-Reise bemüht hatte. Noch bis heute gibt es trotz inzwischen entwickelter vielfältiger kultureller Austauschprojekte kein Kulturabkommen zwischen beiden Staaten.

1971 fand in Tel Aviv mit Unterstützung der deutschen Botschaft und Zustimmung des israelischen Außenministeriums eine »Woche der deutschen Kultur« statt. Sie löste ebenso wie der vorhergehende Besuch von Günter Grass heftige Reaktionen aus, weil bestimmte, der Verständigung mit Deutschland abgeneigte politische Kräfte darin ein Instrument sahen, eine »galoppierende Normalisierung« der Beziehungen zu bewirken. Der deutsche Botschafter Jesco von Puttkammer verwahrte sich gegen den Vorwurf, die Deutsche Kulturwoche werde veranstaltet, um das Vergessen zu fördern, und sagte, daß »keine deutsche Regierung, von Konrad Adenauer bis Willy Brandt, eine solche Politik gefördert habe«. [2]

Seit 1971 erhielten die damals ca. 1200 Mitglieder die »DIG-Informationen«. Mit diesem Informationsblatt werden die Mitglieder, über die von der Tagespresse veröffentlichten Nachrichten hinaus, über die Themen und Problemstellungen der deutsch-israelischen Beziehungen unterrichtet und erhalten Anregungen für ihr eigenes Engagement.

Die DIG sieht es als Teil ihrer Aufgabenstellung, öffentlich Position zu beziehen, wenn dies im Interesse einer positiven Entwicklung der Beziehung zwischen Israel und unserem Land liegt und wenn die Lebensinteressen der Israelis und die Existenz ihres Staates bedroht sind. Wir unterstützen die israelische Position, die PLO nicht als Verhandlungspartner zu akzeptieren, solange diese ihre Terroraktionen nicht einstellt und Abstand von dem Ziel nimmt, Israel zu vernichten.

Nach dem terroristischen Anschlag auf die israelischen Sportler

während der Olympischen Spiele in München rief die DIG zu Spenden auf: Mitte Oktober konnten DM 120000,– für die Opfer des gräßlichen Anschlages bereitgestellt werden. Zugleich protestierte die DIG gegen die Entscheidung der Bundesregierung, die palästinensischen Terroristen freizulassen.
Die Irritationen im deutsch-israelischen Verhältnis veranlaßten die DIG, Bundeskanzler Willy Brandt aufzufordern, ein »klares, helfendes Wort zur Verbesserung der Beziehungen zu Israel zu sagen«. Unausgewogene Stellungnahmen zur Nahostpolitik durch andere gesellschaftspolitische Gruppen, z. B. die Jusos, vertieften israelische Vorbehalte gegenüber einer Verständigung mit der Bundesrepublik Deutschland. Mitglieder des DIG-Präsidiums führten deshalb ein klärendes Gespräch mit den Jungsozialisten.

Solidarität – Ja! – Kritik?

Die Haltung der DIG während des Jom-Kippur-Krieges im Jahre 1973 war wiederum durch aktive und erfolgreiche humanitäre Hilfe gekennzeichnet. In dieser Zeit gab es aber auch erstmalig Kritik aus den Reihen der DIG an Maßnahmen der israelischen Regierung in bezug auf deren Besatzungspolitik.
Trotz der in der Bundesrepublik deutlichen Distanz zur Schaffung israelischer Siedlungen auf dem Territorium der Westbank entwickelten sich die bilateralen Beziehungen vor allem im Bereich der Jugend- und Bildungsarbeit und in den kulturellen Beziehungen kontinuierlich. Der von der UNO im November 1975 verabschiedeten Resolution, die Zionismus mit Rassismus gleichsetzt, trat die DIG mit Entschiedenheit entgegen. Sie begrüßte es, daß die Bundesregierung durch ihren Repräsentanten in der UN-Vollversammlung gegen die inakzeptable Resolution Stellung nahm. Die DIG beteiligte sich 1974 an einer »Internationalen Konferenz für die Befreiung der Juden im Mittleren Osten«. Die Deutsche Forschungsgemeinschaft förderte die »Internationale Arbeitsgruppe zur Erforschung deutsch-jüdischer Geschichte«. Und zehn Jahre nach Aufnahme diplomatischer Beziehungen wurde ein Abkommen über Lehreraustausch zwischen Berlin und

Israel abgeschlossen, bei dem die DIG Pate stand. In Berlin fand eine viel beachtete Jerusalem-Ausstellung statt, die Bürgermeister Teddy Kollek eröffnete. Erich Lüth, der 1951 die Aktion »Friede mit Israel« zusammen mit Rudolf Küstermeier gestartet hatte, wurde für seine Verdienste um die deutsch-israelischen Beziehungen geehrt. Parlamentarier aus Westeuropa berieten Ende 1976 mit Vertretern des Weizman Institute of Science Fragen der Nutzung von Sonnenenergie und naturwissenschaftlicher Zusammenarbeit. Immer war die DIG anregend, vermittelnd, helfend oder gestaltend beteiligt.

1977 verließ eine Gruppe von Mitgliedern die DIG wegen einer Kontroverse über Art und Form kritischer Auseinandersetzungen mit Positionen der israelischen Politik. Einflußnahmen des damaligen israelischen Botschafters, der die DIG mehr als eine reine Freundschaftsgesellschaft ohne kritische Diskussion der politischen Entwicklung sehen wollte, erschwerten den Konflikt. Die abgespaltene Gruppe schuf sich für ihr Israel-Engagement eine andere Plattform im »Deutsch-Israelischen Arbeitskreis für Frieden im Nahen Osten« (DIAK). Der Mehrheit der Mitglieder der DIG war es wichtig, eine überparteiliche Plattform zu erhalten und sich weiter um die deutsch-israelische Verständigung zu bemühen. Dabei zeigt sich im Rückblick, daß der schon 1967 bei der zweiten Israel-Reise des DIG-Präsidiums in einem Vortrag von Ernst Benda ausgesprochene Gedanke der »kritischen Solidarität« mit dem jüdischen Staat auch in der Praxis der DIG weiter aufrechterhalten blieb. Die DIG stimmt weder gedankenlos jeder israelischen Entscheidung zu, noch tritt sie als Lehrmeister Israels auf. Sie sucht Möglichkeiten, Bedenken in Gesprächen vorzutragen und schafft Foren für eine faire, offene Diskussion unter Freunden. Andererseits bemüht sich die DIG, auf die deutsche Politik einzuwirken und Verständnis für die Haltung Israels zu fördern. Dies alles ist wichtig in einer Zeit, in der sich das Meinungsklima der deutschen Öffentlichkeit von einer vorbehaltlosen Zustimmung in Richtung auf eine distanzierte oder skeptische Grundstimmung verändert hat. [3]

1977 wurde Erik Blumenfeld zum Präsidenten der DIG gewählt.

Konsolidierung der Beziehungen

Seit 1978 ist der Meinungsaustausch zwischen der Israelisch-Deutschen und Deutsch-Israelischen Gesellschaft in Form von Deutsch-Israelischen Konferenzen – unter Beteiligung der deutsch-israelischen Parlamentariergruppen in Knesset und Bundestag – jährlich wechselnd in Israel oder in der Bundesrepublik institutionalisiert. Ziel der Veranstaltungen ist, Themen des bilateralen Verhältnisses intensiv zu diskutieren und die Öffentlichkeit beider Länder für die aktuellen Fragen des deutsch-israelischen Verhältnisses zu interessieren. Ebenfalls ab 1978 wurden die Kontakte mit den Freundschaftsgesellschaften in der Schweiz und in Österreich aufgenommen, und in Zusammenarbeit mit den israelischen Partnerorganisationen fanden Drei-(Vier-)Länder-Konferenzen statt. Gegenstand der Beratungen mußten leider wiederholt deutsche Waffenlieferungen in den Nahen Osten sein, insbesondere an Staaten, die mit Israel im Kriegszustand leben. Die DIG stieß über viele Jahre auf Desinteresse in der Öffentlichkeit, wenn sie auf die Gefährdungen hinwies, die durch Waffenlieferungen in die Spannungsgebiete des Nahen Ostens hervorgerufen wurden.

1978 lud die DIG zu einer Feierstunde »30 Jahre Israel« in den Großen Sendesaal des Westdeutschen Rundfunks ein. Sie beteiligte sich auch an den in vielen Städten stattfindenden Gedenkveranstaltungen aus Anlaß des 40. Jahrestages der Nazipogrome gegen deutsche Juden im November 1938. Unter der Schirmherrschaft der DIG wurde die Einweihung des Konrad-Adenauer-Hauses in der Ben-Gurion-Universität in Beer Sheva vorgenommen.

Der Friedensvertrag zwischen Israel und Ägypten war ein Anlaß für die DIG, sich mit Anzeigen an die deutsche Öffentlichkeit zu wenden, in denen prominente Vertreter aus Politik, Wirtschaft und Kultur auf das »Ereignis von historischer Tragweite« hinwiesen. Nur wenig später hatte die DIG Grund, die Nahosterklärung der EG von Venedig zu kritisieren, weil sie sich in einigen Punkten – den französischen Intentionen folgend – den Positionen der arabischen Staaten und der PLO bedenklich näherte. [4]

Zur praktischen Förderung der bilateralen Beziehungen wie auch des Ausgleichs zwischen Juden und Arabern in Israel trug die DIG durch die Beteiligung an einer Spendenaktion zugunsten des von Teddy Kollek geplanten arabischen Gesundheitszentrums »Scheik Jarrakh« in Jerusalem bei.
1981 attackiert Ministerpräsident Menachem Begin den deutschen Bundeskanzler Helmut Schmidt. Dies veranlaßt die DIG zu einer eindeutigen Zurückweisung der ungerechtfertigten Vorwürfe.
Eine deutliche Zäsur in den deutsch-israelischen Beziehungen stellte der Libanon-Krieg dar. Er wurde zum Auslöser eines veränderten Israel-Bildes auch in der deutschen Öffentlichkeit. Verzerrungen, die darauf abzielen, die Nazi-Verbrechen mit einer Aktion der Israeli im Libanon gleichzusetzen, trat die DIG mit Entschiedenheit entgegen. Immer häufiger wird aber von Freunden Israels, die im Einsatz militärischer Mittel keinen Fortschritt in Richtung auf das Ziel eines Friedens im Nahen Osten sehen, die Frage gestellt, ob nicht der Antisemitismus in der Form des Antizionismus ein neues Wirkungsfeld erhalten hat. Die deutsch-israelische Konferenz bot gerade in diesem Jahr 1982 eine gute Möglichkeit, die unterschiedlichen israelischen Positionen zum Libanon-Krieg zu diskutieren und in der deutschen Öffentlichkeit differenzierte Haltungen der unterschiedlichen Meinungsgruppen in Israel bekannt zu machen. Einbrüche waren vor allem im deutsch-israelischen Jugendaustausch nachhaltig spürbar. Das Bedürfnis der jungen Menschen, mit Israelis zu diskutieren und dabei kritische Anfragen an die Verantwortlichen zu richten, war merklich gestiegen.
Im Jahre 1983 war die DIG Träger der Ausstellung »Faszinierendes Israel«, die in sechs Monaten im Frankfurter Flughafen mehr als 150000 Besucher anzog. Eröffnet wurde diese umfangreichste Präsentation des Landes, die bis dahin außerhalb Israels gezeigt wurde, u. a. vom israelischen Minister Dr. Josef Burg.

Die deutsch-israelischen Beziehungen im Generationenwechsel

An der deutsch-israelischen Konferenz im Jahre 1983 nahmen erstmals Jugendliche aus Israel teil, die sich als Jugendforum der IDG verstanden. Ab 1984 richtete die DIG Jugendkonferenzen aus, die ein Motor für die Gründung eines Deutsch-Israelischen Jugendforums waren.

In der zweiten Hälfte der achtziger Jahre rückte die Einschätzung der deutschen Geschichte wieder in den Mittelpunkt der deutsch-israelischen Beziehungen. Ausgelöst durch einen Artikel von Prof. Ernst Nolte im Jahre 1986, entwickelte sich eine breite Diskussion unter Historikern, aber auch in der Öffentlichkeit, die unter dem Begriff »Historikerstreit« zusammengefaßt wurde. Die DIG thematisierte den Komplex des Umgangs mit der Vergangenheit und der sich daraus ergebenden Verantwortung mit israelischen Gesprächspartnern und im Rahmen der Tagungen zwischen den deutschsprachigen Freundschaftsgesellschaften. Dabei gab es keinen Zweifel an der Singularität der deutschen Verbrechen. [5]

In diesem Kontext soll darauf hingewiesen werden, daß eines der ständigen Themen der DIG die Befassung mit offenem und latentem Antisemitismus war und ist. Vielfach engagierten sich auch einzelne Arbeitsgemeinschaften, wenn es darum ging, Erscheinungsformen des Antisemitismus entgegenzutreten. Als Beispiel kann das Engagement der Arbeitsgemeinschaft Frankfurt angeführt werden, deren Mitglieder sich aktiv am Protest gegen die Aufführung des Faßbinder-Stücks »Die Stadt, der Müll und der Tod« beteiligten.

In einer Rede am 10. März 1991 beschäftigte sich DIG-Präsident Erik Blumenfeld mit dem akuten und schwierigen Problem der »Intifada«. Seit 1989 hat dieser Protest der arabischen Bevölkerung, insbesondere von Kindern und Jugendlichen ausgeübt, der in den besetzten Gebieten virulent wurde, Auswirkungen auf das deutsch-israelische Verhältnis. Die »Intifada«, als Gegenwehr gegen ein als hart empfundenes Besatzungsregime, erreichte ihre Wirkung nicht zuletzt dadurch, daß sich die Palästinenser erfolgreich der westlichen Medien bedienten. Die jahrelang andauernden Spannungen verursachten aber auch ein Umdenken in weiten Teilen der israelischen Bevölkerung. Vielen Israelis wurde klar, daß eine gesicherte Existenz des Staates nur gewährleistet werden kann, wenn das palästinensische Problem gelöst wird. Die Erhebung der Palästinenser hat ein Nachdenken über den Zustand der Besatzung und deren Auswirkung auf die jüdische Gesellschaft ausgelöst.

Auch in der deutschen Öffentlichkeit erwuchsen aus diesem jahrelangen Konflikt mit immer neuen Opfern Einstellungsveränderungen. Bringt man noch Verständnis auf für die sofortigen harten Konterschläge der Israelis gegen arabische Terror-Aktionen, so wünscht man sich doch ein weniger hartes und korrekteres Verwalten der Gebiete mit arabisch-palästinensischer Bevölkerung. Bei jüngeren Deutschen zeigte sich eine Solidarisierung mit den Unterdrückten, die dort eben nicht die Israelis sind. [6]

In der Bundesrepublik wurde zugleich die Organisationsstruktur für die über 4000 Mitglieder verstärkt; heute arbeiten 33 Arbeitsgemeinschaften in den alten Bundesländern und sieben Arbeitsgemeinschaften in den neuen Bundesländern.

Die deutsche Vereinigung, die in Israel höchst unterschiedliche Reaktionen auslöste, war Gegenstand des Dialogs unter den Partnergesellschaften in Israel und Deutschland. Obwohl die Mehrheit der Israelis die Wiedervereinigung zustimmend oder wenigstens ohne Ablehnung betrachteten, gab es eine Minderheit, die in der Teilung Deutschlands eine gerechte Strafe für die Verbrechen Deutschlands sahen. Daß diese »Strafe« nur die Bevölkerung der DDR zu tragen hatte, wurde in das eigene Meinungsbild einbezogen, da sich die DDR als Verbündeter der PLO verstand und eine Verantwortung für die deutschen Verbrechen der Hitler-Zeit ablehnte. Mit der Vereinigung, so befürchtete ein Teil der Israelis, könnten auch die Verbrechen der Deutschen in Vergessenheit geraten.

Die Ausschreitungen alter und junger Rechtsradikaler, die es nun plötzlich auch in einer ansteigenden Welle in den neuen Bundesländern gab, wurde in Israel aufmerksam wahrgenommen. Selbstverständlich ging die DIG auch an diesem schwierigen Thema in ihren Diskussionen und Aussagen nicht vorbei. Die DIG knüpfte seit Öffnung der innerdeutschen Grenzen Kontakte zunächst zu Einzelpersonen und dann zu der sich neu gegründeten Gesellschaft DDR-Israel. Mit Beschluß vom November 1990 wurden die Mitglieder dieser Gesellschaft ab 1991 Mitglied der DIG. Gründungen von Arbeitsgemeinschaften in den neuen Bundesländern erfolgten im Jahre 1991 fast flächendeckend.

Die DIG beobachtete mit Sorge den Verlauf der Krise, die zum Ausbruch des zweiten Golfkrieges am 17. Januar 1991 führte. Kurz zuvor war beschlossen worden, mit einer kleinen Gruppe nach Israel zu reisen. Diese Delegation führte Gespräche mit den israelischen Partnern. Die Teilnehmer wurden von offiziellen Vertretern von Regierung und Parlament empfangen und sprachen mit Betroffenen von Scud-Angriffen. Alle Gesprächspartner empfanden den Besuch als eine Geste der Sympathie, die sich deutlich vom Auftreten einiger deutscher Regierungsvertreter abhob, die nicht leugnen konnten, daß es zu einer deutschen Mitwirkung bei Waffengeschäften und Ausrüstungsinvestitionen für den Irak aufgrund mangelnder Regierungskontrolle gekommen war.

In Deutschland erfreute sich die DIG eines selten dagewesenen Interesses seitens der Medien, und es gab viele Menschen, die weniger demonstrationsgeübt waren und sich deshalb an die DIG wandten, um sich an Protesten gegen den drohenden Gasangriff auf Israel zu beteiligen.

Im März 1991 übernahm Hans Koschnick das Amt des Präsidenten.

Wandel und Konstanten

Ein kontrovers diskutiertes Thema während der bilateralen Konferenz im Herbst 1991 in Berlin war die Aufnahme von Juden aus der ehemaligen Sowjetunion in Deutschland. Die Israelis vertraten die Auffassung, nur Israel könne eine Heimat für Juden sein. Deutsche Teilnehmer traten dafür ein, daß den Juden, die in einem demokratischen Deutschland eine neue Heimat finden wollen, dabei geholfen werden muß.

Die DIG setzt sich für das Existenzrecht und die Sicherheit Israels ein; alle damit zusammenhängenden Fragen werden uns weiterhin beschäftigen. Übersehen werden kann aber nicht, daß ein Wandel in den Gesellschaften andere Schwerpunkte hinzukommen ließ. Die Gründergeneration der DIG, die noch eigene Erfahrungen mit einer Diktatur hatte, hat sich darum bemüht, nachfolgende jüngere Generationen für die Aufgabe der deutsch-israelischen Verständigung zu gewinnen. War auch für die Jüngeren die Verantwortung aufgrund der deutschen Geschichte ein Motiv ihrer Mitwirkung, so steht heute die Beschäftigung mit der Gegenwart im Mittelpunkt des Dialogs. Eine Herausforderung in den 90er Jahren wird sein, zu einem friedlichen Ausgleich mit den Nachbarn in der nahöstlichen Region zu kommen. Dazu möchten wir gern einen Beitrag leisten. Es ist uns wichtig, daß Israel nicht durch die umwälzenden Entwicklungen im Osten Europas ins Abseits gedrängt wird. Israel braucht Frieden, der durch europäisches und besonders deutsches Engagement abgesichert wird. Ein größeres Deutschland wird sich nicht zuletzt daran messen lassen müssen, ob es seine Verantwortung bei der Gestaltung des Friedens im Nahen Osten wahrnimmt.

Anmerkungen

[1] Leitsätze der Deutsch-Israelischen Gesellschaft e. V.
[2] DIG-Informationen 2/71
[3] Festvortrag Prof. Dr. Ernst Benda, 21. Mai 1986
[4] DIG-Informationen 3/80
[5] DIG-Informationen 4/87 und 1/88 Dokumentation eines Vortrags von Norbert Kampe »Nationalsozialismus und Gegenwart – Der Streit um ein bundesrepublikanisches Geschichtsbild«
[6] Rede Erik Blumenfeld, 10. März 1991

Erich Frister

Nach dem Holocaust – deutsche Gewerkschaften und Israel

Zwei Gründe bestimmen den besonderen Charakter der Beziehungen zwischen den deutschen Gewerkschaften und der Histadruth, dem israelischen Gewerkschaftsbund. Zum einen ist es das Erinnern an den Holocaust, zum anderen die fundamentale Rolle der Histadruth in Staat und Gesellschaft Israels.

I

Die Histadruth ist älter als der Staat. Sie wurde 1920 gegründet. Ohne die von ihr geschaffenen Strukturen der landwirtschaftlichen und industriellen Produktion, des Schulwesens, der sozialen Sicherung und sogar der militärischen Verteidigung wäre es nicht möglich gewesen, im Jahre 1948 den Staat Israel zu errichten und ihn gleichzeitig gegen die anrückenden Armeen aller arabischen Nachbarstaaten zu verteidigen. David Ben Gurion, der die Staatsgründung vollzog, zum ersten Ministerpräsidenten Israels gewählt wurde und auch heute noch als überragende politische Persönlichkeit des Judenstaates gilt, war fünfzehn Jahre lang Generalsekretär des Gewerkschaftsbundes gewesen. Israel war gewissermaßen die Histadruth und die Histadruth war Israel.
Es wäre aber zu kurz gedacht, den bewundernden Blick deutscher Gewerkschaftsfunktionäre auf ihre israelischen Kollegen lediglich als Wunsch nach vergleichbarem Einfluß zu deuten. Der »sozialistische Zionismus« erschien ihnen als eine praktizierte Form des »Dritten Weges«, führend in Gefilde ohne Kapitalismus und ohne Kommunismus. Die »Blaue Blume« eines wahrhaft demokratischen Sozialismus, in Israel schien sie wirklich zu blühen. Insbesondere die egalitäre, aber doch individuelle Lebensform in den Kibbuzim sowie die personellen Verflechtungen zwischen den Kibbuzim und den Leitungsfunktionen in Staat und

Gesellschaft beeindruckten alle, die nach einer existierenden Symbiose von Demokratie und Sozialismus Ausschau hielten. Der zionistische Sozialismus schien auch nicht mit dem Mangel anderer sozialistischer Experimente behaftet; er war höchst effektiv. Nicht nur die militärische Verteidigungsleistung demonstrierte die Wirksamkeit des israelischen Systems, auch das – im eigentlichen Sinne des Wortes – Erblühen einer komplexen Wirtschaft inmitten wüster Landstriche bewies, daß zwischen Idee und Ausführung kein Graben klaffte. Trotz Gemeineigentum, umfassender sozialer Sicherung und weitgehender sozialer Gleichheit blieben Leistungsfähigkeit, Bescheidenheit und Individualismus erhalten. Selbst das Militär vereinbarte präzises Handeln mit legerem und durch Individualität geprägten Erscheinungsbild. Auch in kritischen Situationen des permanenten arabisch-jüdischen Krieges blieben Meinungs- und Informationsfreiheit unangetastet. Für deutsche Gewerkschafter, die den Nationalsozialismus erlebt hatten und die Vorgänge im Sowjetblock ohne Scheuklappen beobachteten, war ein Besuch im Israel der 60er und frühen 70er Jahre eine Reise in ein politisches Paradies, das zu Haus schon ins Land der Resignation versunken war.

Das betörende Vorbild einer geistig lebhaften, sozial befriedeten, wirtschaftlich effektiven und moralisch integren Gesellschaft blockierte eingehendes Nachdenken über die Araber in und um Israel. Arabische Einwohner Israels waren und sind Mitglieder der Histadruth; sie sind in den Vorständen und Lenkungsinstitutionen vertreten, die Verfassung gewährleistet ihre staatsbürgerlichen Rechte, sie wählen zur Knesseth und gehören dem Parlament auch an. Für deutsche Gewerkschafter schien die Aufgabe der Juden, mit einer arabischen Minderheit in einem Staat zu leben – zumindest von den politischen Rahmenbedingungen her –, gelöst. Die Herrschenden in den arabischen Nachbarstaaten waren von der Existenz eines demokratisch regierten Staates in ihrer Region nicht begeistert. Schon darum hielten sie an ihrer Feindschaft fest, statt die erklärte Kooperationsbereitschaft des Judenstaates zu nützen, um ihren wirtschaftlich und sozial kranken Gesellschaften aufzuhelfen.

Hinsichtlich der Araber, die Israel während des von den Arabern begonnenen sogenannten Unabhängigkeitskrieges 1948/49 verlassen hatten, erging es den Deutschen wie den frühen Zionisten. Sie sahen Palästina als ein Land ohne Volk für ein Volk ohne Land. Zudem drängte sich der Vergleich mit den deutschen Ostgebieten auf. Wären die 8 Millionen Heimatvertriebenen des 2. Weltkrieges nicht zwischen Rhein und Oder gesellschaftlich integriert, sondern in Elendslagern entlang der Oder-Neiße-Grenze zusammengepfercht worden, so wären auch daraus Terroristenbasen und ein friedensbedrohendes Pulverfaß geworden. Warum war den Arabern rund um Israel nicht zuzumuten, die Konsequenz aus dem verlorenen Krieg zu ziehen, den sie gegen Israel und eine Entscheidung der Vereinten Nationen geführt hatten? Alle Pläne zur Teilung des Landes hatten sie kompromißlos abgelehnt, obwohl in dem ihnen zugedachten Teil Palästinas mehr als genug Raum war für alle in Palästina lebenden Araber. Ihre Führer, allen voran der Mufti von Jerusalem, hatten schließlich Hitler unterstützt. War es zuviel verlangt, genau wie die Deutschen auf ein Teil ihres Landes zu verzichten und dessen Bewohner im verbleibenden größeren Teil aufzunehmen? Konnten die Araber nicht auch ihren Beitrag leisten, um den Überlebenden des Holocaust das Tor in eine selbstbestimmte Zukunft aufzustoßen? So stellte sich den Gewerkschaftern aus Deutschland das Thema Araber und Israel dar, wenn sie überhaupt von den Arabern außerhalb Israels mehr zur Kenntnis nahmen als deren Drohungen, die Juden im Mittelmeer zu ersäufen.

II

Es war damals selbstverständlich, Israel zu unterstützen. Die Gewerkschaften der Bundesrepublik Deutschland entwickelten mit Beginn der 60er Jahre immer intensivere Kontakte mit ihren Kollegen aus der Histadruth. Auf allen Ebenen der Organisationen und in allen Branchen gab es vielfältige Begegnungen. Besonders die Gewerkschaftsjugend pflegte den Gedankenaustausch und förderte mehrmonatige Arbeits- und Studienaufenthalte junger deutscher Gewerkschafter in Israel.

Die gewerkschaftliche Gemeinwirtschaft, vornehmlich die Bank für Gemeinwirtschaft, unterstützte auf den deutschen und europäischen Finanzmärkten die Histadruth bei deren wirtschaftlichen Aktivitäten. Aus den offiziellen Begegnungen der Funktionäre und Mitglieder wuchs eine große Zahl kontinuierlicher privater Beziehungen bis hin zu Freundschaften, die nun schon über Jahrzehnte hinweg bestehen. Es sind vor allem diese persönlichen Bindungen, die trotz des seit den 80er Jahren veränderten Klimas zwischen Deutschland und Israel die freundschaftliche Kooperation zwischen den Gewerkschaften beider Staaten stabilisiert haben.

Keineswegs selbstverständlich war es dagegen, daß die israelischen Gewerkschafter mit Deutschen Verbindungen knüpften. Wußte man doch nicht, ob man dabei auch Mördern oder Mordgehilfen die Hand reichen würde. Man war auch unsicher, ob Unbeteiligte und Nachgeborene tatsächlich, nicht nur aus Opportunismus, gegenüber Juden anderen Sinnes geworden seien.

Zuerst begegneten sich in den fünfziger Jahren Gewerkschaftsfunktionäre beider Länder auf internationalen Veranstaltungen. Die nach der Niederlage des nationalsozialistischen Deutschlands wiedergegründeten, an demokratische Traditionen der Vor-Hitler-Zeit anknüpfenden deutschen Gewerkschaften waren wieder Mitglieder der internationalen Gewerkschaftsvereinigungen geworden. Zunächst nahmen Israelis und Deutsche dort nur verstohlen voneinander Kenntnis; man ging sich aus dem Wege. Oft waren es Vertreter dritter Länder, die das erste Gespräch vermittelten. Beispielsweise führte damals der Generalsekretär einer französischen Lehrergewerkschaft den Generalsekretär der israelischen Lehrergewerkschaft mit dem Vorsitzenden der Gewerkschaft Erziehung und Wissenschaft zusammen. Der Franzose hatte der Widerstandsbewegung angehört und während der deutschen Besetzung Frankreichs den vor Hitler geflüchteten Deutschen versteckt gehalten. Vertrauen wurde transferiert und überwand allmählich die Barriere aus Mißtrauen einerseits und Scham andererseits.

Bei den Gesprächen schälte sich fast zwangsläufig das gemeinsame Interesse heraus: Kein neuer Faschismus, kein neuer Antisemitismus. Das zynische Wort, man lerne aus der Geschichte, daß niemand aus ihr lerne, sollte nicht der Weisheit letzten Schluß ausdrücken. Aufklärung und Anschauung sollten von der Unmenschlichkeit und dem Unsinn des Antisemitismus überzeugen und die von keiner anderen Gesellschaftsordnung erreichte Humanität einer sozial gestalteten Demokratie erkennen lassen. So wurden die gemeinsamen Tagungen, Seminare u.ä. zu Veranstaltungen der politischen Bildung. Aus älteren Köpfen wurden Vorurteile eliminiert, in den jüngeren Bausteine demokratischer Ethik verankert. Kein Buch, kein Film, keine Erzählung, keine Diskussion konnte und kann die didaktische Qualität und Intensität erreichen, die dem Augenschein innewohnt. Darum legen beide Gewerkschaften besonderen Wert auf Begegnungen der Gewerkschaftsjugend.

III

Doch sind sich die Israelis durchaus der lateinischen Weisheit bewußt, daß sich die Zeiten ändern und die Menschen mit ihnen. In Israel ist das politische Monopol des sozialistischen Zionismus gebrochen worden. Die Ideale der Pioniere und Gründer werden noch gelebt, aber ihre Alleinherrschaft gehört der Vergangenheit an. Die Hinterhofstaaten der Araber haben sich dank des Erdöls und der Waffenkäufe zu ersten Adressen westlicher Politik gewandelt. Der zunächst verteufelte Iran der Ayatollas mit seinen atomaren Gelüsten ist trotz des von ihm organisierten internationalen Geisel- und Mordterrors wieder respektierter Partner der industrialisierten Welt. Mit dem Golfkrieg sind die Industrienationen zu politischen Gefangenen der islamischen (Feudal-)Diktaturen geworden. Zunächst haben sie den Libanon dem mordbefleckten syrischen Diktator ausgeliefert. Israel wird nach dem Ende des Ost-West-Konflikts nicht mehr als Position des Westens in Nahost benötigt. Die einzige Demokratie im Nahen Osten soll beim Versuch, die Diktatoren der Region ruhig zu stellen, als Versuchskaninchen für eine bisher nie bewiesene Verläßlichkeit orientalischer Politik dienen. Verständlich, daß die Israelis wenig Neigung zeigen, das Schicksal Kuwaits zu erleiden. Wäre ihr Land erst einmal vom Feind besetzt, gäbe es für die UNO nur noch Trümmer und Leichenberge zu befreien.
Auch Deutschland lebt anders in anderen Zeiten. Die Zeitzeugen

des Nationalsozialismus beherrschen Politik und öffentliche Meinung nicht mehr. Dennoch bleibt der Antisemitismus geächtet und wird von einer sehr großen Mehrheit der Bevölkerung ohne Wenn und Aber abgelehnt. Der Völkermord an den Juden gilt weiterhin in allen Schichten und Altersgruppen als fluchwürdiges Verbrechen. Aber die Einstellung zu Israel verändert sich. Die Last, Gebiete über Jahrzehnte besetzt zu halten, weil die Nachbarstaaten Syrien und Jordanien Israel weder anerkennen noch mit ihm Frieden schließen wollen, hat zumindest die Regierungspolitik des Judenstaates in Verruf gebracht. Deutsche Meinungsmacher und Politiker setzen auf Neutralität und abstrakte Prinzipien. Dies entspricht den deutschen Interessen, wohlhabend und saturiert das eigene Wohlbefinden zu pflegen. Israel ist aus dieser Sicht ein Störenfried. Gewiß, man schämt sich des Holocausts, aber distanziert sich nachdrücklich von der Politik Israels und seiner Weigerung, die besetzten Gebiete ohne tatsächlichen Frieden und konkrete Sicherheitsgarantien zu verlassen.
Dieses Denken kennzeichnet die eigentliche »Historisierung« der Judenvernichtung durch Deutsche. Nicht die Frage, ob man die Massenmorde der Kommunisten mit dem Holocaust vergleichen kann, relativiert das deutsche Verbrechen an den Juden, sondern dessen Isolierung vom gegenwärtigen und zukünftigen politischen Schicksal Israels. Der Staat Israel ist ungeachtet seiner zionistischen Wurzeln eine Geburt des Holocaust, und seine mühselige Existenz inmitten einer drohenden und immer wieder mordenden feindlichen Umwelt ist eine Folge des Holocaust. Weder hätte es die Masseneinwanderung von Juden nach Israel gegeben, noch hätte sich in den Vereinten Nationen 1948 eine Mehrheit für die Teilung Palästinas zugunsten eines Judenstaates gefunden, wenn nicht das deutsche Verbrechen an den Juden vorausgegangen wäre.
Der Wandel im Denken ihrer deutschen Begegnungspartner ist den Funktionären der Histadruth nicht verborgen geblieben. Der neue Ton in Sachen »Nah-Ost-Konflikt«, der im Gefolge der 1968er-Bewegung und der sich etablierenden Propaganda der PLO auftauchte, ließ Israel aufhorchen. Die Reaktion der Europäer auf das arabische Ölembargo 1973/74 signalisierte den Ju-

den die Kurskorrektur der europäischen Diplomatie zugunsten der Erdölexporteure. Die israelischen Gewerkschaftsführer erfaßte die Sorge, der anstehende Generationswechsel in den Vorständen der deutschen Gewerkschaften könnte, mit zunehmender »Historisierung« des Holocaust und wachsendem Einfluß der islamischen Welt, die ethische Grundlage deutsch-israelischer Kooperation negativ tangieren. Sie bemühten sich, die bilateralen Beziehungen in die Zukunft hinein rechtlich zu untermauern. So sind im Jahrzehnt 1975–1985 eine große Anzahl Partnerschaftsabkommen zwischen Gliederungen der Histadruth und denen deutscher Gewerkschaften geschlossen worden. Die darin förmlich vereinbarten gegenseitigen Pflichten sind bis auf den heutigen Tag von beiden Seiten eingehalten worden. Sie haben auch in kritischen Lagen den kontinuierlichen Dialog gewährleistet und permanent zur gegenseitigen Korrektur des Meinungsbildes im Angesicht der Realität beigetragen. Vor allem lernten beide Seiten immer wieder, daß die Meinungsvielfalt zum Wesen der Demokratie gehört. *Eine* israelische Stimme ist nicht *die* Stimme Israels, und *eine* deutsche Meinung ist nicht *die* Meinung Deutschlands.

IV

Wahrscheinlich gehört es zu den grundlegenden menschlichen Eigenschaften, vom Fehlverhalten seiner Freunde besonders enttäuscht zu sein. Insbesondere dann, wenn man Freunde als makellose Lichtfiguren gesehen hat. Als die meinungsmachenden Deutschen der Nach-Holocaust-Generationen in den Israelis unzulängliche Menschen wie Du und Ich entdeckten, bahnte sich Kritik aus Enttäuschung ihren Weg.

In den deutschen Gewerkschaften war Israel idealisiert worden. Als auch der sozialistische Zionismus die Flecken menschlicher Unzulänglichkeit zeigte, als auch die israelische Armee Besatzerwillkür praktizierte, als Israels Panzer im Libanon die Unversehrtheit ihres Landes offensiv sichern wollten, als jüdische Siedler Boden Judäas und Samarias für sich zu reklamieren begannen, da wandten sich vor allem junge Gewerkschafter ab. Sie hatten sich ein Idol gemalt – es war ihnen auch gemalt worden. Nun sehen sie nichts mehr als ihr Spiegelbild: den häßlichen Menschen. Nur, sie erkennen sich nicht. Sie sehen andere, die Böses tun und sich nicht nach den Geboten von Vernunft und Liebe verhalten. Da sie weder einen neuen Holocaust verursachen noch als Antisemiten gelten wollen, suchen sie Trost und Bestätigung bei Juden, die wie sie Israels Politik verdammen. Die sind nicht schwer zu finden. In der jüdischen Geschichte lebten auch in bedrohlichsten Situationen immer nichtkonforme Meinungen, und kaum ein anderes Volk hat soviel talentierte Köpfe, die einer abweichenden Meinung, geistreich und interessant formuliert, Aufmerksamkeit verschaffen können.

Die Geschichte des jüdischen Volkes ist wie die anderer Völker nicht ohne Irrtümer und Fehlentscheidungen der für das kollektive Schicksal Verantwortlichen verlaufen. Heute fragt sich, ob die Entscheidungen der israelischen Führung vor der Geschichte bestehen werden, die einen neuen Holocaust zwischen Mittelmeer und Jordan verhindern sollen. Ist ein deutscher Gewerkschafter sachlich kompetent und moralisch legitimiert, diese Frage zu beantworten? Richtig und notwendig ist es, Fragen und Zweifel zu formulieren und im Dialog mit Israelis verschiedener Lager und Gruppierungen zu erörtern. Unzulässig scheint mir für Deutsche der Versuch, Israels Juden in dieser ureigenen Kernfrage ihrer politischen und persönlichen Existenz belehren zu wollen. Für ganz und gar abwegig halte ich es, wenn deutsche Gewerkschafter in Deutschland Stimmung machen gegen Israel, mögen sie dabei noch so sehr zwischen einer Kritik an der Regierung und am Volk Israels unterscheiden. In der Existenzfrage sind die Differenzen zwischen Regierung und Opposition in Israel nicht grundlegender Natur. Sie betreffen Taktik und Methode, nicht die Überlebensstrategie des Staates Israel. Darum gilt als Konsequenz aus dem Holocaust für die deutschen Gewerkschaften als Fundament ihrer Nah-Ost-Politik: Keine Lösungen im Palästina-Konflikt ohne Zustimmung Israels.

Bärbel Lachenmair-Tüllmann

Einige Erfahrungen aus dem deutsch-israelischen Jugendaustausch

I. Kurzer Abriß der Geschichte des deutsch-israelischen Jugendaustausches

Bis in die Mitte der 60er Jahre war der deutsch-israelische Jugendaustausch dadurch charakterisiert, daß lediglich deutsche Jugendliche nach Israel reisten, um dort durch persönliche Begegnung um Vertrauen und Verständnis für die neue Nachkriegsgeneration zu werben. Seine Rechtfertigung erhielt er durch den Versuch, eine Versöhnung herbeizuführen mit denjenigen, die unter dem Nationalsozialismus unmenschlich gelitten hatten. Von israelischer Seite gab es zu diesem Zeitpunkt dagegen kaum Gegenbesuche in der Bundesrepublik, begründet durch den 1958 gefaßten und 1962 wiederholten Beschluß der Knesset, keinen offiziellen Delegationen die Reise nach Deutschland zu gestatten. Privatreisenden wurde zudem die Reise nach Deutschland durch die hohen Ausreisesteuern erschwert.
Erst ab etwa 1964 kommt es, zunächst allerdings auf mehr privater Ebene, zu bilateralen Austauschmaßnahmen: Die Organisatoren deutsch-israelischer Begegnungen in Israel reisten nach Deutschland, taten dies aber nicht in ihrer offiziellen Funktion als Leiter von Jugendorganisationen oder kommunalen Einrichtungen, sondern im Rahmen rein privater Reisen. Erst durch den Sechs-Tage-Krieg, der in Deutschland eine Welle von Hilfsangeboten an Israel auslöste, wandelte sich der Austausch zu einem von der israelischen Regierung zumindest geduldeten bilateralen Austausch.
Mit Gründung des »Gemischten Fachausschusses für den deutsch-israelischen Jugendaustausch« im Jahre 1973 wurde schließlich der Jugendaustausch zwischen den beiden Ländern

auf eine für beide Seiten verbindliche Basis von Absprachen gestellt, die ihren Ausdruck in den »Gemeinsamen Bestimmungen für die Durchführung und Förderung des deutsch-israelischen Jugendaustausches« gefunden hat.

Die Ziele, die in diesen gemeinsamen Bestimmungen formuliert wurden, bestehen ganz allgemein in der »Bereitschaft, politische Verantwortung im Leben der menschlichen Gemeinschaft zu entwickeln, eine bessere und vertiefte Kenntnis vom anderen Volk, von seiner politischen und sozialen Lage, seinem Land, seiner Geschichte und seiner Kultur« zu fördern. »Bei dem notwendigen Wissen um die schweren und unauslöschbaren Geschehnisse in der Zeit der nationalsozialistischen Diktatur hat und nutzt die junge Generation beider Länder die Möglichkeit, eine Atmosphäre gegenseitiger Achtung und Freundschaft zwischen den Völkern zu schaffen.« Deshalb sollen in besonderer Weise »gegenseitiges Kennenlernen, Verständigung und gemeinsames Handeln« Ziele des deutsch-israelischen Jugendaustausches sein.

Innerhalb der Jugendgruppen, die seit den Anfängen den deutsch-israelischen Austausch mit getragen haben, nehmen SchülerInnen und StudentInnen eine prominente Stellung ein. Erklärbar ist dies wohl unter anderem dadurch,

1. daß diese Gruppen eher bereit sind, ihre Ferien mit einem Bildungs- und Kulturprogramm zu verbringen, das zunächst einmal aus dem üblichen Rahmen von Erwartungen und Bedürfnissen an Freizeit fällt. Austauschmaßnahmen mit Israel sind inhaltlich weitaus anstrengender als andere. Sie fordern auch nach ihrer Beendigung die politische Auseinandersetzung der Jugendlichen mit belastenden Themen und Sachverhalten ein. Bei jungen Arbeitnehmer/Innen steht die »Regeneration« dagegen verständlicherweise mehr im Vordergrund als bei den oben erwähnten Gruppen;
2. daß in diesen Gruppen die Altersstufe der 16–21jährigen am ehesten in der Lage ist, ihre Ferien flexibel zu gestalten; dies trifft für Auszubildende und junge Berufstätige weniger zu.

Der Jugendaustausch mit Israel war und ist weder leicht noch unbeschwert. Im Vergleich zu anderen Ländern, wie Frankreich und Großbritannien, hat man es dort nicht im »normalen« Rahmen mit Voreingenommenheiten und Vorurteilen gegenüber Andersdenkenden zu tun, sondern der deutsch-israelische Jugendaustausch war und ist immer noch geprägt durch die besonders schwierige historische Beziehung – die »Negativsymbiose« – zwischen Juden und Deutschen.

II. Persönliche Motivation und Zielsetzung

Meine Arbeit als Geschichtslehrerin der zweiten Generation an einem Dachauer Gymnasium hat mich mit dem Problem von SchülerInnen der dritten Generation konfrontiert, das ich das »Dachau-Syndrom« nenne: Die stigmatisierende Gleichsetzung des Namens »Dachau« mit »Konzentrationslager« ist für die Dachauer Schüler zum Dauerstreß geworden und treibt sie in eine permanente Rechtfertigungs- und Verteidigungsposition. So wird von Schüler- zu Schülergeneration darauf hingewiesen, daß es unmöglich sei, im Ausland zuzugeben, daß man aus Dachau stamme. Man werde sonst beschimpft oder »angepöbelt«, die Autos mit Dachauer Kennzeichen würden zerkratzt, und deshalb sei es angenehmer vorzugeben, aus dem nahegelegenen München zu stammen, als zuzugeben, in Dachau zu wohnen oder dort geboren zu sein.

Diese stereotype Argumentation habe ich während meiner langen Tätigkeit an dem Dachauer Gymnasium fast wortwörtlich immer wieder zu hören bekommen. Mit der Zeit kamen mir erhebliche Zweifel an dem Wahrheitsgehalt dieser Aussagen. Es tauchte bei mir der Verdacht auf, daß hier, bewußt oder unbewußt, eine Art Legendenbildung vorgenommen wird, die eine ernsthafte Auseinandersetzung mit dem Nationalsozialismus und einer eventuellen Verstrickung der eigenen Familie darin unmöglich macht.

Meine eigene Konfrontation mit dem Nationalsozialismus als Kind der »Tätergeneration«, die eine Mauer des Vergessens und Verdrängens um sich gebaut und sich mir als Gesprächspartner und Informant verweigert hatte, ebenso wie die oben erwähnten Erfahrungen haben mich dazu gebracht, den Austausch zwischen dem Dachauer Gymnasium und einer High School in Jerusalem mitzuorganisieren und zu begleiten.

Seit über zehn Jahren nun besteht dieser Austausch zwischen den beiden Schulen, und inzwischen hat auch das zweite Dachauer Gymnasium einen Austausch mit zwei Partnerschulen in Beer Sheva installiert.
Aufgrund meiner konkreten Arbeit als Begleiterin und Organisatorin der Dachauer-Jerusalemer Partnerschaft wurde ich beauftragt, eine wissenschaftliche Studie für den Bundesminister für Frauen und Jugend zu erstellen. Sie soll in Form von qualitativen Interviews mit deutschen Jugendlichen die kurz- und langfristigen Wirkungen des deutsch-israelischen Austausches in Jugendbegegnungen untersuchen und bewerten. Diese Studie ist noch nicht abgeschlossen, so daß die Zusammenfassung der Auswertung dieser Interviews, die ich hierbei vornehme, nicht vollständig sein kann, sondern lediglich Trends zusammenfaßt.

III. Charakterisierung der Gruppen

Wenn ich im folgenden Text von »deutschen« Jugendlichen spreche, so sind in der Regel Jugendliche aus den Alten Bundesländern gemeint, die an einer deutsch-israelischen Jugendbegegnung teilgenommen haben. Der Austausch mit Jugendlichen aus den Neuen Bundesländern läuft erst seit Anfang 1992 gezielt an und kann noch nicht in diese Analyse mit aufgenommen werden. Erste Kontakte wurden allerdings bereits im Sommer 1991 auf Einladung des Bundesministers für Frauen und Jugend während eines politischen Programmes des sog. »Sommers der Begegnung« hergestellt, die ich teilweise mitbegleitet habe. Diese Maßnahmen hatten einen völlig anderen Stellenwert als die »normalen« Begegnungen im deutsch-israelischen Jugendaustausch insofern, als sie als eine »Good Will Tour« nach dem Golfkrieg und rechtsradikalen Ausschreitungen in Hoyerswerda vom Bundesministerium geplant waren. Die Ausgangssituation dieser Jugendlichen unterschied sich auch wesentlich von derjenigen aus den Alten Bundesländern dadurch, daß das historische und politische Israelbild der Jugendlichen aus den Neuen Bundesländern stark von der arabisch-palästinensischen Sichtweise geprägt war und noch ist:

– der Holocaust hatte in der offiziellen Geschichtsschreibung der ehemaligen DDR nur einen wenig bedeutenden Raum eingenommen;
– die traditionelle Geschichtsauffassung der DDR vom Nationalsozialismus beinhaltete einen antifaschistischen Ansatz, der im wesentlichen die Verfolgung der Kommunisten und Sozialisten zum Inhalt hatte und die Judenverfolgung mehr oder weniger verschwieg;
– die Juden paßten nicht in das Bild, das die DDR vom antifaschistischen Widerstandskämpfer propagierte, da sie sich nicht »organisiert gewehrt« hatten;
– die Vergangenheitsbewältigung des gerade gescheiterten Sozialismus steht momentan weit stärker im Vordergrund als diejenige des längst vergangenen Nationalsozialismus;
– die von den Jugendleitern – von denen übrigens kein einziger vorher Kontakt zu einem Israeli gehabt hatte, geschweige in Israel gewesen war – vorgegebenen Diskussionsthemen überforderten die ostdeutschen Jugendlichen offensichtlich, da sie dem Standard und Geschichtsbewußtsein der alten Bundesrepublik angepaßt waren. Beispiel hierfür war der Versuch, nach dem Besuch in Buchenwald die Auswirkungen des Holocaust auf das deutsch-israelische Verhältnis zu diskutieren. Dieses Thema beinhaltet einiges an politischem Sprengstoff insofern, als die öffentlich politische Diskussion in den Neuen Bundesländern, Buchenwald als »Gedenkstätte für die Opfer des Holocaust« oder als »Gedenkstätte für die Opfer des Stalinismus« zu definieren, von hoher Brisanz ist und sehr heftig geführt wird;
– die Schwierigkeit der Jugendlichen aus den Neuen Bundesländern kam sehr deutlich zum Ausdruck, sich dem offenen, gewandten und streitgeübten Diskussionsstil der Israelis in den Gesprächsrunden auszusetzen;
– zusätzlich wurde die Verständigung zwischen den beiden Gruppen erschwert, weil die Jugendlichen aus den Neuen Bundesländern noch nicht über ausreichende Englischkenntnisse verfügten. Die Begegnung konnte nur mit Hilfe eines Dolmetschers stattfinden, was die Artikulationsscheu der deutschen Jugendlichen eher verstärkte als minderte.

Inhaltlicher Schwerpunkt der Austauschmaßnahmen mit Jugendlichen aus den Alten Bundesländern war und ist vor allem die Beschäftigung mit dem Holocaust und die Auseinandersetzung mit dem neuen Staat Israel.
Während meines Engagements im deutsch-israelischen Jugendaustausch gab es aber zweimal einen deutlich spürbaren Einbruch auf der Diskussionsebene der Austauschpartner:
Der erste besonders deutliche Einbruch war zu Beginn der Intifada im Dezember 1987 festzustellen. Spätestens dann wurde den deutschen Jugendlichen klar, daß der israelische Staat nicht nur jüdische, sondern auch arabische Staatsbürger hat. In diesem Zusammenhang verlagerte sich die Holocaust-Thematik der früheren Jahre zusehends auf Diskussionen über die »Palästinenserfrage«. Die Zielgruppe der arabischen Jugendlichen wurde plötzlich für die deutschen Jugendlichen besonders interessant.
Der zweite Einbruch geschah während der Ereignisse der Golfkrise und des Golfkrieges. Das Interesse an der »Palästinenserfrage« verlor relativ schnell wieder an Bedeutung durch die Position und das Verhalten Saddam Husseins während dieser Zeit. Die Ablehnung der Person Saddam Husseins übertrug sich auf die arabische Welt als ganzes. Sicherlich hat auch die enthusiastische Unterstützung Saddam Husseins durch die Palästinenser ihr übriges dazu beigetragen, daß das »Palästinenserproblem« wieder aus dem Blickwinkel der deutschen Jugendlichen verschwand. Dennoch blieb der bereits seit geraumer Zeit festzustellende Trend – weg von der Holocaust-Thematik – für die deutschen Jugendlichen weiterhin bestehen. Neue Themen wie Pazifismus, die globale Bedrohung durch atomare oder chemische Waffensysteme, die deutsche Vereinigung, das Aufkommen des Rechtsradikalismus und der Ausländerfeindlichkeit sowie die Zerstörung der Umwelt rückten immer stärker in den Mittelpunkt der Auseinandersetzung mit den israelischen Austauschpartnern.
Mit der Verschiebung des Diskussionsschwerpunktes von der von den deutschen Jugendlichen als eher »historisch« gesehenen Holocaust-Thematik auf mehr »aktuellere und zukunftsorientierte«

Themen hatten die israelischen Jugendlichen Schwierigkeiten. Dies zeigte sich insbesondere während der Zeit kurz nach dem Golfkrieg, als die Wellen der Erregung über die deutsche Beteiligung an Giftgaslieferungen in den Irak noch sehr hoch schlugen. Die meisten deutschen Jugendlichen lehnten die israelische Schuldzuweisung an Deutschland ab. Die für die Israelis traumatische Kombination »Deutsche – Juden – Gas« wurde von den deutschen Jugendlichen, die bereits an einem deutsch-israelischen Austausch teilgenommen hatten, nicht automatisch assoziiert. Der größte Teil dieser Jugendlichen allerdings nahm ganz selbstverständlich während des Golfkrieges brieflichen oder telefonischen Kontakt zu seinen israelischen Austauschpartnern auf. Gegen den Vorwurf eines »blauäugigen und naiven Pazifismus« setzten sie sich vehement zur Wehr. Sie wollten ihre von den Eltern übernommenen pazifistischen Wertvorstellungen als einzig mögliche Konsequenz bzw. Lehre verstanden wissen, die man als Deutscher aus dem Nationalsozialismus hatte ziehen können. Ihrer Meinung nach gebe es ganz allgemein eine historisch begründete Verantwortung Deutschlands, sich besonders um friedliche Konfliktlösungsstrategien zu bemühen, da von Deutschland bereits zweimal ein Weltkrieg ausgegangen sei. Individuell gesehen folge daraus die Verpflichtung für die Jungen, den Kriegsdienst zu verweigern und für die Mädchen, Erziehungs- und Überzeugungsarbeit für ein friedliches Zusammenleben von Völkern zu leisten. Ein nicht unerheblicher Prozentsatz der männlichen Teilnehmer plante in der Tat, Zivildienstleistende zu werden, und äußerte sogar den Wunsch, dies in einem Kibbuz oder einer sozialen Einrichtung in Israel zu tun.

Der Pazifismus der Jugendlichen fand dort seine Grenzen, wo sich die Frage »Nie wieder Krieg« oder »Nie wieder Faschismus« stellte. Bei der Ausschaltung eines Diktators wurde auch von diesen sich als Pazifisten bezeichnenden Jugendlichen ein gewaltsames Vorgehen nicht in Frage gestellt.

In der Auseinandersetzung mit den israelischen Jugendlichen waren die jungen Deutschen immer wieder konfrontiert mit dem jüdisch-israelischen Trauma, nie wieder wehrlos sein zu dürfen.

Die Tatsache, daß sowohl Jungen wie Mädchen zum israelischen

Militär eingezogen werden, war den deutschen Jugendlichen weniger ein Problem. Die gesellschaftliche Ächtung und strafrechtliche Ahndung junger Israelis, die den Kriegsdienst verweigern, sowie der offen gezeigte Stolz israelischer Jugendlicher, ihren Wehrdienst abzuleisten, stießen bei den meisten jungen Deutschen jedoch auf Mißbehagen.

In diesem Zusammenhang läßt sich auch eine immer noch sehr ausgeprägte Scheu der jungen Deutschen, sich offen positiv oder gar stolz über ihren eigenen Staat zu äußern, feststellen. Wohl werden dessen Leistungen, vor allem auf wirtschaftlicher Ebene, hervorgehoben, aber der Großteil der Jugendlichen kann mit Begriffen wie »Nation« oder »Volk« nur sehr wenig anfangen. Es fällt ihnen ebenfalls schwer, sich mit dem Zuwachs an »neuen« Deutschen durch die Wiedervereinigung abzufinden. Das vereinte und vergrößerte Deutschland bereitet ihnen eher Unbehagen, und sie können die von den Israelis häufig geäußerten Ängste hinsichtlich eines neuen »Großdeutschlands« gut verstehen. Hier wird von ihnen auch das Problem des Rechtsradikalismus und Neonazismus gesehen, allerdings weniger als Gefahr für den Anfang eines neuen Antisemitismus, sondern vielmehr als eine Bedrohung für Ausländer und Asylanten.

Ihre Verantwortung als Deutsche, geboren aus der historischen Verpflichtung gegenüber der jüngsten Vergangenheit, insbesondere gegenüber den Juden, sehen sie in der aktiven Aufklärungsarbeit gegen neonazistisches Gedankengut.

Der deutsch-israelische Jugendaustausch wird von den meisten deutschen Jugendlichen als Schutz gegen eine Verführung durch rechtsradikales Gedankengut begriffen: Das persönliche Zusammentreffen und die Gespräche mit KZ-Überlebenden und Zeitzeugen wie auch das emotionale Nachwirken des Holocaust bis in die dritte Generation der israelischen Gesellschaft bleiben ihnen nachhaltig in Erinnerung. So verstehen sie sich als Multiplikatoren, die dafür arbeiten müssen, die Erinnerung an die Shoah – schon allein um ihrer Freunde willen, die sie in Israel gefunden haben – wachzuhalten. Ähnlichen Erscheinungen wie dem Nationalsozialismus wollen sie schon im Ansatz den Boden entziehen, da sie sich keinesfalls wiederholen dürften.

Eine weitergehende konkrete Verpflichtung Deutschlands gegenüber dem israelischen Staat wird von den meisten deutschen Jugendlichen jedoch abgelehnt. Immer wieder wird von ihnen betont, Israel solle keine weiteren Geldzahlungen von der Bundesrepublik erhalten, da die israelische Regierung dies Geld ohnehin nur für Waffenkäufe verwende. Dies sei mit ihrem Verständnis vom Aufbau einer friedlichen Welt nicht vereinbar.
Alle Jugendlichen empfinden zwar – wenn sie in KZ-Gedenkstätten mit dem dunkelsten Kapitel ihrer Geschichte konfrontiert werden oder in Israel auf Überlebende des Holocaust treffen – sofort starke Schuldgefühle, wollen aber nicht für diese Taten verantwortlich gemacht werden. Sie betonen mit Nachdruck ihre »persönliche juristische Unschuld« und geraten in automatische Abwehr- oder Verteidigungsposition gegenüber ihren israelischen Gastgebern. Dies kann man vor allem an der Art der Argumente sehen, mit denen sie teilweise versuchen, den Holocaust zu relativieren und sich selber zu »entschulden«: So wird z. B. die menschenrechtsverletzende Politik der israelischen Regierung gegenüber den Arabern als Vergleich herangezogen.
Trotz ihrer Kritik an der offiziellen araberfeindlichen israelischen Politik hat sich aber besonders nach dem Golfkrieg die Einstellung der Jugendlichen gegenüber Israel sehr stark ins Positive verkehrt: Als einzigem westlich orientierten demokratischen Staat im Nahen Osten wird von Israel eine höhere Friedens- und Verhandlungsbereitschaft erwartet als von einem arabischen Staat. Diese Erwartung wird gespeist durch die hohe Wertschätzung der westlichen Kultur, Gesellschaft und Politik, die dem arabischen Kulturkreis als deutlich überlegen definiert wird. Der immer weiter um sich greifende religiöse Fanatismus, die Frauenfeindlichkeit, die fast mittelalterlich anmutenden Feudalstrukturen und die inhumane Strafjustiz der arabischen Nachbarländer Israels erscheinen den Jugendlichen als besonders irrational, kritikwürdig und bedrohlich.
Dieser »Anti-Arabismus« tritt verstärkt direkt nach dem Aufenthalt in Israel auf, während dem die jungen Deutschen in der Regel – spätestens mit Beginn der Intifada – keinerlei Kontakt zu Arabern bekommen haben. Verstärkt wird diese araberfeindliche

Sichtweise durch den teils sehr schroffen und emotional aufgeheizten Diskussionsstil der israelischen Jugendlichen, wenn von deutscher Seite das Palästinenserproblem angesprochen wird. Hier wird den deutschen Jugendlichen gelegentlich das Recht aufs Mitreden abgesprochen, weil ihnen fundierte Kenntnisse der politischen Situation wie auch der »arabischen Mentalität« abgehe.

Auffallend ist, daß nach dem Austausch die deutschen Jugendlichen, was ihre pazifistischen Ziel- und Wertvorstellungen angeht, sehr verunsichert sind. Dem Wunsch, in friedlicher europäischer Koexistenz leben zu können, steht die Auseinandersetzung mit dem israelischen Trauma der Wehrlosigkeit diametral gegenüber. Das eigene Bekenntnis zur Friedfertigkeit, zur Individualethik der »Feigheit« in Form von Kriegsdienstverweigerung kollidieren schmerzhaft mit der Staatsethik des »Heldentums« der israelischen Jugendlichen. Dennoch ist die Haltung der deutschen Jugendlichen gegenüber Israel von sehr viel Verständnis gekennzeichnet: Die zunächst kritisierte ständige Präsenz des israelischen Militärs oder der bewaffneten Guards macht ihnen die ständige Bedrohung Israels durch arabische Terroranschläge bewußt und gibt ihnen eher ein Gefühl der Sicherheit, als daß sie sich in ihrer Bewegungsfreiheit eingeschränkt fühlen. Dies wurde von deutschen Jugendlichen, die noch vor Beginn der Intifada nach Israel gereist waren, eindeutig als Bedrohung empfunden.

Die von den jungen Deutschen häufig thematisierte Umweltproblematik wird von den jungen Israelis ebenso wie der oben bereits angesprochene Pazifismus als »Luxusproblem« empfunden und kaum ernst genommen. Deshalb wurde auch nicht die Angst der jungen Deutschen über die Umweltverschmutzung durch die von der irakischen Armee in Brand geschossenen Ölquellen in Kuwait verstanden. In diesem Punkt gab es keine Annäherung zwischen den beiden Gruppen. Die gewaltsamen Auswirkungen der Intifada auf das tägliche Leben in Israel sowie die irakischen Raketenangriffe auf israelisches Gebiet während des Golfkrieges verhinderten eine so weitgedachte Zukunftsperspektive bei den jungen Israelis.

Fazit

Nach diesen Ausführungen mag zunächst der Eindruck entstehen, daß der deutsch-israelische Jugendaustausch kein »Miteinander«, sondern eher ein »Gegeneinander« schafft. Die Themen scheinen zu kontrovers, der Diskussionsstil fast zu aggressiv und empfindlich. Demgegenüber aber steht die auffällig lange und starke Bindung der Austauschpartner aneinander, teilweise über Jahre hinweg. Die Beziehungen zu den Austauschpartnern und deren Familien werden gerade von den deutschen Jugendlichen als sehr emotional und intensiv empfunden. Die herzliche Gastfreundschaft der Israelis, ihr starkes Zusammengehörigkeitsgefühl, ihre Gesprächs- und Diskussionsbereitschaft auch für schwierige Themen, ihre Jugendkultur, die stark gruppenzentriert und nicht so individuell wie in Deutschland organisiert ist, faszinieren die jungen Deutschen außerordentlich stark.

Meiner Erfahrung nach sind gerade die unter »normalen« Umständen als belastend empfundenen Gegensätze oder unterschiedliche Wertvorstellungen im deutsch-israelischen Jugendaustausch sehr positiv zu bewerten und haben einen hohen Stellenwert:

– »Normalität« der Beziehungen zwischen den beiden Gruppen kann und sollte auch nicht das Ziel des Austausches sein. Wieviel Gemeinsamkeiten die Jugendlichen auch in der jeweiligen Jugendkultur entdecken, so sind doch die entscheidenden Unterschiede der Lebensumstände nicht auflösbar. Gegensätzlichkeiten sollte man nicht einebnen, sondern sie sollten ausgehalten und akzeptiert werden.

– Gerade die Andersartigkeit ist faszinierend und wirkt bei den Jugendlichen noch lange nach. Die Konfrontation mit ihr kann als Chance für eine offene und ehrliche Auseinandersetzung angenommen werden.

– Eine weitere Chance besteht darin, daß die Instrumentalisierung »heißer« Themen durch gegenseitige Akzeptanz vermieden werden kann: Kollektive Schuldzuweisung für die Shoah bis in die dritte Generation, deutsches Verschulden im Golfkrieg durch die Giftgaslieferung deutscher Firmen an den Irak oder israelische Schuld in der Handhabung des »Palästinenserproblems« zur Entlastung und Entlassung aus der Eigenverantwortung werden dann nicht zur eigenen moralischen Aufwertung mißbraucht. »Schuldgefühle blockieren und verhindern, aktiv zu werden, und verletzen die Fähigkeit, sich mit der Realität auseinanderzusetzen«, so die Aussage einer jungen Israelin während einer Diskussion in Dresden.

– Es geht nicht um die »Bereinigung« oder Lösung von Problemen, sondern um das Eingeständnis des eigenen Dilemmas und der Ratlosigkeit dabei: Der deutsch-israelische Dialog ist vorrangig ein deutsch-jüdischer, der durch die gemeinsame »Negativsymbiose« geprägt ist.

– Die positive Wirkung dieses Austausches besteht gerade im Annehmen dieser besonderen gemeinsamen Geschichte: er führt zur Wahrnehmung und intensiven Auseinandersetzung mit der von den Deutschen als besonders schwierig empfundenen Situation Israels und erzeugt dadurch einen starken Solidarisierungseffekt für dieses Land und seine Bewohner. Der deutsch-israelische Jugendaustausch wird damit zu einer Begegnung, die »gegenseitige Verständigung und gemeinsames politisches Handeln« beinhaltet.

Geert Platner

Lernfeld Jugendaustausch – das Beispiel Kassel

Als der Bundespräsident Richard von Weizsäcker am 8. Oktober 1985 zu seinem ersten Staatsbesuch nach Israel reiste, war in seiner Begleitung ein jugendlicher Ehrengast, der Schüler Christian Klobuczynski. Er war stellvertretend für die Arbeitsgemeinschaft der Gerhart-Hauptmann-Schüler aus Kassel eingeladen worden, um deren Bemühungen für eine Verbesserung der deutsch-israelischen Beziehungen zu würdigen. Die Kasseler Schüler hatten 1983 ein Buch mit dem Titel »Schule im 3. Reich« veröffentlicht – in enger Zusammenarbeit mit 17 israelischen Bürgern, die über ihre Schulerlebnisse im faschistischen Deutschland berichteten. Diese bis dahin einmalige Kooperation hatte vor allem Inge Deutschkron ermöglicht, die durch einen großen Artikel in »Ma'ariv« für die Verbreitung des Aufrufs der jungen Deutschen sorgte. Im Herbst 1984 konnten die Hauptmann-Schüler dann auch ihre »Mitarbeiter« persönlich kennenlernen; zwei der Autoren – Eva und George Basnizki – organisierten eine 14tägige Israel-Fahrt, die für die jungen Herausgeber des inzwischen weit verbreiteten Buches zum Höhepunkt ihrer Arbeit wurde. Eine ganz besondere Ehre war die Einladung nach Yad Vashem, wo der deutsche Lehrer Wilhelm Hammann zum »Gerechten unter den Völkern« erklärt wurde. Hammann hatte im Konzentrationslager Buchenwald 158 jüdischen Kindern das Leben gerettet; die Kasseler Schüler erfuhren bei den Vorarbeiten zu ihrem Buch von dieser fast unglaublichen Heldentat und verfolgten in einem beispiellosen Projekt die Spuren Wilhelm Hammanns. Es gelang, Augenzeugen in den USA, Ungarn, Israel und Österreich zu finden. Nach strenger Prüfung der Aussagen durch Yad Vashem wurde dann im Beisein der Schüler ein Baum für den (leider schon lange verstorbenen) Lehrer aus Groß-Gerau gepflanzt.
Nach Einschätzung nicht nur des Bundespräsidialamtes hatten die Kasseler Realschüler mit ihren Aktionen ein neues Kapitel des

Jugendaustausches zwischen Deutschland und Israel eröffnet: direkte Beziehungen zu israelischen Bürgern durch intensive Auseinandersetzungen mit der eigenen Geschichte. Die Jugendlichen waren nicht in die (für sie zufälligen) Kontakte bestimmter Gemeinden, Vereine oder Schulen eingebunden worden, sondern entwickelten selbst aus ihrer Arbeit heraus den Wunsch und die Voraussetzungen für eine intensive Begegnung mit »Land und Leuten«.

So verwundert es nicht, daß das Projekt unserer Kasseler Jugendlichen mit dem ersten Israel-Besuch nicht beendet war. Die Gespräche mit Journalisten, Politikern und Schriftstellern (wie z. B. Inge Deutschkron, Nathan Jessen, Teddy Kollek, Schalom Ben-Chorin oder Henryk Broder) hatten unterschiedliche Perspektiven eröffnet, aber auch die gemeinsame Sorge um die Existenz dieses Staates in einer feindlichen Umwelt.

Zurück in Deutschland begannen die Kasseler ein neues Projekt: einen weit verbreiteten Aufruf an alle prominenten Politiker, jeden Waffenexport in die Länder abzulehnen, die das Existenzrecht Israels nicht anerkennen. Dieses wahrhaft vorausschauende Engagement führte zu einer persönlichen Einladung des israelischen Staatspräsidenten Chaim Herzog, der die inzwischen erweiterte Gruppe in den Osterferien 1986 folgte.

Ein weiterer, für viele sicherlich überraschender Aspekt des Jugendaustausches war eröffnet: durch die direkte Begegnung junger Menschen aus beiden Ländern war eine Sensibilität und Einsicht entstanden, die manchem »erwachsenen« Politiker fehlt. Wenn wir den weiteren Weg dieser Jugendgruppe verfolgen, bleibt dabei natürlich im Bewußtsein, daß es sich in der Geschichte des deutsch-israelischen Jugendaustausches um eine bemerkenswerte Ausnahme handelt, vor allem im Blick auf die Ausdauer und unbeirrbare Solidarität der Kasseler Schüler. Dennoch kann an diesem Beispiel aufgezeigt werden, welches Spektrum an Einsichts- und Handlungsmöglichkeiten durch gut vorbereitete und unkonventionell unterstützte Begegnungsreisen aufgezeigt und erschlossen wird. Das jahrelange Projekt der Hauptmann-Schüler muß nicht unbedingt einen Anreiz zur direkten Nachahmung bilden, aber es zeigt, wie Jugendliche (die durchaus nicht aus einer elitären Bildungsanstalt kamen) reagieren, wenn ihre eigene Kompetenz und Motivation in den Mittelpunkt der Begegnungen und Kontakte gestellt wird. Es wird auch deutlich, daß ein großes Potential verlorengeht, wenn sich der Schüleraustausch nur im gymnasialen Bereich bewegt. Hier gilt es, einen Weg zu finden, Haupt- und Realschüler im Rahmen von Freizeit- und Ferienmaßnahmen zu fördern. Nach unseren Erfahrungen ist eine Klassenfahrt im herkömmlichen Sinn ohnehin nur sehr bedingt zu empfehlen. Die sehr unterschiedliche Sensibilität und Motivationsstruktur bei Gruppen, deren Zusammensetzung in erster Linie organisatorisch bestimmt wird (Klasse, Vereins- oder Verbandsgruppe etc.), bringen Probleme mit sich, die den Zugang zu dem wirklichen Potential des Jugendaustausches erschweren.

Ein untauglicher Versuch, solchen Schwierigkeiten aus dem Weg zu gehen, ist die Schwerpunktsetzung im touristischen Bereich, die eher zur Entfremdung als zum Verständnis beiträgt. Gemeinsames Lernen und Handeln im sportlichen, musischen, wissenschaftlichen, politischen oder sogar publizistischen Bereich (wie bei unserem Beispiel der Kasseler Schülergruppe) ermöglicht weiterführende Kontakte, die ein dichtes Netzwerk ergeben können. Wer diese Fäden erstmals aufnimmt, braucht Hilfen zur Orientierung, d. h., die Ergebnisse eines breiten Erfahrungsaustausches müssen für alle Gruppen zugänglich sein, die eine Begegnung planen. Mit der Beschreibung unseres Projekts hoffen wir, eine Sammlung von Denkanstößen und konkreten Hinweisen anzuregen.

Die nachhaltigen und erlebnisreichen Eindrücke der Begegnungsfahrten hielten die Kasseler Gruppe auch nach der Schulentlassung zusammen. Die Teilnahme am ersten Staatsbesuch in Israel führte dann auch zu einer lebendigen Auseinandersetzung mit der Weizsäcker-Rede zum 8. Mai 1985. Die dritte, aktualisierte Auflage des Buches »Schule im 3. Reich – Erziehung zum Tod« war Anlaß zur Gründung der deutschen »Peace-Boat-Bewegung«, der damit veröffentlichte Aufruf orientierte sich an der Weizsäcker-Rede:

> »Das Geheimnis der Versöhnung heißt Erinnerung. Wer sich der Unmenschlichkeit nicht erinnern will, der wird wieder an-

fällig für neue Ansteckungsgefahren ... die Erinnerung wachzuhalten geschieht auch für den Frieden im eigenen Land, denn die Verdrängung der Vergangenheit prägt nicht nur die unmittelbar Beteiligten, sondern auch die nachfolgenden Generationen, die diese unverarbeiteten Denkformen und Verhaltensweisen unbewußt nachahmend erworben haben.«

Die jährlichen Reisen auf alten Segelschiffen sollen durch das gemeinsame Bordleben intensivere Kontakte herstellen, die sonst bei internationalen Begegnungen in dieser Form gar nicht möglich sind:

»Gegen Projektionen und Vermeidungshaltungen wollen wir persönliche Verbindungen und Erfahrungen setzen. Für diese schwierige Aufgabe haben wir bewußt den Rahmen einer Schiffsreise gewählt, die durch Ruhe und Gemeinsamkeit bestimmt wird. Erinnerung ist ein Mahnmal des Denkens und Fühlens in unserem eigenen Inneren.«

Die ersten beiden Segeltouren gingen 1988 und 1989 nach Stettin und Danzig; junge Deutsche, Polen und Japaner kamen sich bei den gemeinsamen Segelmanövern, der Selbstversorgung und den zahlreichen Gesprächen sehr schnell näher. 1991 begann die Fahrt dann mit einer künstlerischen Aktion zum 50. Jahrestag des Überfalls auf die Sowjetunion; diesmal beteiligten sich englische, französische, holländische und sowjetische Jugendliche.

Inzwischen existiert die Gerhart-Hauptmann-Schule nicht mehr (in einem Schulverbund aufgelöst), aber die ehemaligen Schüler konnten ihre Erfahrungen an andere Jugendliche weitergeben, und auf jeder Fahrt waren auch Vertreter der alten Schule anwesend. Mit ihrer Unterstützung konnte nun für 1992 ein Jugendaustausch mit Israel geplant werden, der durchaus Modell-Charakter gewinnen könnte:

1. Die Austausch-Planung steht unter einer langfristigen Perspektive; die beiden Fahrten im Jahr 1992 sind der Beginn der Jugendbeziehungen im Rahmen der Städtepartnerschaft zwischen Kassel und Ramat Gan.

2. Die Teilnehmer haben sich sehr gründlich vorbereitet; neben drei Mitarbeitern der Peace-Boat-Bewegung sind sonst alle Preisträger des Anne-Frank-Wettbewerbs 1991. Vom Beispiel Anne

Franks ausgehend haben sie die Verfolgung und Ermordung jüdischer Kinder, die gesetzlich abgesicherten Verbrechen des deutschen Staates, das europaweite Netz der Vernichtungslager und auch den »großen Frieden mit den Tätern« in der Nachkriegszeit recherchiert. Die Ergebnisse dieser Arbeit wurden in ganz unterschiedlichen Textsorten dargestellt: Gedichte, Briefe, Tagebücher, Interviews, Fotodokumentationen, ja sogar eine fiktive Gerichtsverhandlung und der Roman eines jüdischen Mädchens »Als die Sonne starb« – geschrieben von einem 15jährigen Mädchen auf 354 Seiten in neun Schulheften!
Alle Preisträger haben an einer dreitägigen Studienfahrt nach Amsterdam teilgenommen, die Gelegenheit zur Seminararbeit im Anne-Frank-Haus und im Museum des Widerstands bot. Auch der Kontakt mit jüdischen Widerstandskämpfern und eine Stadtführung der »aktiven Erinnerung« waren wertvolle Erfahrungen, die *direkt* zur Motivation für eine Israel-Fahrt führten.
3. Auf dem Hintergrund einer intensiven Vorbereitung können bereits vorher gemeinsame Aktivitäten im Gastgeberland geplant werden; in diesem Fall werden die Kasseler Jugendlichen Material für eine Ausstellung in Ramat Gan mitnehmen: »Auf den Spuren Anne Franks«. Ein grundlegender Text aus dem Wettbewerb (»Das Geschichtsbuch für Kinder«) wird vorher ins Hebräische übersetzt und kann dann in Ramat Gan für die Schulen kopiert werden. Wenn die Bildtafeln der Ausstellung präsentiert werden, ist ein guter Anknüpfungspunkt für Gespräche und weiterführende Pläne gegeben, denn die Ausstellung soll kein abgeschlossenes Produkt, sondern ein Projekt sein, das gemeinsam mit den israelischen Jugendlichen weiterentwickelt wird.
4. In Ramat Gan sind die deutschen Gäste in Familien untergebracht und werden dadurch nicht nur viele Gesprächsanlässe vorfinden, sondern auch schon einige Mitglieder der Delegation kennenlernen, die zum Gegenbesuch nach Deutschland kommt.
5. Der 14tägige Aufenthalt in Deutschland wird dann mit einer »Peace-Boat-Fahrt« beginnen. Zwei Segel-Oldtimer bringen die deutsch-israelische Crew zu den westfriesischen Inseln und danach nach Amsterdam. Bordleben und Segelmanöver werden noch genug Zeit lassen, um gemeinsam in einer englischen Aus-

gabe des Tagebuchs der Anne Frank zu lesen und die Gespräche aus Israel fortzusetzen. Das bewährte Peace-Boat-Team kann die jungen Segler bei der internationalen Küche und dem Einüben gemeinsamer Lieder am Abend unterstützen. Die jüngeren Kasseler Schüler wiederum bringen ihre Erfahrungen mit der Amsterdamer Stadtführung ein.

Die zweite Programmwoche in Kassel bietet Gelegenheit, das Thema »Anne Frank und andere« noch zu vertiefen – auch auf den Spuren der jüdischen Kinder, die von Wilhelm Hammann (s. o.) gerettet wurden. Unterstützt werden wir dabei von den jungen Forschern der ehemaligen Gerhart-Hauptmann-Schule und dem Leiter der Gedenkstätte Buchenwald.

6. Wir halten es für richtig, auch aktuelle politische Konflikte in das Lernfeld Jugendaustausch mit einzubeziehen – in den Gesprächen der jungen Leute werden sie ohnehin immer wieder auftauchen.

Die o.a. Aktivitäten der Hauptmann-Schüler zielten ja schon vor sieben Jahren auf eine Verschärfung der Vorschriften für den Rüstungsexport, und nun hat dieses Thema in Ramat Gan eine tragische Aktualität gewonnen: die Scud-B-Raketen, die hier mitten in Wohngebiete einschlugen, hätten ohne deutsche Technologie niemals diese Reichweite gehabt. UN-Inspekteure fanden in den irakischen Raketendepots »überall Teile made in Germany, auf manchen prangte sogar der TÜV-Stempel. Die ganze Breite deutscher Spitzentechnik wurde aufgeboten, um die alte sowjetische Scud-B aufzumöbeln. Ihre Reichweite wurde so auf 600 Kilometer verdoppelt. Die Palette der Hersteller reicht von mittelständischen Betrieben wie Polyma in Kassel (!) bis hin zu den Konzernen Siemens und Klöckner« (SPIEGEL 47/91, S. 41 ff.).

Bei dieser Problematik, bei der die Jugendlichen beider Länder (und Städte!) direkt betroffen sind, wird deutlich, daß die bloßen Lippenbekenntnisse zur Versöhnung keine tragfähige Basis für den Jugendaustausch sind. Die falsche Sentimentalität der »Sonntagsreden« wirkt fatal ernüchternd, wenn die Realität von Verdrängung und Heuchelei bestimmt wird. Das Lernfeld Jugendaustausch bietet dagegen die Chance, sich klar und unmißverständlich mit den Problemen auseinanderzusetzen, die das

Verhältnis zwischen Deutschland und Israel belasten. Jüngste Meinungsumfragen in beiden Ländern zeigen, daß es massive Vorbehalte gibt. Diese könnten auch mit Hilfe des Jugendaustausches abgebaut werden, wenn er sich der politischen Realität nicht verschließt.

Am Beispiel ganz konkreter Erfahrungen und Projekte haben wir hier ein Modell des Jugendaustausches vorgestellt, das vielleicht wertvolle Denkanstöße liefern kann; zum Abschluß noch einmal die wichtigsten Vorschläge und Anregungen:

– In der Vorbereitungsphase ist die Motivation und Qualifikation jedes einzelnen Teilnehmers wichtig; im Idealfall erwächst das Bedürfnis nach Kontakten und Begegnungen in Israel aus einem bestimmten Projekt.

– Eine Erweiterung des bisher üblichen Teilnehmerkreises ist möglich, wenn die Fahrten als Ferien- oder Freizeitmaßnahme z. B. an Jugendämter oder die Jugendpflege angebunden werden – dann gibt es auch nicht die erheblichen rechtlichen Einschränkungen für Schulfahrten.

– Die Programmgestaltung in den jeweiligen Gastländern sollte weniger touristisch und konsumorientiert sein, sondern Anknüpfungspunkte bei gemeinsamen Interessen und Handlungsmöglichkeiten suchen. Das kann die Planung und Durchführung von sportlichen, musischen, wissenschaftlichen, historischen oder politischen Veranstaltungen sein – ebenso wie Baumpflanzungen, künstlerische Aktionen oder Ausstellungen. Intensive Kontaktmöglichkeiten bieten eben auch Unternehmungen, deren äußere Bedingungen zu festem Zusammenhalt der Gruppe führen, sei es durch Selbstversorgung, Segelmanöver oder andere Organisationsaufgaben, die nur im Team gelöst werden können (das ist bei einer »Safari« mit Zelten und Schlafsäcken ebenso möglich wie bei unseren Segeltouren).

– Auch durch seine langfristigen Perspektiven unterscheidet sich der Jugendaustausch vom Tourismus: Das Netzwerk menschlicher Beziehungen muß auf Dauer geknüpft werden, um Frieden und Völkerverständigung wirklich tragen zu können.

– Die Unterstützung des Jugendaustausches durch die Medien und mehr oder weniger prominente Persönlichkeiten darf auch nicht aufhören, wenn die jungen Leute unbequem werden, weil sie aktuellen politischen Problemen nicht aus dem Weg gehen. Das Lernfeld Jugendaustausch wird zur gesellschaftlichen *und* persönlichen Bereicherung, wenn wir dem Aufruf Ralph Giordanos folgen, den er 1983 an die Gerhart-Hauptmann-Schüler in Kassel richtete: »Erhalten Sie sich Ihr besseres, Ihr jugendliches Ich, und zwar über die Jugend hinaus!«

Anmerkung

Alle Zitate aus: »Schule im 3. Reich – Erziehung zum Tod«, 3. Auflage, Köln 1988, S. 353

Fridegart Maschke

Freiwillige arbeiten und lernen in Israel

Das Spektrum der Dienste in unserer Zeit ist weit verzweigt. Von »Dienste in Übersee« bis zu den verschiedensten Dienstgemeinschaften reicht die Palette. Als wir 1975 die Arbeit für und in Israel als Evangelisch-Freikirchliches Sozialwerk Hannover e. V. begannen, wußten wir, daß es kein Dienst wie andere Dienste sein wird. Israel hat von Gott her einen besonderen Stellenwert in der Völkergemeinschaft, ob wir das nun akzeptieren oder nicht. Hinzu kommt, daß wir uns als Christen aus Deutschland zu dem dunkelsten Punkt der jüngsten Vergangenheit unseres Volkes stellen müssen, der »Endlösung der Judenfrage«. 50 Jahre danach ist noch keine Zeitspanne für eine wirksame Aufarbeitung der Geschichte. Die Wannseekonferenz fand am 20. Januar 1942 statt.

Die Aufgabenstellung »Dienste in Israel« wurde 1978 von unserem Ev.-freikl. Gemeindebund dem Sozialwerk Hannover übertragen, da hier seit dem Gründungsjahr 1975 der Bildungsstätte Kirchröder Turm in Hannover besondere Kontakte zum Jugendorchester aus Jerusalem und anderen israelischen Gruppen bestanden. Die Gespräche mit ihren Leitern – für sie alle war Deutschland das Land ihrer Kindheit und Jugendzeit – hinterließen bei uns Spuren mit Langzeitwirkung. Ausgesprochen und unausgesprochen standen auf beiden Seiten die Sätze im Raum: »Wie konnte das nur geschehen? Wenn wir euch jetzt erleben, wird alles noch unbegreiflicher!« Wir blieben aber nicht bei Betroffenheit und Beteuerungen stehen, sondern haben die deutliche Aufforderung Gottes »Tröstet, tröstet mein Volk!« besser verstanden. Doch wie kann das Erkannte zur Tat werden?

Bald wurde es uns klar, daß wir, die wir den Nationalsozialismus als Jugendliche oder junge Erwachsene erlebt hatten, eine besondere Aufgabe der jungen Generation in unseren Gemeinden gegenüber haben. Genug junge Menschen waren es leid, immer wieder von schlimmen Geschehnissen, an denen sie doch nicht beteiligt waren, zu hören. Leider hat ihnen auch die biblische Begleitung in den Gemeinden nur selten den Blick für unsere gemeinsame Wurzel geöffnet. Für viele war und ist der Holocaust – die »Endlösung der Judenfrage« – ein grausames menschliches Versagen. Theologische Fehlinterpretation oder die Ignorierung eindeutiger biblischer Aussagen hatten immer noch ihren wirkungsvollen Platz. So begegneten jüdische Menschen in Israel nur zu oft jungen Menschen aus der Bundesrepublik Deutschland mit großen geschichtlichen und geistlichen Defiziten. Das tat uns weh! An dieser Stelle erkannten wir unseren Auftrag, zunächst noch zaghaft, aber sehr bald konkret und faßbar. Gemeinsam arbeiten, das war schon immer die Möglichkeit, einander näher zu kommen. Als Volontär, d. h. als freiwilliger Helfer können junge Erwachsene im Alter von 18–26 Jahren in israelischen Sozialeinrichtungen oder Kibbuzzim für mindestens drei Monate und länger arbeiten. Auch praktizieren wir seit 14 Jahren mit jungen Christen aus verschiedenen Gemeinden jährlich einen vierwöchigen Kibbuz-Arbeitseinsatz.

Jungen Christen, aus allen Kirchen, die bewußt Jesus nachfolgen und an einem christlich-jüdischen Dialog interessiert sind, bieten wir eine Betreuung in Israel durch unsere Mitarbeiter in Jerusalem an.

Das Ziel unserer Volontärsarbeit ist:

Jungen Christen Mut zu machen, Israel »ins Auge zu fassen«;

Brücken des Vertrauens zu bauen zwischen Christen und Juden, d. h. Abbau von Vorurteilen;

durch praktischen Einsatz persönliche Begegnungen zu erleben;

den geschichtlichen Zusammenhang von Holocaust und Golfkrieg – zweimal Gas aus Deutschland – aufzuzeigen;

Versöhnung zu stiften zwischen Israelis und Deutschen;

die jüdischen Wurzeln unseres christlichen Glaubens anzunehmen;

das jüdische Glaubensleben kennenzulernen und den latenten Antijudaismus zu erkennen;

Einsichten für die fortdauernde Existenz des jüdischen Volkes und seine Heimkehr in das Land der Verheißung zu schaffen;

die Herausforderung auf allen Ebenen des Lebens in Israel zu bejahen.

Für nicht wenige Volontäre ist diese außergewöhnliche Zeit eine Zeit der geistlichen Neuorientierung geworden. Unter Umständen wurden auch berufliche Perspektiven aufgezeigt, und die heute vielfach zum Problem gewordene »Sinnfrage« fand eine Antwort. Wir hörten Sätze wie: »Für mich hat das Alte Testament eine völlig neue Bedeutung bekommen« oder »Israel hat mich geprägt wie keine andere Zeit in meinem Leben« oder »Trotz körperlich anstrengender Arbeit bin ich nicht kaputt« oder »In meiner persönlichen Beziehung zu Gott habe ich hier unter den Jugendlichen sehr viel gelernt«. Von dem Segen, den Gott denen verheißen hat, die sein Volk segnen, wird hier etwas deutlich. Nun könnte man fast annehmen, Israel ist der Ort, wo sich Frustrationen, Zukunftsfragen, geistliche Lauheit und persönliche Probleme fast von selbst lösen. Dieses kann alles aber eher noch wachsen, wenn nicht ganz bestimmte elementare Voraussetzungen bei dem einzelnen vorhanden sind. Ein entscheidender Satz aus unserer Information lautet: »Das Ganze ist eine nicht bezahlbare Erfahrung für junge Christen, die sich bedingungslos mit Geist, Leib und Seele Gott und seinem Volk zur Verfügung stellen möchten. Und wer seine gewohnten Tagesabläufe und Bedürfnisse zu Gunsten neuer Erfahrungen mit Gott und Menschen austauschen möchte, ist hier am rechten Platz.« Es muß also eine persönliche Glaubenspraxis vorhanden sein, um mit uns als Brückenbauer Versöhnungsarbeit tun zu können.

Die oft zitierte Treue im Kleinen ist hier gefragt und fast immer das Einstiegstor für echte und dauerhafte Beziehungen. Jüdische Menschen, die seit über vierzig Jahren kein deutsches Wort mehr gesprochen haben, werden in ihren letzten Lebensmonaten von einem jungen Deutschen liebevoll gepflegt, und dann springt plötzlich der Ring des Schweigens, der die Vergangenheit in der Tiefe zusammengepreßt hat: »Kannst du singen? Sing' uns doch das Lied ›Der Mond ist aufgegangen‹!« Oder bei einer Einladung zum Tee erfährt ein Volontär, daß sein Gastgeber mit achtzehn Jahren zusehen mußte, wie die eigene Familie zu Tode geschlagen wurde. Durch diese Begegnung ist für diesen jungen Deutschen der »Holocaust« nicht mehr ein fernes geschichtliches Ereignis. Seit sechs Jahren besuchen uns für zwei Wochen die Schüler der jeweiligen Abschlußklasse des Kibbuz Mefalsim. Nach der ersten Freude über neue und interessante Begegnungen wurden tiefere Fragen gestellt. »Wo wart Ihr eigentlich in der Zeit des Holocaust? Habt Ihr als Baptisten erst nach der Hitlerzeit die Thora gelesen? Ihr sagt doch, daß wir und Ihr Gottes Volk sind; mußtet Ihr euch auch verstecken?« Es ist nicht leicht, die schwierige Zeit des sogenannten Dritten Reiches unseren israelischen Gesprächspartnern glaubhaft zu erklären. Manchmal bleibt die einzige Antwort, sich mitbetroffen zur Schuld zu stellen.

Brückenbauen durch Versöhnungsarbeit

Eigentlich sollte es nur ein »Raus aus dem normalen Alltag« werden, weg von zu Hause, ein anderes Land und Leute kennenlernen, etwas anderes machen zwischen Schule und Studium. Daß daraus eine tiefe und feste Beziehung zu einem Land und den dort lebenden Menschen werden sollte, konnte ich damals noch nicht ahnen.

Alles begann vor etwa zwölf Jahren, nach dem Abitur. Ich wollte vor dem Studium ein »soziales Jahr« in Israel machen, und so bot sich für mich als Christ die Organisation »Dienste in Israel« in Hannover an. Ich nahm mit den Leuten dort Kontakt auf, und nach einem Einführungswochenende ging es dann im August 1980 für ein Dreivierteljahr nach Israel. Wir waren mit sechs jungen Leuten die erste feste Gruppe, die zu einem Arbeitseinsatz nach Israel fuhr, und ich wohnte mit noch drei anderen Frauen in einer Drei-Zimmer-Wohnung in einem Jerusalemer Neubaugebiet.

Mein Arbeitsplatz war ein Altenheim, in dem hauptsächlich deutschsprachige Juden lebten, so daß ich von Anfang an keine Sprachprobleme hatte. Auch meine Arbeitskollegen waren fast alle Deutsche, Schweizer und Holländer. Wir waren allesamt Volontäre, die aus ihrem christlichen Glauben heraus Versöhnungsarbeit leisten wollten. Für die Heimbewohner waren wir ein

Stück alte Heimat, Menschen, mit denen sie ihre Muttersprache sprechen konnten. Vor allem wir Deutsche stellten für viele von ihnen das Bild eines anderen Deutschland dar – ein Gegensatz zu den schlimmen Erfahrungen, die sie fünfzig Jahre zuvor gemacht hatten.

So lernte ich durch meine Arbeit zum ersten Mal Juden kennen und wurde ganz konkret mit Opfern des Holocaust konfrontiert. Ich sah auf der einen Seite die Schmähbilder des »Stürmer« und die damit verbundenen Vorurteile vor mir, und auf der anderen Seite Menschen, deren Aussehen und Kultur denen meiner Großeltern sehr ähnelten. Ich sah vor mir den sichtbaren Beweis, daß der systematische Mord an Millionen von Juden keine »Lüge« war, und daß ich auch ein Teil dieser Geschichte war, aus der ich mich nicht so einfach hinwegstehlen konnte. Das alles machte mich anfangs sehr betroffen, obwohl ich niemals von irgendeiner Seite ein böses Wort über meine Herkunft hörte. Es war das Schweigen am »Jom ha-Shoa«, was ich aushalten mußte und wollte, und es war die tiefe Dankbarkeit darüber, daß am Ende meines Arbeitseinsatzes der Satz stand: »Wir können nicht vergessen, aber verzeihen.«

Für meine Umwelt außerhalb der Arbeitsstelle waren meine Mitbewohnerinnen und ich damals schon so etwas wie »Exoten«, die teils belächelt, teils bewundert wurden. Doch mit der Zeit merkte man, daß wir es mit unserer Arbeit ernst meinten, ohne dabei verbissen zu sein – daß wir fröhlich und ausgelassen sein konnten, aber auch feste Normen und Regeln für unser Leben hatten. Viele fragten, warum wir gerade nach Israel gekommen waren, warum gerade in ein Land, das immer wieder mit der Bedrohung und den Schwierigkeiten im eigenen Land wie auch mit seinen Nachbarn fertig werden mußte. Ich habe damals gesagt – und dazu stehe ich auch heute –, daß der jüdische Staat es verdient hat, daß man sich solidarisch mit ihm zeigt. Er hat es verdient, daß man sich besonders in bedrohlichen Zeiten hinter ihn stellt, aus christlicher Sicht genauso wie aus moralischer Verpflichtung. Dies schließt für mich heute allerdings nicht aus, manchen Vorgängen in Israel kritisch gegenüberzustehen.

Als ich nach diesem Dreivierteljahr zurück nach Deutschland

kam, fühlte ich mich so ein wenig als ein »Botschafter des guten Willens«, der seine Erfahrungen und Erlebnisse mit dem jüdischen Volk auch ungefragt weitergeben wollte. Bei Leuten meines Alters fand ich dabei immer wieder offene Ohren, bei Älteren merkte ich verstärkt verdeckte Ablehnung und festgefahrene Vorurteile. Ich mußte erkennen, daß die tiefe Abneigung gegenüber allem Jüdischen in meinem Volk leider noch immer nicht verschwunden ist, und dies beschämte mich.
Seit dieser Zeit war ich schon häufig wieder in Israel und pflege die – wenn auch wenigen – Kontakte. Seither ist es mir sehr wichtig geworden, mich weiter und ausführlich über das Geschehen in Israel zu informieren und andere durch Weitergabe von Informationen für dieses Land zu interessieren. Durch meinen Kontakt speziell mit deutschstämmigen Juden im Altenheim ist mit den Jahren allerdings mein Interesse an den hier bei uns lebenden Juden gewachsen. Warum leben diese Menschen hier, wie fühlen sie sich unter uns? Ich würde mir für die Zukunft wünschen, daß ich mithelfen kann, Schranken abzubauen und eine Vertrautheit im Umgang miteinander zu schaffen.

Gabriele Grefen

Begegnungen, die bereichern

Im Februar 1984 für sechs Monate nach Israel, mit 22 Jahren! Das erste wirklich große »Abenteuer« für mich. Eine Reise in ein Land, über das ich schon viel gehört und gelesen hatte. Motiviert durch meinen Glauben, Orte des Wirkens Jesu zu sehen, diesen Glauben neu zu erfahren, aber auch zu wachsen und zu reifen in der Persönlichkeit »fern der Heimat«, ging es für die ersten drei Monate in den Kibbuz »Tsova« in der Nähe von Jerusalem. Ich arbeitete praktisch-handwerklich, oft auf Baustellen, allein mit einem Kibbuznik. Trotz gewisser persönlicher Schwierigkeiten mit ihm, an denen ich konkret lernen durfte, zurückzustehen, war dies die fruchtbarste Zeit meines Aufenthaltes. Es ergaben sich Kontakte zu Familien des Kibbuz, wenn wir dort arbeiteten. Ich erfuhr etwas über individuelle Hintergründe ihres Lebens in Israel.

Menschlich beeindruckt hat mich die Begegnung mit einem Überlebenden des Holocaust. Obwohl wir nicht direkt etwas miteinander zu tun hatten, rief er mich einmal und bat mich, ihm bei der Arbeit zu helfen. Ich sah seine tätowierte KZ-Nummer auf dem Unterarm, wir sprachen ein wenig auf deutsch. Ich hatte den Eindruck, daß er diese Sprache, die vielleicht auch einmal seine Sprache war, wieder benutzen wollte. Das ist nicht selbstverständlich; ich wußte von zwei Mitgliedern des Kibbuz, die mit deutschen Volontären – wenn überhaupt – nur auf englisch sprachen. Mein Eindruck war, daß viele Israelis ein ambivalentes Verhältnis zu Deutschland haben: einerseits die Wertschätzung bestimmter deutscher Eigenschaften, eine versteckte Sympathie, Verbundenheit mit der Kultur, auf der anderen Seite die Bürde des Nationalsozialismus.

In Gesprächen mit Israelis im Kibbuz und an meiner zweiten Arbeitsstelle im Krankenhaus stellte ich fest, daß sie ernsthaft an meinen Motiven, in ihr Land zu kommen und den Verhältnissen in Deutschland interessiert sind.

Vor und nach meinem Einsatz in Israel, bei Gesprächen hier in Deutschland, habe ich mich oft in der Rolle des Anwaltes für diesen Staat wiedergefunden. Da viele von der religiösen Dimension nichts oder nur wenig wissen, wird einseitig die Politik, z. B. gegenüber den Palästinensern, kritisiert; auch empfinde ich den immer noch latent und kaschiert vorhandenen Antisemitismus als sehr schmerzhaft.

In meiner Verwandtschaft wurde die Meinung vertreten, daß durch Adenauers Wiedergutmachungszahlungen die Schuld »der Deutschen« doch im wesentlichen gesühnt sei. Es ist aber auch zu erleben, daß sensiblere Zeitgenossen Interesse und Verständnis für jüdische Belange haben.

Fazit meiner sechs Monate im Heiligen Land:

Ich bin sehr dankbar für die verschiedensten Erfahrungen. Mein Leben wurde durch diese Zeit sehr bereichert, auch noch acht Jahre danach profitiere ich davon. Geblieben ist die Freude und die Lust, mich für Israel in irgendeiner Form zu engagieren und natürlich der Wunsch, »nächstes Jahr in Jerusalem« zu sein. Ich bin der Überzeugung, daß gemäß Gottes Aussage »Ich will segnen, die mein Volk segnen« (1. Mose 12,3) unterschiedlichste Menschen bleibende Erfahrungen in und mit Israel machen werden.

Christian Korten

Israel ist nun ein Teil meines Lebens

Ich war von August 1987 bis September 1988 in Behinderteneinrichtungen von »AKIM« als Volontärin in Israel tätig. Meine Motivation, nach Israel zu gehen und Land und Leute persönlich kennenzulernen, möchte ich unter drei Gesichtspunkte gliedern. Wichtigster Beweggrund war für mich die »Deutsche Vergangenheit« in bezug auf den Nationalsozialismus und die Ermordung von über fünf Millionen jüdischen Mitbürgern. Als überzeugte Christin sehe ich meine Glaubenswurzeln im Judentum. Durch mein Leben in Israel wollte ich ganz anschaulich und praktisch tiefere Einblicke bekommen, Zusammenhänge besser verstehen lernen. Dabei war mir sehr wohl bewußt, daß über Jahrhunderte hinweg in der christlichen Kirchengeschichte viel Unrecht an den Juden geschehen ist.

Meine Kontakte mit Menschen in Israel, sei es bei der Arbeit oder bei spontanen Begegnungen, haben mir geholfen, Spannungen und Unsicherheiten in mir selber abzubauen, indem ich gelernt habe, über die Schuld meines Volkes zu ihnen zu sprechen. Das geschah sowohl mit Menschen, die den Holocaust überlebt haben als auch mit den Menschen der nachfolgenden Generation, zu der ich ja auch selbst gehöre. Ich bin immer wieder erstaunt gewesen, wieviel Dialogbereitschaft ich dabei erfahren habe. Und auch das »Schweigenwollen« Betroffener habe ich akzeptiert und wurde dabei selbst Betroffene. Meine Verantwortung für die Gegenwart und Zukunft möchte ich mit dem Wort »Sachor« – »erinnere dich« – umschreiben. Ich bin davon überzeugt, daß meine menschlichen Berührungspunkte mit Einzelpersonen in Israel die Distanz von »nur geschichtlichem Wissen« verkleinert haben.

Die Arbeit als Volontärin ist mir nicht immer leicht gefallen. Die Wohnsituation war meistens mangelhaft und improvisiert, hinzu kamen Arbeiten, die unter meinem Ausbildungsniveau als Krankenschwester lagen. Doch gerade dadurch konnte und mußte ich mich innerlich immer wieder auf meine Motivation besinnen, mir bewußtmachen, daß ich als Lernende gekommen war. Von den israelischen Behörden hätte ich mir eine positivere Einstellung gewünscht. So habe ich nie erfahren, warum mir sechs Monate das Visum verweigert wurde. Den fast wöchentlichen Gang zum Innenministerium habe ich als Demütigung empfunden; er hat Zweifel in mir hervorgerufen, ob ich von öffentlicher Seite überhaupt erwünscht war mit meinem Anliegen, als Volontärin zu arbeiten.

Das Leben in einem politischen Spannungsfeld hat mich ganz praktisch gelehrt, viele Einzelaspekte zu beachten, Hintergrundwissen zu vertiefen und mit Beurteilungen sehr vorsichtig umzugehen.

Vier Jahre sind seit meinem Aufenthalt in Israel vergangen, und abschließend möchte ich sagen, daß es eine sehr lehrreiche und intensive Zeit für mich gewesen ist.

Wieder in Deutschland fällt es mir jetzt oft leichter, Vorurteilen und vorschnellen Verurteilungen Argumente entgegenzusetzen, weil ich sie mit persönlichen Begegnungen und Erfahrungen verknüpfen kann.

Israel ist heute kein Land mehr für mich, das ich nur von Berichten oder geschichtlichem Wissen her kenne, sondern auch ein Teil meines bisherigen Lebens, wohin ich immer wieder gerne zurückkehre.

Ingrid Drewitz

Walter Schwaiger

Mehr als nur Tourismus – Reisen in Israel als Beitrag zur Verständigung

»In Betlehem ist es immer Weihnachten.« Eine alte Legende erzählt, wie zwei Mönche aus ihrem Kloster weggehen. Sie haben gehört, daß es irgendwo auf der Welt einen Platz geben soll, wo sich Himmel und Erde berühren. Jahrelang ziehen sie umher, ertragen Hitze und Kälte, halten Strapazen und Mühen aus, um endlich jenen Ort zu finden, an dem Gott ganz nahe ist, weil sich dort Himmel und Erde berühren. Die Geschichte müßte eigentlich in Betlehem enden, wo im wahrsten Sinne des Wortes der Himmel auf die Erde herabstieg.
Israel ist mehr als nur ein touristisch interessantes Land. Aber auch landschaftlich bietet Israel außerordentlich viel. Es ist zwar ein kleines Land – etwa so groß wie Württemberg und nur halb so groß wie die Schweiz –, aber ein Land von einer überraschend großen Vielfalt: Die bizarre Wüstenlandschaft im Negev und den judäischen Bergen, die hügelige und fruchtbare Landschaft in Galiläa und am See Genezareth, die Gegend am Mittelmeer mit ihren schönen Sandstränden, Jerusalem, die hochgebaute Stadt, die heilige Stadt dreier Weltreligionen. Es ist ein Land mit einer Vielzahl archäologischer Stätten aus der kanaanäischen Zeit, der alttestamentlich-jüdischen Zeit, der römischen Zeit, ein Land mit eindrucksvollen Kirchen und Menschen.

Israel – das Land mit einer Dimension mehr

– so heißt ein Werbeslogan des Israelischen Fremdenverkehrsamtes. »Alles in diesem Land spricht von Gott!«, so hat es kürzlich jemand formuliert: Die Berge und die Wüste, die Weinberge und die Seen, die Steine und die Bäume. Immer wieder können wir hinter den Steinen und Bergen den Schauplatz von Ereignissen entdecken, die von der Bibel her bekannt sind. Auf Schritt und Tritt findet man Spuren aus dem Alten und Neuen Testament. Das Heilige Land ist mehr als eine Ansammlung archäologischer Stätten und eindrucksvoller Landschaften. Es ist das Land der Bibel. Es ist das Land Abrahams, Davids und der Propheten. Vor allem: Hier wurde Jesus geboren. Hier ereigneten sich Weihnachten, Karfreitag, Ostern und Himmelfahrt. Und in diesem Land war der Beginn der christlichen Kirche. Darum kann man eigentlich nicht nur als »Tourist« Israel bereisen. »Man kann nur mit der Bibel in der Hand dieses Land besuchen«, sagt zutreffend ein Reiseführer in das Heilige Land.

Steine bezeugen die biblischen Berichte

Viele Orte sind ein sichtbarer Beleg der biblischen Berichterstattung. Deshalb ist es wesentlich, an den jeweiligen biblischen Stätten sich das biblische Geschehen zu vergegenwärtigen. Das erst gibt einer Israelreise die »weitere Dimension«. Wer mit der Bibel in der Hand in dieses Land kommt und die biblischen Berichte an den heiligen Stätten hört, wird tief beeindruckt und findet ein besseres Verständnis der biblischen Geschehnisse.

Gewiß, nicht alle biblischen Orte sind geographisch eindeutig überliefert. Manche Orte sind gut bezeugt, andere vielleicht oder wahrscheinlich oder wahrscheinlich nicht oder auch sicher nicht. Man sollte sich deshalb nicht an die jeweilige Ortsüberlieferung klammern, als würde die biblische Wahrheit vom gut bezeugten Ort abhängen. Aber ob so oder so: Man kann es sich weit besser vorstellen, was die biblischen Berichte besagen. Manche Orte enttäuschen! Ich habe etliche Jahre gebraucht, bis ich ein positives Verhältnis zu der Grabeskirche mit Golgota und dem Grab Jesu gefunden habe. Es war mir zwar bewußt, daß die Überlieferung über den Ort sehr gut bezeugt ist. Aber dieses schreckliche Konglomerat an verzwickten Eigentumsrechten der verschiedenen Konfessionen hat mich bedrückt. Heute stört mich das nicht mehr.

Viele Reiseteilnehmer haben es bestätigt, daß eine Reise nach Israel für sie ein unvergeßliches Erlebnis war. »Es ist mir, als träume ich ...« »... wird mir unvergeßlich bleiben.« »Von jetzt ab lese ich die Bibel nachdenklicher, besonders die Stellen, die wir gesehen haben und von denen uns die Bibel berichtet.«

Schon 1600 Jahre Pilgerfahrten ins Heilige Land

Den Anfang machte die Kaiserinmutter Helena, die im Jahre 326 nach Palästina kam. Sie suchte die Stätten des Lebens Jesu auf, um abzuklären, welche Orte gut bezeugt sind. Sie veranlaßte den Bau der Geburtskirche in Betlehem und der Grabeskirche in Jerusalem. Selbst bis in das Sinaigebirge führte ihr Weg, wo sie die Gründung des St. Katharinenklosters vornahm.
Sehr aufschlußreich ist der Reisebericht des Pilgers von Bordeaux, der im Jahre 333 das Heilige Land besuchte. Er schildert in seinem Reisebericht die riesige Wegstrecke, die er dabei zu bewältigen hatte: Über Südfrankreich, Norditalien, Balkan, Konstantinopel, Türkei, Syrien – und schließlich nach Palästina. Sein Bericht ist gefüllt mit exakten Daten, Ortsangaben, Entfernungen. Was seinen Bericht aber für uns so interessant macht, ist die Beschreibung des Heiligen Landes. So sah es also damals im Land der Bibel aus! So fand man die biblischen Stätten vor: Keine wuchtigen Kirchen über jeder biblischen Stätte, keine Verfremdungen durch Frömmigkeitskulte.
Der Reisebericht der Nonne Etheria (Egeria) um 400 gehört zu den schönsten. Vier Jahre war sie unterwegs. Von Jerusalem aus hat sie dann das gesamte Heilige Land bereist sowie Ägypten, Sinai, Ostjordanland. Weite Wege und ernorme Strapazen hat sie auf sich genommen, getrieben von der unstillbaren Sehnsucht, alle Orte der Bibel aufzusuchen. Ihrem Bericht verdanken wir wertvolle Hinweise auf die Ortslage und Tradition vieler biblischer Orte.
Noch viele andere Pilger machten sich auf den Weg, die Stätten der Bibel aufzusuchen. Was trieb sie dazu? Es war die religiöse Sehnsucht, durch einen Besuch des Heiligen Landes eine geistli-

che Bereicherung zu erleben. Hatten nicht dort, an den biblischen Stätten, sich Himmel und Erde berührt? Konnte man dort Gott nicht näher kommen?

Nicht nur Steine und Bäume – auch Menschen

In Israel gibt es nicht nur Bäume und Steine und schöne Landschaften. Es leben dort Menschen: Juden, Christen, Muslime, Drusen. Eine Vielfalt an Religionen und Konfessionen. Ein Land, das überlastet ist an politischen und religiösen Spannungen. In diese Probleme hineingezwängt leben die Menschen in Angst und Hoffnung. Eine Reise nach Israel zwingt dazu, sich mit der Geschichte dieses schmalen Landstriches zwischen Mittelmeer und Jordan auseinanderzusetzen. Immer wieder bin ich entsetzt darüber, wie wenig Geschichtswissen bei uns deutschen Touristen vorhanden ist. Was war vor 1948, der Staatsgründung Israels? Was war vor und nach dem ersten Weltkrieg? Welches Schicksal haben jene Menschen hinter sich, die als jüdische Einwanderer ins Land gekommen sind? »Einwanderer« – waren es nicht weithin Flüchtlinge? Aus Europa, aus arabischen Ländern. Menschen, die dem Zugriff derer entkommen sind, die sie vernichten wollten. Menschen, die aus Angst und Bedrängnis heraus Freiheit und ein menschenwürdiges Leben suchten.

Gerade für uns deutsche Israelreisende ist es notwendig, sich der Geschichte zu stellen. Aber nicht nur theoretisch, sondern in der Begegnung mit den Menschen, die diese Geschichte durchzustehen hatten. Unsagbares Leid ist über die jüdischen Menschen vor allem durch uns Christen gebracht worden. Jedes Jahrhundert hatte dabei seinen Anteil. Wir aber als deutsches Volk in diesem Jahrhundert mehr als alle anderen.

Jedesmal, wenn ich mit einer Gruppe in Yad Vashem stehe, der Holocaust-Gedenkstätte in Jerusalem, bin ich zutiefst betroffen, daß so etwas möglich war. Durch uns. 1,5 Millionen Kinder waren darunter. Warum hat man sie gemordet? Was hatten sie denn verbrochen? Nur – weil sie »jüdische« Kinder waren und keine »arischen« Kinder!

In Verbindung mit unseren Gruppenreisen war es mir ein wichtiges Anliegen, daß die Teilnehmer in jüdische Familien eingeladen werden konnten. Begegnung mit jüdischen Menschen, mit ihrer Geschichte und ihrem Schicksal ist wichtiger als nur Steine zu besichtigen. Der Anfang (vor ca. 20 Jahren) war sehr heikel. Die Gespräche in den Familien waren ein vorsichtiges Abtasten und Einander-Näherkommen. Die Last der Vergangenheit lag über den Gesprächen. Da waren jüdische Menschen, die noch rechtzeitig aus Deutschland flüchten konnten. Da waren andere, die Angehörige in deutschen KZs verloren hatten. Und da waren Gesprächspartner, die selber im KZ waren und zu den wenigen gehörten, die überlebt hatten. Wie konnte unter diesen Umständen ein Gespräch möglich sein?

Das war nur möglich durch eine offene, ehrliche Begegnung, die nichts vertuschte und nichts verharmloste und nicht bloß aus ein paar Höflichkeitsfloskeln bestand. Im Laufe der Jahre konnte ein Klima des Vertrauens aufgebaut werden, so daß eine Entkrampfung möglich wurde. Heute sind diese Familienbesuche wichtige Begegnungen in Israel. Aus diesen Gesprächen – bisher konnte ich ca. 2500 Familieneinladungen in Israel vermitteln – sind vielfach dauerhafte Briefkontakte und Freundschaften erwachsen.

Nicht alle Begegnungen mit jüdischen Menschen sind angenehm. Obwohl man sagt, die Zeit würde Wunden heilen, für die Wunden des Holocaust trifft das nicht zu. Bitterkeit aufgrund des erlittenen Unrechts ist auch eine Wesensäußerung der Wahrheit. Wer sich da verärgert von einer solchen Äußerung der Bitterkeit abwendet, tut seinem jüdischen Gegenüber unrecht. Es passiert eben doch, daß etwa ein jüdischer Geschäftsinhaber, wenn er merkt, daß ich ein Deutscher bin, mich sehr kühl abfertigt. Frustration als Antwort wäre falsch. Verständnis für ihn ist Solidarität mit seinem Schicksal. Weiß ich denn, was er durch Deutsche – und vielleicht war auch er ein »Deutscher« – erlitten hat? Mit der Rede von »der Gnade der späten Geburt« ist es da nicht getan. Solche Ausweichfloskeln schaden nur und verhindern eine offene Begegnung. Gewiß kann und darf man nicht von einer »Kollektivschuld« reden – Schuld ist immer persönliche Betroffenheit –, aber von einer »Kollektivverantwortung«. Solidarität mit dem jüdischen Volk, nicht aber touristischer Erlebnishunger ist für eine Reise nach Israel A und O.

»Tröstet mein Volk, spricht euer Gott!«

Dieses Bibelwort aus Jesaja 40,1 steht an der Wand des Speisesaales von *»Zedakah«*, einem christlichen Liebeswerk in Shave Zion. Zedakah (Gerechtigkeit) ist ein Erholungsheim für KZ-geschädigte jüdische Menschen, getragen von einem Freundeskreis aus Deutschland. Sie können dort einen 14tägigen Erholungsaufenthalt verbringen, betreut von Christen aus Deutschland. »Öl in die geschlagenen Wunden zu gießen«, ist das Ziel dieses Liebeswerkes. 1960 begann diese Arbeit in Nahariya, bis dann in Shave Zion ein großer Neubau errichtet werden konnte. 1983 wurde außerdem in Maalot ein Pflegeheim eröffnet. Für die Gruppen ist ein Besuch in diesem Heim ein eindrückliches Erlebnis. Die Information über die Arbeit, die dort geschieht, ist sehr aufschlußreich. Hier wird echte Solidarität gegenüber jüdischen Menschen geleistet, die Leidvolles durch unser Volk (Hitler-Deutschland) erlitten haben. Hier sind junge Menschen aus Deutschland, die ohne Bezahlung einige Zeit dafür einbringen, diesen leidgeprüften Menschen aus der Liebe Jesu heraus zu begegnen und ihnen beizustehen. Nicht viele Worte werden hier gemacht, sondern der christliche Glaube gelebt. Unsere Spenden und bei manchen dann auch die Bereitschaft, eine Zeitlang hier mitzuarbeiten, sind Zeichen dafür, wie wir die belastete Vergangenheit glaubwürdig überwinden können.

Und die arabischen Christen?

Europäische Christen unter sich, das ist der erste Eindruck beim Sonntagsgottesdienst in der Evangelischen Erlöserkirche in Jerusalem. Wie aber ist eine Begegnung mit Christen möglich, die in diesem Lande zu Hause sind: Mit arabischen Christen und mit »messianischen Juden«?

Da ergab sich für uns eine Möglichkeit über »Talitha Kumi«, eine arabische evangelische Schule in Beit Jala bei Betlehem. 1855 wurde sie in Jerusalem als erste evangelische Schule für arabische Mädchen von Pastor Theodor Fliedner, Kaiserswerther Diakonissenanstalt, gegründet. Ursprünglich war die Schule in Jerusalem; 1961 wurde das neue Schul- und Internatsgebäude in Beit Jala bezogen. 860 Schüler und Schülerinnen werden unterrichtet, davon 12% Moslems. Vom Kindergarten bis zum Abitur wird eine Ausbildung geboten. Bis zu 100 Mädchen können im Schulinternat wohnen. Die anderen Kinder werden mit eigenen Schulbussen aus den umliegenden Orten geholt. Der Schuldirektor und einige Lehrer kommen aus Deutschland. Das Berliner Missionswerk steht verantwortlich hinter dieser bedeutenden schulischen Arbeit; neben Talitha Kumi sind es noch vier weitere evangelisch-lutherische Schulen im Lande.

Arabische christliche Kinder im Heiligen Land: Wie ist ihre Situation? Eine Information über die Arbeit der Schule und Einblick in deren Probleme gehören mit zu einer Studienreise in den Nahen Osten. Da ist zum einen die christlich-moslemische Problematik: Zusammenleben der Kinder verschiedener Religionen in einer Klasse mit dem Ziel, Verständnis füreinander zu entwikkeln. Zum anderen sind da die Probleme durch die israelische Verwaltung der Westbank-Gebiete. Immer wieder ist auch diese konfessionelle Schule geschlossen worden. Welche Auswirkungen hat das für den Schulbetrieb? Wie ist die psychologische Reaktion der Schulverwaltung und der Kinder darauf? Doch viele Antworten bleiben unverstanden und noch mehr Fragen offen!

Beeindruckend war ein jüngerer arabischer Erzieher, der jeweils die Gruppen begrüßte. Mit großer Liebenswürdigkeit begegnete er den neugierigen Besuchern und erzählte über die Arbeit der Schule, ihre Aufgaben, ihre Zielsetzung, ihre Probleme. Er machte deutlich, wie wichtig es ist, daß die Kinder aus christlichen und moslemischen Familien sich kennenlernen, den Glauben des anderen verstehen und trotz der religiösen Unterschiede als Christen und Moslems sich zusammengehörig zu wissen. Dieser junge arabische Christ machte auf alle einen überzeugenden Eindruck! Ich habe von ihm nie ein böses, gehässiges Wort gehört!

»Mit eigenen Augen das Land der Bibel sehen!«

Der schönste Diavortrag kann nicht den Eindruck vermitteln, den eine Reise ins Land der Bibel gibt. Es sind eben nicht nur großartige Landschaften und geschichtsträchtige biblische Stätten, die Israel zu bieten hat, sondern die Atmosphäre ist es, was einen Besuch in Israel so nachhaltig werden läßt. Das kann man nicht beschreiben, man muß es selber erlebt haben, mit eigenen Augen das Land der Bibel gesehen haben, den Menschen begegnet sein, die dort leben: Juden, Arabern, Drusen, Beduinen.

Martin Stöhr

Kirche und Israel – ein Lernprozeß hat gerade erst begonnen

I

Jerusalem ist eine Stadt, die – wenn die Tage der Erde gezählt sind – als neue Stadt vom Himmel auf die Erde kommt. Gott wird dann auf der Erde wohnen. Er »zeltet«, sagt die Bibel auf den letzten Seiten, unter seinen Menschen. Das neue Jerusalem ist Teil eines neuen Himmels und einer neuen Erde. Kirchen und Tempel, Religionen und Ideologien, Tränen und Leid, Tod und Krieg, Hunger und Entfremdungen sind vorüber. Die Existenz Gottes ist ebenso klar wie die der Menschen und wie Gottes Pro- und Koexistenz mit allen seinen Kreaturen Heil-voll ist.
Dieser Traum und diese Utopie haben natürlich ihren Anhaltspunkt in der Wirklichkeit der nahöstlichen Geschichte Israels und seiner Topographie. Was irdisch werden soll, war vorher denkbar, hoffbar, glaubhaft. Und doch gibt es eine christliche Flucht vor der irdischen Wirklichkeit Jerusalems und Israels. Tourismusfördernd bleibt das heilige Land, das alles andere als heilig ist, für Protestanten schon gar nicht. Es ist eine Wohnung – neben der Diaspora – und eine Zuflucht für das jüdische Volk. Und es erzählt sehr irdische Geschichten, verlangt ein sehr irdisches Leben und sehr irdische Absicherungen.

> Jerusalem, du hochgebaute Stadt,
> wollt Gott, ich wär' in dir!
> Mein sehnlich Herz so groß Verlangen hat
> und ist nicht mehr bei mir.
> Weit über Berg und Tale,
> weit über blaches Feld
> schwingt es sich über alle
> und eilt aus dieser Welt.

So dichtet der in Jena geborene Schulleiter und spätere Erfurter Professor Johann Matthäus Meyfart 1626 mitten im 30jährigen

Krieg – da war das Wort Jammertal nicht eine billige Metapher, die Welt zu diffamieren. Es beschreibt präzise die Alltagserfahrung der Menschen Mitteleuropas, die zu einem Drittel diesen Krieg nicht überlebte. Erlösungssehnsucht der Ohnmächtigen suchte das Gegenteil einer Welt, in der eine religiös wie ideologisch aufgeladene Soldateska und ihre machtbewußten Herrscher ihre Claims absteckten, plünderten und mordeten.

Was mit Jerusalem in der christlichen Literatur der Gebet- und Gesangbücher, der Theologien und des Unterrichtes durch die Jahrhunderte geschah, geschah auch mit Israel: Es wurde abgehoben vom jüdischen Volk, seiner bis zur jeweiligen Gegenwart fortdauernden Realgeschichte als Gottes Volk und vom Fluchtpunkt – auch im wahrsten Sinne des Wortes zu verstehen! – seiner Hoffnung, von Jerusalem und Israel. Das neue, das wahre Israel, wie die Kirche sich nannte, hatte sich vom Boden Israel gelöst. Die christliche Hoffnung auf eine Erneuerung der ganzen Welt wurde oft genug ins Jenseits entrückt, wurde bodenlos, nicht ohne allerdings mit dieser Jenseitshoffnung das Diesseits auch relativierend oder inspirierend zu bestimmen und zu prägen.

Das geschichtliche Israel, das jüdische Volk, war in der Betrachtung des überwiegenden Teils der christlichen Tradition eine vergangene Größe. In Schulbüchern wie in Predigten hieß es belehrend allzu oft: »Die Juden feierten (in der Vergangenheitsform!) das Passahfest ...« – als ob sie es nicht bis zum heutigen Tag in jedem Jahr ihrer Existenz feierten. Die Dramaturgien von Katechesen, Passionsspielen, Franz Alts Erbauungsschriften oder von Predigten folgten vielfach dem schlichten Aufbau, das strahlende Weiß der Jesusgeschichte durch das eingeschwärzte Dunkel der Israelgeschichte noch weißer erscheinen zu lassen.

Israel, ob in der Diaspora oder im Lande lebend, wurde *via negationis* beschrieben. Durch die Negation Israels gewann die Kirche ihre Position. Schon früh hatte der Kirchenvater Augustinus gesagt: Sie sind Zeugen ihrer Bosheit und unserer Wahrheit. Kirchen aller Konfessionen waren mit diesem Gift getränkt. Im christlichen Kontext wurde der Weg des jüdischen Volkes zur *via dolorosa*.

Von Gott verworfen erschien Israel. Im Ahasverschicksal und in seiner auf eine Leidensgeschichte durch die Jahrhunderte reduzierten Geschichte, in der Vertreibung aus dem Land, in der Zerstörung seines Tempels im Jahre 70, als Titus das Land »judenrein« machen wollte und die römische Provinz Judäa »Palästina« nannte, wurden Beweise für Gottes »Verwerfung« gesehen.
In einer historisch-materialistischen Geschichtsbetrachtung wurde gefolgert, daß Israel an seinem eigenen negativen Schicksal selber schuld sei. Die religiöse Denkfigur war auch säkular brauchbar: Die Juden sind an ihrem Schicksal selber schuld.
In dieser historisch-materialistischen Geschichtsbetrachtung des brennenden Tempels des Jahres 70 wurde militärisch-prahlend auf dem Titusbogen in Rom Regierungskriminalität als Sieg gezeigt. Die Wahrnehmung der Leidensgeschichte übersah die Geschichte der Selbstbehauptung und des Widerstandes in der jüdischen Geschichte. Sie ist eine der entscheidenden Wurzeln des Staates Israel. Die Wahrnehmung der jüdischen Leidenserfahrung geschah fast immer im Rahmen einer schwarzen Pädagogik, hier um »Gottes Zorn« am Nächsten als Abschreckungsdoktrin gegenüber eigenen Bosheiten zu benutzen. Israels negativ wahrgenommenes Schicksal spielte eine christlich-unchristliche Rolle. Es ging nicht um Israel dabei. Es ging um Selbstbestätigung und Selbstdisziplinierung der Kirche.
Damit zwischen dem real existierenden Israel der Vergangenheit und dem spirituell existierenden Israel der Zukunft nicht ein leerer Platz in der Geschichte blieb, setzte sich die Kirche als wahres, als neues Israel auf diesen Platz. Viele Darstellungen aus gotischer Zeit zeigen die Gestalt der *Synagoga* mit zerbrochenem Stab und einer Binde vor den Augen. Ihr Weg ist zu Ende. Sie sieht nichts. Sie ist abgelöst durch *Ecclesia,* die siegreich sehend an ihrer Stelle weiterschreitet: *Venit, Vidit, Vicit.* Das christliche Überlegenheitsgefühl ersparte sich die Frage, ob sie denn auch *vivit,* lebt, was sie glaubt.
Obwohl die Kirche ihre Schwächen kennt, werden diese nicht einer historisch-materialistischen Geschichtsbetrachtung unterzogen. Was Israel nicht zugeschrieben wird, in einer unerlösten Welt unerlöst zu leben, schreibt sich entschuldigend die Kirche

sich und ihren Untaten gegen Israel selber zu. Ihr Versagen wird nicht zum schlagenden Beweis ihres Scheiterns vor Gott und den Menschen, obwohl die Kirchengeschichte viele Beispiele flagranter Widersprüche zwischen Wort und Tat der Kirchen kennt. Sie werden historisch-idealistisch gedeutet, das heißt selbstvergebend oder verharmlosend als menschlich, allzu menschlich dargestellt. Kennt man nicht die Sündhaftigkeit des Menschen? Allzu oft wurde auf eine allzu billige Gnade Gottes spekuliert.
Ich muß deswegen so ausführlich vom Verhältnis der Kirchen und Christen (in ihren Hauptströmungen, denen zum Glück Ausnahmen gegenüberstehen) zu Israel reden, weil nur vor diesem Hintergrund einer langen Christentumsgeschichte der Lernprozeß verständlich ist, der eingesetzt hat. Nach der Schoah, zu spät für die Opfer, vielleicht noch nicht zu spät für die kommenden Generationen.

II

1960 bildete sich auf Initiative von Adolf Freudenberg und Helmut Gollwitzer die »Arbeitsgemeinschaft Juden und Christen beim deutschen evangelischen Kirchentag«, die über das Medium des Kirchentages größere Gruppen erreichte. Von jüdischer Seite waren in den Anfängen Robert Raphael Geis, Eleonore Sterling, Schalom Ben Chorin und Ernst Ludwig Ehrlich dabei. Die Arbeitsgemeinschaft hatte sich von Anfang an für ein neues Verhältnis nicht nur der Christen zu den Juden, sondern auch der Bundesrepublik Deutschland zum Staat Israel eingesetzt. Sie konnte ihre Arbeit nicht tun, ohne Israelis zu beteiligen, z. B. Ernst Simon, Shemaryahu Talmon, Pessach Schindler oder Tom Segev. Zentral in ihrer Arbeit war eine Aufklärung der bis ins Neue Testament hineinreichenden Wurzeln der christlichen Judenverachtung und Judenfeindschaft, die ihrerseits zur Ausbreitung und Legitimierung rassistischer, völkischer oder ökonomischer Judenfeindschaft beitrug. Ein zweiter Schwerpunkt lag in dem Versuch, ethisch, politisch, juristisch und pädagogisch die nationalsozialistische Vergangenheit zu durchleuchten, zu erkennen, was geschehen war und warum es geschehen war, warum es so wenig Widerstand gab und welche Konsequenzen für das kirchliche und politische Leben von heute daraus zu ziehen seien. Das bedeutete auch, alte Nazis in der Verwaltung und Justiz der neuen Bundesrepublik zu kritisieren, gegen die Verjährung der nationalsozialistischen Verbrechen einzutreten und vor allem für eine Erneuerung der Lehrpläne und Schulbücher im Blick auf jüdische Geschichte, Israel und religiöse wie säkulare antijüdische Desinformationen oder Vorurteile einzutreten. Leidenschaftlich engagierte sich die Arbeitsgemeinschaft, zusammen mit anderen Initiativen, z. B. den deutsch-israelischen Studienkreisen, für eine Aufnahme diplomatischer Beziehungen mit Israel. Die Gegenwart der Vergangenheit war wahrzunehmen, gegen den den privaten und kollektiven Gedächtnisverlust Informationen über die Vorgeschichte, Geschichte und Folgegeschichte der Schoah zu bearbeiten. Zeitzeugen und Historiker, Theologen und Pädagogen halfen mit, über rechte Formen der Erinnerung zu arbeiten und sie einzuüben.

Aus dieser Arbeit wie aus der Arbeit der auch von Adolf Freudenberg gegründeten landeskirchlichen Arbeitskreise »Kirche und Israel« bzw. »Kirche und Judentum«, die es auch in der DDR gab und die als einzige Institution gegen den Antizionismus und Antisemitismus der »antifaschistischen« DDR-Regierung Stellung nahmen, entstand (1967) die offizielle Kommission der EKD »Kirche und Judentum«. Sie erhielt den Auftrag, eine Denkschrift zu verfassen, in der für die Gemeinden die Grundinformationen und Grundlinien einer Erneuerung der Beziehungen zwischen Kirche und Israel niedergelegt sind. 1975 wurde diese Denkschrift von der Leitung der EKD veröffentlicht. Sie hält fest:

> »Der heutige Staat Israel ist eine politische Größe, er stellt sich aber zugleich in den Rahmen der Geschichte des erwählten Volkes.
>
> Die beiden entscheidenden Faktoren, die zur Gründung des Staates Israel im Jahre 1948 führten, sind die jüdische Ansiedlung im Lande und die Situation nach Auschwitz. Aus der traditionellen Judenfeindschaft der Christen hatte sich gegen Ende des 19. Jahrhunderts als neue Form der rassische Antisemitismus entwickelt; dieser führte in letzter Konsequenz zum Massenmord am europäischen Judentum durch den national-

sozialistischen Staat. Im Gefolge dieser unvorstellbaren Katastrophe gaben die Großmächte schließlich der jüdischen Forderung nach einem selbständigen Staat in Palästina ihre Unterstützung und Anerkennung. Mit der Gründung des Staates Israel kam eine Entwicklung zum Abschluß, die schon seit dem Ende des 19. Jahrhunderts das alte Land Israel immer mehr zum Zufluchtsort verfolgter Juden hatte werden lassen.
Die Rückkehr vieler Juden in ihr Land geschah nicht nur unter dem Druck einer feindseligen Umwelt, sondern war zugleich Verwirklichung der über die Jahrtausende hin durchgehaltenen Sehnsucht nach Zion. So hat der Staat Israel über seine politische Funktion hinaus für viele Juden eine religiöse Bedeutung. Im Land Israel begegnen Juden der Bibel und der nachbiblischen Tradition in ganz neuer Weise. Israel wird in zunehmendem Maße zum geistigen Zentrum, das auch die Diaspora beeinflußt. Darüber hinaus will der Staat für alle in der Diaspora lebenden Juden die Möglichkeit einer Sicherung ihrer Existenz bieten für den Fall erneuter Verfolgung oder der Bedrohung ihrer Identität als Juden, da er in einem seiner grundlegenden Gesetze ihnen allen Aufnahme und Bürgerrecht zusichert.
Als politische Größe ist der Staat Israel heute in den Formen eines modernen säkularen Staates, als parlamentarische Demokratie organisiert. Auch die Staatenbildungen des Volkes im Altertum waren in den Formen ihrer Zeit organisiert. Für den modernen Staat gilt jedoch ebenso, daß mit solcher Charakterisierung seine Bedeutung noch nicht voll erfaßt ist: Mit seinem Namen Israel und in seiner Gründungsurkunde stellt er sich ausdrücklich in die biblische Tradition des Judentums und damit in den Zusammenhang der Geschichte des erwählten Volkes; er hat es sich zur Aufgabe gemacht, die Existenz dieses Volkes im Lande seiner Väter zu sichern.
Dies ist auch für Christen von Bedeutung. Sie haben nach allem Unrecht, das Juden – besonders durch Deutsche – angetan worden ist, die Verpflichtung, den völkerrechtlich gültigen Beschluß der Vereinten Nationen von 1947 anzuerkennen und zu unterstützen, der den Juden ein gesichertes Leben in einem ei-

genen Staat ermöglichen soll. Zugleich haben Christen sich aber auch ausdrücklich für einen sachgemäßen Ausgleich zwischen den berechtigten Ansprüchen beider, der palästinensischen Araber und der Juden, einzusetzen. Weder dürfen allein den palästinensischen Arabern die Folgen des Konfliktes auferlegt sein, noch darf allein Israel für die Auseinandersetzungen verantwortlich gemacht werden. Darum müssen an den Bemühungen um einen dauerhaften Frieden im Nahen Osten auch die mitwirken, die nicht unmittelbar Beteiligte sind. Der Mitarbeit an dieser Aufgabe können sich Christen, gerade auch in Deutschland, nicht entziehen. Sie werden dabei auch den Kontakt zu den arabischen Christen verstärken müssen, die durch den Konflikt in eine besonders schwierige Lage gebracht worden sind.«

In der weiterführenden Studie von 1990 der Ev. Kirche in Deutschland wird erklärt:

»Angesichts der Errichtung des Staates Israel im Jahre 1948 stellt sich für Christen die Frage, ob sie diesem neuen Staat aus christlicher Sicht einen besonderen Stellenwert geben sollten. Die Antworten beziehen sich befürwortend wie ablehnend auf das Alte Testament. Während die einen in der Errichtung des Staates alttestamentliche Verheißungen erfüllt sehen, kritisieren andere gerade diesen Bezug auf das Alte Testament. Nach 2000 Jahren könne man sich darauf nicht mehr berufen oder gar daraus einen Anspruch auf das Land ableiten. Hier wirkt sich aus, daß die Christen nach der Zerstörung des Tempels das Weiterbestehen des Judentums häufig nicht genügend ernstgenommen haben. Die Bandbreite der Antworten reicht von der Einschätzung als normalem, säkularem Staat über die Kennzeichnung des Staates Israel als Ausdruck der Treue Gottes bis zur Deutung dieses Staates als Zeichen der beginnenden Endzeit.

Im Judentum blieb die Beziehung zum Land der Väter stets lebendig. Im Talmud fragen die Rabbinen angesichts der Zerstreuung des jüdischen Volkes nach der Bedeutung des Landes. Einig ist man sich, daß das verheißene Land zur vollen Verwirklichung jüdischer Existenz notwendig ist. Unterschiede werden deutlich in der Frage, wieweit diese Verheißung für den Juden eine Verpflichtung ist, im Lande Israel zu leben. Man fragt z. B. danach, wann man das Land aus wirtschaftlichen Gründen verlassen darf. Eigentlich darf man das Land nur aus existenzbedrohender Not verlassen.

Die Rabbinen lehrten: Man wohne stets im Israellande, selbst in einer Stadt, die in der Mehrzahl aus Nichtjuden besteht, und wohne nicht außerhalb des Landes, selbst in einer Stadt, die in der Mehrheit aus Israeliten besteht. Wer nämlich im Israellande wohnt, dem ist es so, als habe er einen Gott, und wer außerhalb des Landes wohnt, dem ist es so, als habe er keinen Gott (im Traktat Ketubot 110b des Babylonischen Talmud).

Wenn auch in den nachchristlichen Jahrhunderten ständig mehr Juden in der Diaspora lebten als in Palästina, so gab es dort doch zu allen Zeiten jüdische Gemeinden. Auch war bei Juden in der Diaspora stets die Sehnsucht nach Rückkehr lebendig, wofür es aus allen Jahrhunderten Belege gibt. Ohne die durchgehaltene Zionssehnsucht hätte sich der moderne Zionismus schwerlich entfalten können. Deshalb gingen Lösungsversuche der zionistischen Frage, die z. B. Länder in Afrika für die Ansiedlung von Juden vorschlugen, an der Sache vorbei. Ein jüdischer Staat war nur im Lande Israel möglich, wo die religiösen Traditionen des Judentums ihn stützten. Ohne die religiöse Bindung der Juden an das Land durch alle Jahrhunderte hindurch wäre die Errichtung des jüdischen Staates nicht denkbar gewesen.

Die fortdauernde Existenz des jüdischen Volkes im Lande kann ohne den Schutz eines Staates nicht gesichert werden. Darüber hinaus hat ein jüdischer Staat auch die Bedeutung eines Zufluchtsortes für Juden aus aller Welt. Wenn Christen für das Lebensrecht des jüdischen Volkes im Lande der Väter eintreten, respektieren sie, daß die Verbindung von Volk und Land für das Judentum unabdingbar ist. Insofern der Staat Israel dafür eine unentbehrliche Sicherungsfunktion hat, bejahen Christen diesen Staat. Insofern der Staat Israel aber ein säkularer Staat in der Völkergemeinschaft ist, unterliegt er hinsichtlich seiner Grenzen und seiner Politik gegenüber nichtjüdischen Bevölkerungsteilen gleichen Kriterien wie alle anderen Staaten auch.

Christen müssen sich in ihrem Verhältnis zu Israel dieser doppelten Beziehung bewußt sein. Einerseits ist nicht von ihnen gefordert, Entscheidungen von israelischen Regierungen kritiklos hinzunehmen, wie ein anderer Staat in vergleichbarer Situation kritisiert werden würde. Andererseits treten Christen allen Versuchen entgegen, die das Lebensrecht des jüdischen Volkes im Land Israel in Frage stellen.«

Der 83. Deutsche Katholikentag 1970 war der Beginn einer katholischen Initiative, die neben der entsprechenden Kommission der Katholischen Bischofskonferenz an der Erneuerung der Beziehungen zwischen Juden und (katholischen) Christen arbeitet. Die ökumenische Gemeinsamkeit, die sich auch in der Kooperatin der beiden Institute an den Universitäten Duisburg und Freiburg zeigt, Curricula und Lehrbücher für den evangelischen und katholischen Religionsunterricht zu erneuern, gehört zu den erfreulichen Entdeckungen im jüdisch-christlichen Gespräch. Hier zeigt sich die Wahrheit einer Bemerkung des alten Karl Barth, der die Beziehung zwischen Juden und Christen die »eigentliche ökumenische Aufgabe der Zukunft« genannt hatte.

Der »Gesprächskreis Juden und Christen« beim Zentralkomitee der deutschen Katholiken bereitet nicht nur die entsprechenden Vorträge und Podien auf den Katholikentagen vor. Er wendet sich z. B. auch in einer Handreichung mit sehr konkreten Informationen an alle Gruppen, die nach Israel reisen. Wie die entsprechende EKD-Kommission hat er für seine theologische und praktische Arbeit den unmittelbaren Gesprächskontakt mit den jüdischen Partnern in Israel gesucht.

Eines der wichtigsten Ergebnisse dieser Arbeit ist eine Beschreibung der »theologischen Schwerpunkte des jüdisch-christlichen Gesprächs« (1979). Hier wird der Dialog nicht nur beschrieben, er wird in einer selten erreichten Dichte geübt. Die Tora ist weder durch Christus noch durch die Kirche überholt. Juden und Christen heute erwarten nicht mehr den Übertritt zur jeweils anderen Seite voneinander.

1988 – zum 50. Jahrestag der Pogromnacht – veröffentlichte der

Gesprächskreis eine tiefschürfende Studie, wie mit »Schuld, Leid und Versöhnung« umzugehen sei.

Die Ehrlichkeit und Radikalität der Fragestellung verbindet beide Kirchen, auch die Notwendigkeit, aus den Erkenntnissen einer Minderheit in den Kirchen zu einem Lernprozeß für viele in Kirche und Gesellschaft zu kommen.

III

Einige Einrichtungen, die an der Erneuerung der Beziehung zwischen Christen und Juden, zwischen Christen und Israel arbeiten, seien noch genannt:

1) *Nes Ammim* ist ein christlicher Kibbuz im Norden Israels. Seit 1960 betreiben niederländische und deutsche Protestanten den Aufbau dieser christlichen Siedlung. Sein Name, biblisch wie die Namen vieler jüdischer Siedlungen in Israel, bedeutet »Zeichen (Panier) für die Völker«. Jes. 11,10 wird dieser Name erklärt: »Und es wird geschehen zu der Zeit, daß die Wurzel Isai da steht zum Panier für die Völker, nach der werden die Heiden fragen, und ihr Ruheplatz wird herrlich sein.« Der prophetische Schlüsseltext befaßt sich mit der Beziehung Israels zu den Völkern.

Der Name signalisiert eine Umkehr jahrhundertealter christlicher Traditionen, die bedrückend, enterbend oder überlegen immer nach der (dominanten) Rolle der Kirche für Israel gefragt hatte, also immer Israel zwang, auf christliche Anfragen und Fragestellungen sich zu erklären oder zu verteidigen.

Im Grundkonzept von Nes Ammim wird die Christenheit gefragt, wie sie sich denn zu Israel verhält.

Ausdruck fand diese Umkehrung der Sichtweise in einer radikalen Absage an jede Form von Judenmission. Sie war, sublim oder gewalttätig, über Jahrhunderte der Ausdruck christlicher Überlegenheitshaltungen, die Israel nicht aus sich selbst, sondern aus einer christlichen Definitionsgewalt heraus verstehen und ihm damit einen Platz in der christlichen Heilsgeschichte anweisen wollte, der nicht der Platz Israels nach seinem eigenen Selbstverständnis war und ist.

Aus diesen Anfängen ist inzwischen eine blühende christliche Siedlung geworden, die sich tapfer, weil unter Geldverzicht, von den Freunden trennte, die den Gedanken der Judenmission in Europa oder USA nicht aufgeben wollten. Die jüdischen Nachbarsiedlungen, die vor allem aus osteuropäischen Überlebenden der Vernichtungslager und jüdischer Partisanengruppen bestehen, haben die Glaubwürdigkeit einer christlichen Existenz pro Israel, die kritisch die Völker fragen, wie sie sich zum Leben und Überleben Israels verhalten, akzeptiert. Eine christliche Solidarität mit Israel drückt sich in der physischen Anwesenheit von Christen in Israel aus.

Heute weitet sich die landwirtschaftliche Siedlung, deren Aufbau entscheidend durch Mittel der evangelischen Kirchen in den Niederlanden, im Rheinland und in Hessen-Nassau gefördert wurde, sehr intensiv zu einem Studienzentrum aus. Begegnung zwischen Juden, Christen und Arabern gehörten zum Programm.

2) In die Nähe dieser Arbeit gehört das Werk des in Ägypten in einer jüdischen Familie geborenen, später zum Dominikaner-Orden übergetretenen Bruno Hussar.

1970 begann er, in der Nähe von Latrun, auf einem baumlosen Bodenstück Israels, mit einer Siedlung, die Juden, Christen und Muslime zusammenführen sollte. Der Name der Siedlung, *Neve Schalom* – arabisch Wahat as-Salam –, bezieht sich auch auf den Propheten Jesaja (32,18): »Mein Volk wird in einem Neve Schalom (in einer Oase des Friedens) wohnen.«

Die Schwierigkeiten solcher Keimzellen einer neuen Beziehung sind groß. Sie bündeln die weltpolitischen und religionspolitischen Schwierigkeiten wie in einem Brennglas in einer kleinen Gemeinschaft, die leisten will und antizipierend auch leisten kann, was bisher im Großen noch nicht gelang: Ein neues Ethos zwischen Religionen, Kulturen und Völkern – nicht nur im Nahen Osten.

Neve Schalom ist inzwischen ein Dorf von etwa 100 Einwohnern mit Schule und Kindergarten. Die Bewohner lernen die jeweils andere Religion und Kultur der Mitbewohner durch Zusammenleben im Alltag und das gemeinsame Feiern der jeweils spezifischen Feste gut kennen. »Eine Aussaat des Friedens für morgen«, sagt Bruno Hussar. Dieses Konzept macht es notwendig, die Ansätze der Friedensforschung und Friedenserziehung immer stärker in die Arbeit einzubeziehen. Die harten Kerne der Gegensätze sind nicht religiöser, sondern politischer Art. Die Religionen werden aber allzu gerne gebraucht oder mißbraucht, sie zu legitimieren oder zu verkehren. Gerade nicht die Gemeinsamkeit (z. B. in bezug auf Abraham) stiftet Einheit. Zu lernen ist, in und mit den Unterschieden respektvoll miteinander umzugehen und zu leben – religiöse und nichtreligiöse Menschen, Juden, Christen und Muslime. Der Weg ist lang.

3) Wie lang dieser Weg ist, hat eine Initiative belegt, die seit 1958 in der evangelischen Kirche durch den damaligen Synodal-Präses Lothar Kreyssig begründet wurde: *Aktion Sühnezeichen.* Als Amtsrichter und Mitglied der Bekennenden Kirche hatte er 1940 den Massenmord an unheilbar Kranken aufgedeckt. Kirchlicher Protest half, diesen Massenmord zu beenden. Warum blieb dieser Protest im Falle der Juden aus? Weil sie (in der Mehrzahl) keine Deutschen, erst recht keine Christen waren?

Die Frage rührt noch einmal an die ungeheure Schuld, die Christen und Kirchen auf sich luden – durch Schweigen, durch Wegsehen, durch Rechtfertigung dessen, was nicht zu rechtfertigen war: Ausgrenzung, Deportation und Massenmord.

Lothar Kreyssig wollte ein Zeichen setzen. Und er wurde verstanden. In allen europäischen, von Deutschland überfallenen und besetzten Ländern arbeiten bis heute junge Deutsche: Ein Zeichen der Sühne, nicht mehr als ein Zeichen, aber als solches auch ein Zeichen der Versöhnung und der Hoffnung. Deutsche betraten ihre Nachbarländer nicht mit Marschstiefeln, Waffen und Verhaftungsbefehlen, sie wollten das Kommandieren und Gehorchen verlernen und Dialog und Kooperation lernen. Sie helfen beim Bau von Gedenkstätten und Kindergärten, Altersheimen und Begegnungszentren. Sie helfen menschenfreundlichen Einrichtungen, die nicht über die Etats von Militärs verfügen, zu überleben. Dem Namen Sühnezeichen wurde später hinzugefügt, daß diese Arbeit auch »Friedensdienst« bedeutet. Die Vergangenheit Deutschlands wurde einem sensiblen Ausschnitt der jungen Generation zur Aufgabe, nicht zu vergessen, was geschah, den Überlebenden und ihren Nachkommen zu helfen und an einem Frieden zu bauen, der Bedrohung und Vernichtung anderer ausschließt.

Ein solches Konzept mußte in Israel auch in eine Krise geraten. Die jungen Frauen und Männer lehnten in Deutschland jeden Militärdienst ab. Viele vertraten einen prinzipiellen Pazifismus als Alternative zu einer deutschen Militarismusgeschichte. Andere lehnten eine Gewalt als Gegengewalt (z. B. Israels, Nicaraguas, Tibets oder des ANC) nicht von vornherein ab. Der gute Wille durfte sich nicht nur einem Reflex auf die deutsche Vergangenheit verdanken. Er mußte sich auch auf die Situation des Nahen Ostens einlassen: Israel war und ist (bis auf Ägypten) von seinen Nachbarn nicht anerkannt, ja ständig bedroht. Ihnen allen war er hoffnungslos unterlegen, gegenüber dem um seine Rechte kämpfenden palästinensischen Volk bewies er Stärke. Es gab deutsche oder pazifistische Besserwisserei, schnelle Solidarisierungen nur mit den unterdrückten Palästinensern und lange Auseinandersetzungen über Friedensdienst in einer hochmilitarisierten Region. Es gab und gibt aber bis heute eine kontinuierliche Weiterarbeit von Freiwilligen in jüdischen Alters- oder Behindertenheimen, in Yad Vashem und in arabisch-jüdischen Gemeinschaftsprojekten.

4) *Studium in Israel:* 1977 entstand bei einer Tagung in der Evangelischen Akademie Arnoldshain, wo der christlich-jüdische und der deutsch-israelische Dialog seit langem – wie in der Katholischen Akademie Aachen – zu Hause ist, die Idee, in jedem Jahr eine Gruppe von (ca. 20) Studierenden (vorwiegend der Theologie) ein Studienjahr an der Hebräischen Universität in Jerusalem zu ermöglichen. In der israelischen Öffentlichkeit und in der Universität fand dieses Experiment höchste Beachtung. Aus der Schweiz, Österreich und der ČSFR schlossen sich inzwischen Theologinnen und Theologen diesem Programm an. Israel zu kennen, dort studiert zu haben, seine Sprache zu beherrschen, ist eine wichtige Voraussetzung für jeden zukünftigen Dialog. Die Zielsetzung kommt aus der Erkenntnis: Aus der langen Geschichte christlicher Beiträge zur Judenfeindschaft sind Konsequenzen zu ziehen, es gilt, die jüdischen Wurzeln des Christentums kennenzulernen und sich den kritischen Anfragen des jüdischen Volkes zu stellen. An der Universität nehmen sie an Lehrveranstaltungen über die jüdische Auslegungstradition der

Hebräischen Bibel vor allem in Talmud, Midrasch und neueren Kommentaren teil. Hier wird der Zugang zu einer Verstehensweise religiöser und kultureller Traditionen eröffnet, der den meisten Studierenden in Europa verschlossen bleibt. Das tägliche Leben zeigt Staat und Gesellschaft in ihrer oft widersprüchlichen Realität. Insbesondere ein Leben in Jerusalem kann sich dem politischen Konflikt zwischen jüdischen Israelis und palästinensischen Arabern nicht verschließen. In Jerusalem, der heiligen Stadt von drei Religionen, können die Studierenden andere christliche Konfessionen, insbesondere die alten Ostkirchen, kennenlernen und der Welt des Islam begegnen.

Inzwischen arbeiten in Hochschulen, Schulen und Gemeinden etwa 300 Menschen, die die Mühe auf sich genommen hatten, modernes Hebräisch zu lernen, um Vorlesungen und Seminare an der Hebräischen Universität belegen zu können. Dadurch ist ein Eindringen in die vielen Strömungen jüdischer Tradition und Gegenwart möglich, die ohne Sprachkenntnisse, ohne Studium in Israel und ohne die Alltagserfahrung im Spannungsfeld von Israel nicht zu gewinnen sind. Der internationale jüdisch-christliche Dialog, der in der Vergangenheit so viel dem deutschen Judentum und seinen letzten großen Vertretern, z. B. Leo Baeck, Martin Buber, Franz Rosenzweig, Ernst Simon oder Gershom Scholem, verdankt, wird in Zukunft nur noch englisch oder hebräisch geführt werden können. Der Neuaufbau der kleinen deutschsprachigen Gemeinden, Reste einer grauenhaft vernichteten jüdischen Kultur, geht sehr langsam voran.

5) In der Benediktiner-Abtei *Dormitio* läuft ein Programm in deutscher Sprache, das eingefügt ist in das Curriculum katholischer Theologie, aber, wie *Studium in Israel,* ökumenisch offen ist. Wer sich seriös mit dem Judentum beschäftigen will, kann das ohne lebendige Beziehung zu Israel nicht tun. Hier ist das politische, geistige, kulturelle und religiöse Zentrum des jüdischen Volkes, auch wenn nicht zu vergessen ist, daß in der Diaspora, wo die Mehrzahl der Juden heute lebt, vor allem in den USA, wichtige Zentren lebendig sind. In dem spannungsvollen Reichtum dieser Zentren hat Israel – auch für die Wissenschaft und die Kirche – einen besonderen Platz.

6) Das weiß auch der christliche Verein *Lomdim,* der sich der Aufgabe verschrieben hat, mit und bei Juden das Judentum kennenzulernen. In jedem Jahr lädt er einige Experten aus Israel für einen mehrwöchigen Aufenthalt nach Deutschland ein. Die Gäste stehen christlichen Gemeinden, Fortbildungstagungen für haupt- und ehrenamtliche Mitarbeiter/innen in den Kirchen und Schulen zur Verfügung. Dieser Brückenbau führt dann auch dazu, daß immer wieder lernbegierige Gruppen nach einer solchen Begegnung nach Israel fahren, um Studienarbeit und Begegnungen dort vertiefend weiterzubetreiben.

7) Die *Konferenz landeskirchlicher Arbeitskreise (KLAK) Christen und Juden* faßt seit 1978 19 Arbeitskreise zusammen, die in den evangelischen Arbeitskreisen Ost- und Westdeutschlands tätig sind. Einige begannen ihre Arbeit unmittelbar nach dem Ende des zweiten Weltkrieges (z. B. Sachsen, Berlin oder Hessen-Nassau). Besonders wichtig war die Arbeit in der ehemaligen DDR, deren offizielle Staatsdoktrin sowohl der Antifaschismus wie ein Antizionismus war, die für eine wirkliche Begegnung von Juden und Christen nur unter dem Dach der Kirche Raum ließ. Auch nur hier war z. B. auf Kirchentagen ein offenes Wort gegen den »Rassismus«-Vorwurf der UNO von 1974, für eine faire Berichterstattung über Israel und eine Anerkennung des jüdischen Staates möglich. Die beiden Pioniere, der Jude Helmut Eschwege aus Dresden und der evangelische Pfarrer Siegfried Theodor Arndt aus Leipzig, wurden hierfür 1984 mit der Buber-Rosenzweig-Medaille ausgezeichnet.

So wichtige Zentren, vor allem im Fortbildungsbereich kirchlicher Mitarbeiterschaft, wie »Wege zum Verstehen des Judentums« (Denkendorf), gehören ebenfalls hierher wie die Arbeit, die oft Muslime einschließt, des Hedwig-Dransfeld-Hauses in Bendorf/Rhein.

Alle diese Aktivitäten arbeiten mit dem Grundsatz, nicht *über* das Judentum informieren zu wollen, sondern immer wieder Juden selbst ihr Judentum darstellen zu lassen. Eine wichtige Rolle spielt dabei das unterschiedliche und gemeinsame Verstehen der Bibel. Ohne die Mitarbeit israelischer Rabbiner, Lehrer, Wissenschaftler und Publizisten ist diese Arbeit mit Mitarbeitern und

Mitgliedern aus den christlichen Gemeinden, aus den Schulen und der Jugendarbeit nicht zu machen. Dazu gehören regelmäßige Besuche in Israel, Studienreisen, die über die Pilgerfahrten und Tourismus weit hinausgehen. Sie besuchen weniger die heiligen Stätten als die lebendigen Menschen.
Predigt, Gottesdienst und Unterricht so zu gestalten, daß diese »in Israels Gegenwart« stattfinden, also in der Kenntnis und Annahme eines lebendigen Judentums, ist das Hauptziel dieser Bemühungen.
8) 73 *Gesellschaften für christlich-jüdische Zusammenarbeit* gibt es in Deutschland. Sie haben sich seit über 40 Jahren zu einem Koordinierungsrat zusammengeschlossen. Es sind Bürgerinitiativen gegen Intoleranz und Unkenntnis, Bürgerinitiativen, die solidarisch für Israel arbeiten und mit den deutschen jüdischen Gemeinden engen Kontakt pflegen. Ihre Schwerpunkte liegen im Bereich der Schulen und der Erwachsenenbildung. Die Bekämpfung von altem und neuem Antisemitismus gehört ebenso zu den Aufgaben wie die Überwindung von Nationalismus und die Bekämpfung von altem und neuem Rechtsextremismus. Seminare und Tagungen sowie die Arbeit an einem jährlichen Schwerpunktthema binden die sehr unterschiedlich tätigen Gesellschaften zusammen. Getreu dem nordamerikanischen Beispiel aus den 20er Jahren wird in einer jährlichen Woche der Brüderlichkeit (Geschwisterlichkeit) das Jahresthema vorgestellt und die Buber-Rosenzweig-Medaille an Personen oder Institutionen verliehen, die sich um die jüdisch-christliche Verständigung verdient gemacht haben.
Auch hier gilt, daß diese Arbeit ohne eine lebendige Beziehung zu Israel, wie sie sich in ständigen Studienreisen realisiert, nicht zu leisten ist. Dabei ist es besonders wichtig, daß diese Austauschprogramme Schulen, Vereine und Orchester mit einbezieht und auch die Partnerschaftsarbeit zwischen deutschen und israelischen Gemeinden fördert. Die »Trinität« eines jüdischen, eines katholischen und eines evangelischen Vorsitzenden repräsentiert jeweils lokal oder überregional die interreligiöse Zusammenarbeit.
Wird genug getan? Nein! Aber es wurde angefangen.

IV

Bekenntnisse und Reflexionen zu den deutsch-israelischen Beziehungen

Asher Ben-Nathan

Einige Gedanken zu den deutsch-jüdischen und deutsch-israelischen Beziehungen

»Von der bösen Erbschaft, die Hitler dem deutschen Volk hinterlassen hat, sind zwei Fragenkreise so problemschwer, daß sie die Menschen noch bis ins dritte oder vierte Glied hinein beschäftigen werden: die verspielte Einheit des deutschen Volkes und die jüdisch-deutschen Beziehungen«, so schrieb der liberale Publizist Karl-Hermann Flach im Jahre 1969 (Tribüne 8-9/1969).

Das Ende einer Erbschaft durch die überraschend schnell wiedergewonnene Einheit Deutschlands scheint die schon seit geraumer Zeit bestehende Neigung in der breiten Öffentlichkeit in Deutschland zu verstärken, sich auch der anderen Erbschaft zu entledigen und einen Schlußstrich unter die Vergangenheit zu ziehen. Die Beschäftigung mit der SED-Vergangenheit verdrängt die Notwendigkeit der Bewältigung der nicht aufgearbeiteten NS-Vergangenheit.

Jean Amérys Feststellung: »Auschwitz ist deutsch-jüdische Vergangenheit, Gegenwart und Zukunft« findet heute nur noch bei einer Minderheit geschichtsbewußter Deutscher Zustimmung.

In Israel wie auch in der jüdischen Diaspora bleibt der Holocaust in seinen dramatischen und tiefschürfenden Auswirkungen eine auf viele Generationen wirkende Erbschaft.

Die seelische Belastung wirkt bei den Überlebenden des Holocaust mit fortschreitendem Alter eher stärker und ist, wie Untersuchungen festgestellt haben, noch in der zweiten und dritten Generation spürbar.

Die Diskrepanz von Deutschen und Juden in ihrer Beziehung zur Vergangenheit kann sich auf das deutsch-jüdische Verhältnis belastend auswirken. Eine Unterscheidung zwischen den deutsch-

Asher Ben-Nathan war der erste Botschafter des Staates Israel in der Bundesrepublik Deutschland und ist Präsident der Israelisch-Deutschen Gesellschaft in Israel.

jüdischen Beziehungen und dem deutsch-israelischen Verhältnis ist angebracht. Die Beziehung von Juden zu Deutschland war in der Diaspora stets kritischer und zurückhaltender als in Israel, wo sie von den konkreten Beziehungen zwischen beiden Staaten beeinflußt war.

Die Wiedergutmachung, die Militär- und Wirtschaftshilfe wie auch die ständigen Erklärungen deutscher Politiker, daß sie sich einer moralischen Verantwortung gegenüber Israel bewußt sind, haben in Israel guten Willen erzeugt.

Auf deutscher Seite waren es nicht nur moralische Erwägungen, die dazu führten, sondern auch politische Zweckmäßigkeiten, während auf seiten Israels die Notwendigkeit existentieller Interessen die Richtlinien der Politik in den Beziehungen zur Bundesrepublik bestimmten, ohne daß dies eine Akzeptanz des Vergessens oder eine »Normalisierung« der Beziehungen bedeutete.

Die Aufnahme diplomatischer Beziehungen zwischen der Bundesrepublik und Israel normalisierte wohl den offiziellen Charakter der Beziehungen zwischen beiden Staaten, aber nicht deren Inhalt, der in der Vielfalt seiner Entwicklungen eher einen besonderen Charakter annahm.

Die Beziehungen auf vielen Gebieten, sowohl zwischen Gemeinschaften und Organisationen als auch von Mensch zu Mensch, entwickelten sich überraschend gut und werden oft als »intim« bezeichnet. In vielen Bereichen steht die Bundesrepublik an zweiter Stelle, unmittelbar nach den USA, und in manchen überflügelt sie sie sogar.

Partnerschaften zwischen 74 Städten, Tourismus, Zusammenarbeit in Wissenschaft und Forschung, intensiver Jugendaustausch und enge Kontakte in Kultur und Sport sowie vieles andere, bezeugen dies.

Zwar gab es Krisen, sowohl politischer als persönlicher Natur, in den Beziehungen der beiden Staaten, aber beide Seiten bemühten sich stets, sie zu überwinden.

Die Ergebnisse während des Golfkrieges, als in Deutschland Protestkundgebungen gegen den Krieg stattfanden, während in Israel Menschen Gasmasken anziehen mußten, weil Scud-Raketen auf sie fielen, und zur selben Zeit Nachrichten über die Beteiligung deutscher Industrieunternehmen an der Aufrüstung mit Giftgas und atomaren Waffen kundwurden, haben in Israel Unverständnis und Zorn erzeugt.

Die Besuche von Politikern aller Parteien Deutschlands in Israel und ihre Aussagen der Teilnahme und Sympathie haben zwar geholfen, die Situation zu entspannen, aber ein Unbehagen ist noch immer in der israelischen Öffentlichkeit spürbar.

Deutsch-jüdische und deutsch-israelische Beziehungen waren und sind beeinflußt von der Beziehung der Deutschen zu ihrer eigenen Vergangenheit, und den Schlußfolgerungen, die sie daraus ziehen.

Die Beziehungen zwischen beiden Staaten und beiden Völkern werden auch in Zukunft eine ständige Herausforderung auf beiden Seiten sein, und sie werden sich, so glaube ich, auch auf die innere Gestaltung der jeweiligen Gesellschaft auswirken.

Björn Engholm

Für einen Weg der Toleranz

Die Beziehungen zwischen Deutschland und Israel können keine gewöhnlichen Beziehungen zwischen zwei einander nicht benachbarten Staaten sein. Die von Deutschen am jüdischen Volk begangenen Verbrechen gehören keiner Vergangenheit an, die vergehen könnte. Die Verantwortung der Nachgeborenen für die deutsche Geschichte bleibt. Verantwortung, das heißt, antworten, nicht verschweigen; erinnern, nicht verdrängen; gedenken, nicht relativieren. Bundespräsident von Weizsäcker formulierte es einmal so, daß erst »die Erinnerung in Wahrhaftigkeit« uns frei machen kann, frei, um neues Vertrauen zu gewinnen.
Als sich am 9. November 1988 zum 50. Mal die sogenannte »Reichskristallnacht« jährte, hielt der Kieler Soziologe Lars Clausen vor dem Schleswig-Holsteinischen Landtag eine bewegende Rede. Jene »Kristallnacht«, sagte er, war die »Probe der Verrohung« für das deutsche Volk. Würde die Bevölkerung den Terror gegen die Juden erlauben? Kristall, so heißt das kostbare Glas, das an festlichen Tagen den gemeinsamen Tisch der Familie schmückt. »Kristallnacht«, das ist die Nacht, in der das Kostbare zerbrach, in der das Vertrauen in die Gemeinschaft von Christen und Juden in Deutschland barbarisch zerschlagen wurde und die Verrohung endgültig obsiegte.
Wohin die fürchterliche Verrohung führte, das weiß kein Volk besser als das israelische. Ich stehe auch heute noch fassungslos vor der Dimension des Grauens. Sie war es, die mich zutiefst bewogen hat, politisch an dem Aufbau einer besseren Welt mitzuwirken.
Nach dem Ende der Gewaltherrschaft schufen tapfere Juden sich auf dem uralten Boden ihres Volkes den neuen Staat Israel. Entronnen dem Grauen, in einer schwierigen Auseinandersetzung

---

Björn Engholm ist Ministerpräsident des Landes Schleswig-Holstein und Parteivorsitzender der SPD.

mit den arabischen Staaten dieser Region und in ständigem Kampf mit der unwirtlichen Natur haben sie dort ein demokratisches Staatswesen errichtet.
Ich bin froh, feststellen zu können, daß sich auch in Deutschland heute wieder jüdische Mitbürgerinnen und Mitbürger zu Hause fühlen. Dieser Jüdischen Gemeinde sind wir zu tiefem Dank verpflichtet. Sie gibt uns die Chance zur Versöhnung im eigenen Land.
Als Deutsche berührt uns alles, was den Staat Israel betrifft, in besonderem Maße. Dies gilt auch und gerade für die Frage seiner Sicherheit.
Einen Frieden im Nahen Osten, der nicht von der Garantie sicherer Grenzen für Israel ausgeht, kann es nicht geben. Frieden ist nur zu stiften, wenn er gerecht gegenüber allen Betroffenen ist; ein einseitiger Friede ist kein Friede. Der mit dem Namen Camp David verbundene Prozeß wurde in der Bundesrepublik von Anfang an hoffnungsfroh begleitet, da er auf Ausgleich hin ausgerichtet ist. Das Existenzrecht Israels wird mit dem Selbstbestimmungsrecht der anderen Völker, insbesondere der Palästinenser, in Einklang zu bringen sein.
Niemals die Gewalt, nur der Weg der Toleranz kann zum Frieden führen. Toleranz machte Europa groß, das Vergessen dieser Tugend riß es stets in verderbliche Kriege hinein. Lessing bereits wies uns in seinem »Nathan« diesen Weg. Mit der berühmten Ringparabel zeigte er uns, daß Judentum, Christentum und Islam auf einer gemeinsamen Grundlage beruhen. Sie ehren alle denselben Gott und sehen Jerusalem als die heilige Stadt. Der Wert des einzelnen Menschen als Abbild Gottes ist das Fundament dieser Ethik.
Deutschland hat im Herbst 1990 seine Einheit in Frieden und Freiheit wiedererlangt. Manche, auch ich, sagen deshalb heute, daß die »Nachkriegszeit« zu Ende sei. Das heißt nicht, daß wir die deutsche Vergangenheit nun quasi »entsorgen« könnten. Sondern es heißt, daß, nachdem die alles überlagernde Ost-West-Konfrontation überwunden ist, eine welthistorisch einmalige Chance besteht, die internationalen Beziehungen mit Vernunft und Geduld neu zu ordnen.

Die Friedenskräfte der Weltgemeinschaft werden stärker. Meine Hoffnung, daß der Friedenskonferenz für den Nahen Osten ein dauerhafter Erfolg beschieden sein wird, ist mittlerweile größer als meine Skepsis. Daß die Sicherheit des Staates Israel aber auch in dieser supermachtpolitisch entspannten Weltlage noch immer existentiell hochgefährdet ist, haben die Raketenüberfälle des Diktators Saddam Hussein nachdrücklich gezeigt. »Solidarität mit Israel«: Das ist keine sonntägliche Heile- Welt-Politik, sondern das muß eine Konstante unseres politischen Selbstverständnisses für alle Tage bleiben.

(Diesem Text liegt eine Rede zugrunde, die Schleswig-Holsteins Ministerpräsident Björn Engholm als Präsident des Bundesrates am 11. Juli 1989 anläßlich eines Israel-Besuchs in Jerusalem gehalten hat.)

Hans Koschnick

Was soll in der deutschen Israel-Politik geändert werden?

So sehr ein Verständnis dafür aufgebracht werden muß, daß die deutsche Politik angesichts von Auschwitz nicht dazu berufen ist, einen aktiven Part im Nahost-Konflikt zu spielen, so darf andererseits eine geschichtlich begründete Zurückhaltung bei den aktuellen Anlässen kritischer Entwicklungen in Israel, in den besetzten Gebieten oder bei den israelischen Nachbarn, nicht dazu führen, in steriler Neutralität sich von den Problemen abzuwenden.

Wir Deutsche können nicht neutral sein, wenn es um das Existenzrecht des jüdischen Volkes, um eine jüdische Heimstatt in gesicherten Grenzen und um die wirtschaftlichen Überlebenschancen Israels geht. Hier heißt es Farbe zu bekennen und – soweit erforderlich – zu helfen.

Doch bedeutet diese prinzipielle Hinwendung zu Israel und seiner Bevölkerung nicht, daß wir alle Schritte und Maßnahmen der israelischen Regierung oder von Gruppen in der israelischen Gesellschaft gut zu heißen haben. Israel ist nicht nur ein bedrohter Staat, der Hilfe verdient, Israel ist auch ein Staat, der für sich beansprucht, auf Demokratie und Rechtsstaatlichkeit gegründet zu sein. An diesem Anspruch muß sich die israelische Politik messen lassen. Und wenn man das tut, gibt es Grund für vielfältige Besorgnisse über innergesellschaftliche Entwicklungen, Ärgernisse beim Umgang mit palästinensischen und israelischen Arabern und Unverständnis über manche Blockierung eines gerade für die Menschen in Israel so notwendigen Friedensprozesses. Kurzum, es ist keinesfalls eine reine Freude, sich für Israel zu engagieren.

Hans Koschnick, früher Bürgermeister von Bremen und Mitglied des Bundestages (SPD), ist Präsident der Deutsch-Israelischen Gesellschaft.

Doch wenn es zum Schwur kommt, steht meine Forderung, unsere für das jüdische Volk so belastende Geschichte zum Maßstab zu nehmen und über alle berechtigten Anstöße hinweg dem Lebensrecht des Staates Israel gerecht zu werden. Eindeutigkeit ist geboten, Doppelzüngigkeit verhängnisvoll.

Bleiben wir gleich beim Praktischen. Es dient den in langen Jahren kommunistischer Herrschaft in der früheren Sowjetunion bedrückten Juden, wenn ihnen heute in Israel ein sicheres Refugium geboten wird. Es dient zugleich einer Stabilisierung des Staates Israel. Deshalb sollte der Integration der jüdischen Einwanderer aus den Weiten des früheren sowjetischen Imperiums in die Heimstatt Israel unser Augenmerk geschenkt werden. Und das bedeutet für mich, dem israelischen Staat Finanzhilfen für die Ansiedlung im Kerngebiet von Israel zu gewähren. Ich sage bewußt Kerngebiet, denn eine Ansiedlung in den besetzten Gebieten ist für den Friedensprozeß im Nahen Osten kontraproduktiv und würde unser (zwangsläufig zurückhaltendes) Engagement für eine Friedens- und Nachkriegsregelung in der dortigen Region unglaubwürdig machen. Auch hier ist Klarheit und Eindeutigkeit geboten.

Und schließlich muß eine rechtverstandene, geschichtsbewußte Außenpolitik alles daran setzen, daß die Bindungen des Staates Israel, namentlich seiner Menschen, an Europa auch eine entsprechende Antwort von uns erfahren.

Die Europäische Gemeinschaft sollte deshalb – von uns gedrängt – den israelischen Waren den gleichen Zugang zum europäischen Markt gewähren wie den Bezügen aus dem Magreb. Darüber hinaus sind verbesserte Kooperationsabkommen angezeigt – auch hier ist Handeln mit Augenmaß die richtige Antwort.

Hanna-Renate Laurien

Israel: Ursprung, Verheißung und Feuerofen

Solidarität mit Israel? Für mich schlicht »Faszination durch Israel«. Getrost Emotion – nicht für eine Sache, nein, für ein Land, für seine Menschen.

Flüchtig, touristenhaft wollte ich nicht in dieses Land fahren. Es war für mich Ursprungsland meines Glaubens: das Land, in dem ich hoffte, die Spuren von Moses und Abraham ahnen zu dürfen, den Zeichen des Jesus von Nazareth begegnen zu können. Doch zugleich schrieb dieses Land, um ein Wort des unvergessenen Papstes Johannes XXIII. aufzunehmen, uns Christen, uns Deutschen, das Kainsmal auf die Stirn: tausend-, ja millionenfacher Geschwistermord.

Mein erster Drei-Wochen-Aufenthalt 1975 umfaßte dies alles, wühlte auf, bewegte, begründete Vertiefung der unverlierbaren Liebe zu diesem Land. Yad Vashem und die Klagemauer, dazu Massada erschütterten. Nun sah ich die Golanhöhen, die permanente Gefahr, ganz anders als zu Hause auf dem Atlas. Yad Vashem ... das Kainszeichen verwischt nicht, bleibt Maßstab, Forderung.

Der See Genezareth, Kapharnaum mit der Synagoge, in der wohl Jaïrus betete, Tagba-Heptapegon, die Stätte der wundersamen Brotvermehrung, sie alle und noch manch anderer Ort erfüllten sich für mich in der Stille des Berges Tabor, unter den Zedern von Gethsemane, im Abendmahlssaal der Dormition-Abtei.

In Meggido (3500 v.Chr.), an den Stätten Salomons (950 v.Chr.), im Kanaitischen Tempel (1900 v.Chr.), in Hebron – Nähe des Gottes, der den Dornbusch brennen macht, der sich als »Ich bin der Ich-bin-da« im Säuseln zu erkennen gibt. Freunde, die Benediktiner der Dormitio-Abtei, erschlossen uns vielfach Jersualem.

Hanna-Renate Laurien (CDU) ist Präsidentin des Abgeordnetenhauses von Berlin.

Ich begegnete später auch Teddy Kollek. Er ist ein Grund meiner Faszination durch und für Israel. Was er 1988 sagte, bekundete, als ich für den Senat (die Landesregierung) von Berlin als Bürgermeisterin dieser Stadt das »Berliner Jugendzentrum« mit ihm einweihen durfte, zeigte, welche Probleme alle Metropolen haben, zeigte, welche Gemeinsamkeit in der Aufgabe uns verbindet. Teddy Kollek lud dann bald danach zum Treffen aller Partnerstädte, der *twin-sister-cities* ein.

Nie im Leben vergesse ich das. Alles hinreißend organisiert. Eröffnungsveranstaltung. Ich (CDU) durfte da für alle Deutschen sprechen, der hoch geschätzte Herr Koschnick (SPD) hatte dieses Privileg bei der Abschlußveranstaltung. Teddy hatte geredet: ein nahezu endloses Programm lief ab. Wir zwei saßen auf irgendwelchen Holzstufen. Ich zu ihm: »Soll ich nicht jetzt schon reden? Sie sind doch sehr müde nach 18 Stunden Dienst ...« Er: »Nein, das Programm wird eingehalten.« Meine Konsequenz: statt der vorbereiteten 10–15 Minuten habe ich 3–5 Minuten geredet. Und Teddy sagte zu mir »Danke«. Dieses »Danke« habe ich in Berliner Begegnungen wiederholt: einmal, als er mir vor unserer Wahl von 1989 ein klitzekleines braunes Beutelchen mit einem »Teddy« schenkte (»dann gewinnen Sie«), und mindestens ein andermal, als er mir – nach unserer verlorenen Wahl – sagte: »Sehen Sie, ich habe gewonnen, aber ich kann trotzdem nur begrenzt regieren ...« Seinen »runden« Geburtstag, an dem ich als Mitglied der Jerusalem Foundation teilnahm, haben wir dann hinreichend und hinreißend gefeiert.

Aber ich will doch noch einmal auf das »twin-city-Treffen« zu sprechen kommen. Es bewegt mich bis heute – Bekenntnis zu Israel ... Die erwähnte Eröffnungszeremonie hatte alles an Glanz. Nun kamen die »Sessionssitzungen«. In der »meinen« vielleicht 2–3000 Teilnehmerinnen und Teilnehmer. Ein junger Deutscher am Rednerpult. Er könne seinen Freunden nicht mehr raten, nach Israel zu fahren: PLO, Araber, Menschenrechte ... Mich riß es vom Stuhl, zum Mikrophon. Ich bezog eine andere Position, aber – und nur deshalb erwähne ich es – ich sagte auch, daß dieser junge Mann, schätzungsweise 30 Jahre alt (32 war dann die Realität), in der Bundesrepublik Deutschland die unbegrenzte

Freiheit der Rede als »Säule« der Demokratie erfahren hat und daß deshalb sein Beitrag, dem ich glühend widerspräche, ein hinreißender Beleg demokratischer Substanz im heutigen Deutschland sei. Und nun kommt wieder »Faszination Israel« zur Sprache: ich bekam Briefchen, Zettel zugeschoben, die mir leidenschaftlich zustimmten. Ahnen Sie, was das für eine Politikerin bedeutet?

Gerade weil ich Israel liebe, weil ich – wie oft nur? – gegenüber der politischen »Linken« in Deutschland verdeutlicht habe, welcher Unterschied zwischen den verherrlichten arabischen Steinewerfern und den vors Gericht gebrachten israelischen Gewalttätern besteht, muß ich auch zur Sprache bringen, wie das Anwachsen fundamentalistischer Haltungen, Gruppen, wie das Anwenden von Gewalt es uns erschwert, die – für mich unerläßliche – Solidarität mit Israel nicht nur zur Sprache zu bringen, sondern zu verwirklichen.

Nicht Solidarität, abermals Faszination durch Israel: CHAGALL – in der Knesset, in der Klinik, aber eben auch in Mainz, in St. Stephan. Der Gekreuzigte mit Sarah, mit Mose und Joseph ... das ist Israel ... Christen müssen sich weit mehr als bisher der Wurzeln bewußt werden, müssen Glaubende, Fragende, Widersprechende zusammenführen.

Rolf Friedemann Pauls

Deutsch-israelische Beziehungen nach dem Golfkrieg

»Land gegen Frieden« soll die von der israelischen Regierung zurückgewiesene Maxime für den israelisch-arabischen Friedensprozeß lauten.

Man wird einsehen müssen, daß es zu multilateralen Regelungen erst kommen kann, wenn in den bilateralen Beziehungen Israels mit jedem der beteiligten arabischen Staaten Frieden geschlossen wird, so wie es zwischen Israel und Ägypten geschah. Dann wird auch »Land gegen Frieden« möglich werden, wenn das israelische Sicherheitsbedürfnis in der Regelung seinen Platz findet. Eine multilaterale Konferenz am Anfang ist zum Scheitern verurteilt.

Man wird erkennen müssen, daß das Palästinenserproblem nicht nur ein israelisch-palästinensisches ist, sondern vor allem ein arabisch-palästinensisches. Wer will denn wirklich einen Staat Palästina außer den Palästinensern? Nur die israelische Ablehnung von vornherein hat es den Arabern leicht gemacht die palästinensische Forderung zu unterstützen und hat ihre tiefe Abneigung gegen den Gedanken zu überdecken vermocht.

Die von der Regierung Shamir abgelehnte Maxime »Land gegen Frieden« findet in Israel weitreichenden Widerhall und viel Unterstützung. Es wird darüber zu einer der tiefgreifendsten und schwersten innenpolitischen Auseinandersetzungen kommen, die Israel erlebt hat. Jede Einflußnahme von außen könnte das Geschehen nur komplizieren. Wir besonders sollten uns da zurückhalten und zunächst alle uns mögliche Aufmerksamkeit darauf richten, die schwere Vertrauenskrise zwischen uns und den Ju-

---

Rolf Friedemann Pauls war der erste Botschafter der Bundesrepublik Deutschland in Israel und ist seitdem vielfältig in den deutsch-israelischen Beziehungen engagiert.

den, die unter den Stichworten »Gas« und »Scud-Raketen« herauf beschworen wurde, zu überwinden, indem wir endlich die dafür Verantwortlichen, die Täter, zur Rechenschaft ziehen und gleichzeitig erkennen, daß alle verantwortlichen Aufsichtsorgane einen erschütternden Mangel an Sensibilität in dieser Frage bewiesen und bodenlos leichtsinnig gehandelt bzw. nicht gehandelt haben.

Es war nicht *die* deutsche Industrie, es waren nicht *die* deutschen Techniker. Aber auf dem Hintergrund der deutsch-jüdischen Geschichte der Hitlerzeit, mußten bei ersten Erkenntnissen oder nur vagen Nachrichten, daß irgendwelche Deutsche an so etwas tätig waren, alle Alarmglocken schrillen, mußte staatliche Macht tätig werden, um den Verbrechern das tödliche Handwerk zu legen. Allerspätestens bei der Nachricht von Saddams Gasangriff auf die Kurden vor einigen Jahren, hätte alles untersucht, geklärt und geahndet werden müssen. Natürlich ist es heute einfach, Giftgas herzustellen, und man braucht dazu keine entwickelte chemische Industrie. Aber allein die Verbindung: »Deutsche – Gas – Juden« ist so ungeheuerlich, daß man sich fragt, wie können Deutsche so stumpf, so dumpf oder so verbrecherisch sein? Oder waren gar keine beteiligt? Ist das makabre Propaganda? Wir wissen in unserer Öffentlichkeit bis heute noch nichts von einschlägigen Untersuchungen oder deren Ergebnissen. Was muß eigentlich geschehen, damit unsere Behörden ein Mindestmaß an Sensibilität gegenüber der Ungeheuerlichkeit dieses Verdachtes entwickeln. Jedenfalls müssen wir Gott auf den Knien danken, daß kein Jude in Israel und kein amerikanischer oder anderer Soldat am Golf durch Gas ums Leben gekommen ist. Bei der gegebenen Nachrichtenlage wäre die deutsche Reputation ins Jahr 1945 zurückkatapultiert gewesen.

Aus der deutsch-jüdischen Geschichte tragen wir Verantwortung für das Schicksal Israels, ob wir oder die Israelis das wollen oder nicht. Wir müssen immer wieder versuchen, ihr mit vollkommenem Takt und feinster Sensibilität und ohne die mindeste Selbstgefälligkeit auf Grund unserer jahrzehntelangen finanziellen Leistungen zu entsprechen.

Das heißt nicht, daß wir mit jeder israelischen Regierungspolitik einverstanden zu sein haben. Die Interessen beider Völker müssen in unseren Beziehungen ihren Platz finden und berücksichtigt werden, wenn diese Beziehungen für die Zukunft einen Wert haben sollen.

Der Aufbau unserer Position in Amerika hat vor 40 Jahren seinen Weg über die deutsch-jüdischen Wiedergutmachungsverträge und -gesetze genommen. Nicht ohne Grund hat Adenauer Jahre später David Ben Gurion zum ersten Mal in New York getroffen und mit ihm die sogenannte Adenauer-Ben-Gurion-Absprache getroffen, die heute noch wirksam ist. Israels Einfluß, wenn es sich um Kritik an den Deutschen handelt, ist heute noch in den USA weit mächtiger als in Europa. Seit der Regierungszeit von Menachim Begin hat die Lage sich zusätzlich kompliziert. Bis dahin waren sich alle amerikanischen Juden über die Unterstützung der israelischen Regierungspolitik einig. Seit Begin gibt es den dauernden Zwist: dafür oder dagegen. Worauf sich alle immer wieder einigen können und damit dem Einigungsbedürfnis entsprechen, ist der Holocaust, wie sie es nennen, die Katastrophe. So ist es z. B. zur Überdramatisierung von Fällen wie Bitburg und Waldheim gekommen.

Wir Deutschen neigen zur Gefühlsseligkeit. Dafür ist in den deutsch-israelischen Beziehungen kein Platz. Sie erfordern, was uns sehr viel schwerer fällt, ein Höchstmaß an Sensibilität.

Andreas von Schoeler

Frankfurt und Tel Aviv: Eine keineswegs normale Partnerschaft

Frankfurt am Main unterhält viele Städtepartnerschaften. Seit 1980 auch zu Tel Aviv.

Wie mit den anderen Städten ist Ziel des Freundschaftsvertrags die dauerhafte Zusammenarbeit im kulturellen, wissenschaftlichen, wirtschaftlichen und sportlichen Bereich. Es gibt einen Jugendaustausch, regelmäßige Treffen und Konsultationen der kommunalen Dezernate über Verkehr, sozialen Wohnungsbau, Stadtsanierung oder über das Gesundheitswesen. All das hat sich innerhalb von zwölf Jahren eingespielt, all das ist im Verhältnis zu Tel Aviv mitnichten normal.

Wer dies behauptet, verleugnet den »Zivilisationsbruch«, den der Nationalsozialismus bedeutete. Eine Städtepartnerschaft mit Tel Aviv kann nur der nicht endende Versuch sein, sich der unvergänglichen Vergangenheit zu stellen, sich ihr in der Gegenwart auszusetzen und die Ausnahmesituation des Staates Israel zu verstehen.

Ein »kommunikatives Beschweigen« des Nationalsozialismus, das der Philosoph Hermann Lübbe vor einem Jahrzehnt als Voraussetzung des Wiederaufbaus eines demokratischen Deutschland diagnostizierte, ist nichts anderes als der Wille, nach vier Jahrzehnten historisch *tabula rasa* zu machen, die Vergangenheit zu entsorgen. Der Sozialwissenschaftler Helmut Dubiel hat diese Entsorgungsmentalität beschrieben: dabei werde sich zur nationalsozialistischen Vergangenheit wie zu einem Atomkraftwerk verhalten, für dessen strahlenverseuchten Abfall noch keine Endlagerung in Sicht sei. Da der Gedanke daran unerträglich sei, müsse er verdrängt werden. An seine Stelle gehörten gesundes

---

Andreas von Schoeler (SPD) ist Oberbürgermeister der Stadt Frankfurt am Main.

Traditionsbewußtsein, identitätsstiftende historische Potentiale. Worüber man nicht spricht, das gibt es nicht, ließe sich ein bekannter sprachphilosophischer Satz abwandeln.

Was geschah, ist nicht ungeschehen zu machen. Auch in Frankfurt nicht, auch nicht in der Partnerschaft mit Tel Aviv. Austausch heißt zuallererst zurückzublicken, um die Gegenwart zu verstehen.

Es läßt sich nicht leugnen, daß auch in Frankfurt bereits von 1933 an jüdische Menschen diskriminiert, schikaniert, schließlich gefoltert und in die Todeslager geschickt wurden. Niemand darf Unkenntnis für sich beanspruchen. Am 31. März 1933 sprach der spätere Blutrichter Roland Freisler auf dem Römerberg. Als Sonderbeauftragter des Justizministers sollte er sich um die »Entjudung« der Justiz kümmern.

Am 1. April verfügte der kommissarische Oberbürgermeister Friedrich Krebs, daß die Stadtverwaltung nicht mehr bei Juden einkaufen dürfe. Bald begann die »Arisierung« jüdischer Geschäfte; eine unvorstellbare Hatz setzte ein.

Hannylotte Salzberger, die Ehefrau des nach Dachau deportierten Rabbiners, erinnert sich an zwei unvergeßliche Besuche:

»Eines Tages während dieser schrecklichen Zeit kam ein etwa 16jähriger Hitlerjunge ins Haus. ›Heil Hitler! Kommen Sie gleich mit mir. Ich soll Sie verhaften.‹ Ich trat ihm ganz unerschrocken entgegen und sagte: ›Frauen werden nicht verhaftet.‹ Ich rief sofort die Polizei an. ›Schicken Sie den Jungen mal ans Telefon.‹ Er ging ans Telefon und verabschiedete sich dann von mir mit den Worten: ›Es ist gut. Heil Hitler.‹ An einem anderen Tage erschien ein nicht viel älterer Hitlerjunge und sagte: ›Ich soll Ihnen Ihr Haus abkaufen. Ich gebe Ihnen 100 Mark dafür.‹ Ich erwiderte ihm: ›Das Haus gehört gar nicht mir. Erst müssen Sie meinen Mann zurückbringen, dann können Sie das Haus von ihm kaufen‹.«

In diesen Episoden verrät sich eine Mentalität. Im November 1938 hatten die Großbanken auch in Frankfurt längst den profitablen Geschäftszweig der Arisierung erschlossen und Spezialabteilungen eingerichtet. Am 9. November 1938 wurden unzählige Geschäfte verwüstet, Menschen durch die Straßen getrieben, von der Festhalle aus gingen die ersten Transporte in die Konzentrationslager.

Der Nationalsozialismus ist ein nicht zu tilgender Teil der Frankfurter Stadtgeschichte. Alltäglich war in Deutschland das Unsagbare, das sich darum heute nicht normalisieren und in den Geschichtsverlauf einrücken läßt.

Frankfurt bildete keine Ausnahme, also kann die Städtepartnerschaft zu Tel Aviv nicht normal sein. Wie nur wenige andere deutsche Städte hatte Frankfurt einen gar nicht zu überschätzenden kulturellen Nutzen von der großen jüdischen Gemeinde, die Anfang der 30er Jahre mehr als 30000 Mitlgieder zählte.

1945 lebten gerade noch 200 in der Stadt. Die anderen waren vertrieben oder ermordet. Die Künstler, die Wissenschaftler, die Intellektuellen, die das Leben in dieser Stadt inspiriert hatten. Ihrer und ihrer Werke müssen wir uns in der Partnerschaft mit Tel Aviv erinnern.

Nach seiner Rückkehr aus dem amerikanischen Exil nach Frankfurt am Main 1949, wo er mit Max Horkheimer das Institut für Sozialforschung neu gründete, hat Theodor W. Adorno in dem Aufsatz »Kulturkritik und Gesellschaft« den vieldiskutierten Satz geschrieben:

»Kulturkritik findet sich der letzten Stufe der Dialektik von Kultur und Barbarei konfrontiert: nach Auschwitz ein Gedicht zu schreiben, ist barbarisch, und das frißt auch die Erkenntnis an, warum es unmöglich ward, heute Gedichte zu schreiben.«

Die Debatte ist unabschließbar, und sie wird nicht zuletzt in Frankfurt geführt. Ob im Streit über das Museum Judengasse, über Gedenktafelprogramme, über den Widerstand oder über Möglichkeiten, sich dem Holocaust angemessen zu nähern. Der Schriftsteller Wolfdietrich Schnurre hat sich anläßlich einer Konferenz zu Adornos Satz Gedanken gemacht, zum Gebrauch des Adjektivs barbarisch, denn: »Auschwitz war barbarisch.« Damit habe sich das Wort für den weiteren Sprachgebrauch disqualifiziert, und Schnurre fragt abschließend: »Ob nicht, nach Auschwitz noch Schlaf zu finden, weit ärger ist, als nach Auschwitz Gedichte zu schreiben?«

Zu entscheiden ist der Disput wohl nicht; doch Auschwitz ist eine Verpflichtung für Deutsche, der sie sich nicht entziehen dürfen: Die Verpflichtung, Israel beizustehen, wenn es in Not ist. Vor eineinhalb Jahren, während des Golfkrieges, war seine Existenz bedroht. Deutscher Beistand mußte von tiefer Scham begleitet sein. Saddam Husseins Scud-Raketen konnten nicht zuletzt dank deutscher Technik von ihren Abschußrampen auf israelische Städte abgefeuert werden. Auch in unserer Partnerstadt mußten die Menschen Gasmasken aufsetzen, um sich vor in Deutschland hergestelltem Giftgas zu schützen.

Während auf den Straßen und Plätzen, im Fernsehen und in den Feuilletons Bellizisten und Pazifisten für oder gegen den Angriff auf die Diktatur Saddam Husseins stritten, lebten die Israelis in Todesangst.

Während hierzulande mit an Pawlow erinnernden Reflexen die Politik der israelischen Regierung gegenüber den Palästinensern verdammt wurde, saßen die Menschen in Tel Aviv in abgedichteten Räumen und Kellern. Häuser wurden zerstört, es gab Tote; daß es nicht noch viel schlimmer kam, ist vor allem den amerikanischen Patriot-Abwehrraketen zu verdanken.

In dieser Situation rief mein Amtsvorgänger, Dr. Volker Hauff, die Frankfurter Bevölkerung zur Hilfe für die bedrohte Partnerstadt auf. Die Resonanz war beträchtlich. Volker Hauff reiste aus Solidarität nach Tel Aviv, er erlebte die Angst und das Entsetzen der Menschen, für die von deutschem Gas eine tödliche Gefahr ausging. Der Golfkrieg war die ernsteste Bewährung für diese Partnerschaft.

Beide Städte bemühen sich, vor allem durch kulturellen Austausch das gegenseitige Verständnis zu vertiefen. Die Frankfurter Oper hat in Tel Aviv gastiert, Ausstellungen haben in beiden Städten stattgefunden, im Rahmen der Reihe »Literatur im Austausch« besuchen Schriftstellerinnen und Schriftsteller aus Tel Aviv unsere Stadt, ihre Kolleginnen und Kollegen aus Frankfurt reisen nach Israel. Gleichwohl bedeuten der Golfkrieg, die Haltung vieler gründlich deutscher Pazifisten zu einem gefährdeten Israel und deutsches Giftgas eine neuerliche Zäsur in den Beziehungen. Jetzt muß sich diese Städtepartnerschaft bewähren, normal wird sie nicht.

Klaus Schütz

Deutschland und Israel – Grund zur Hoffnung

Im Verhältnis von Juden und Deutschen zueinander sieht heute so manches harmonisch und wohlgeordnet aus. Die Deutschen leben mit den wenigen Juden friedlich zusammen, die es in Deutschland noch gibt. Sie laden ihre Repräsentanten zu den Festen, sie ehren und respektieren ihre religiösen Formen. Und die amtlichen Beziehungen zum Staat Israel? Sie sind gut. Zu Recht wird die Tatsache gerühmt, daß es auf vielen Gebieten des gesellschaftlichen Lebens besser als normal zugeht.

Nur über die entscheidende Tatsache darf sich niemand täuschen: Der Graben zwischen beiden Völkern, zwischen Juden und Deutschen, ist tief, sehr tief. Aber: Es gibt 50 Jahre nach der Katastrophe wieder Grund zu hoffen, daß dieser Graben einmal überschritten werden kann.

Sicherlich: Juden und Deutsche werden auf lange Zeit in einem Land und in einem Volk nicht wieder unbefangen zusammenleben. Aber zwischen den beiden Völkern wird es möglich werden, daß dieser Graben überwunden wird, so verhängnisvoll tief er heute noch ist. Er gibt Grund zum Hoffen, so schwer es ist. Von den Jungen in beiden Völkern her ist diese Wende möglich. Sie allerdings setzt voraus, daß sich auch die jungen Deutschen zu ihrer Geschichte bekennen, zur deutschen Geschichte.

Übrigens: Hier hilft nicht der Hinweis auf eine Jugend, der auch im Verhältnis zu den Juden die Freiheit und die Unbefangenheit gestattet sein müßte. Das wird vor allem deutlich im Blick auf den Staat Israel. Zwei Gesichtspunkte sollen das erläutern. Sie betreffen einmal die Lage im Nahen Osten allgemein und zum andern die besondere Situation, in der sich Israel und die Araber, Israel und seine Nachbarn, heute befinden.

Klaus Schütz (SPD), ehemals Regierender Bürgermeister von Berlin, ist gegenwärtig Direktor der Landesanstalt für Rundfunk Nordrhein-Westfalen in Düsseldorf.

Zum einen: Ich kenne heute wenige Regionen in der Welt, die so angefüllt sind von Problemen, von Gegensätzen, von Schwierigkeiten, wie diese. Aber ich wehre mich gegen die Arroganz in Europa oder anderswo, die da meint: Wir klugen Europäer hätten hier bei uns doch alles so schön geregelt. Und die ungeduldig fragt: Warum Juden und Araber dort nicht in der Lage sind, ihre Dinge schnell und zugleich dauerhaft zu arrangieren?

Welche Überheblichkeit! Dabei sind die Fragen, um die es dort geht, in Wahrheit noch schwieriger und noch komplizierter als so manches, was heute weiterhin in Europa ungelöst ist. Und dazu kommt, daß dort in der Region Ängste angestaut sind, Ängste, die ich in vergleichbarer Form nur aus den ersten Nachkriegsjahren in West-Berlin erinnere. Und das bei allen Beteiligten, bei Arabern wie bei Juden.

Ich jedenfalls bin beeindruckt von der Art und Weise, in der die deutsche Außenpolitik immer wieder nach Ansätzen für eine Friedenspolitik sucht, auch für diese Region. Deutschland ist keine Großmacht, aber wir sind ein Land mit Gewicht. Ein Land, dessen Wort etwas gilt auf allen Seiten des Konflikts. Und deshalb tun wir gut daran, unsere Regierung bei ihrem Bemühen um Frieden und um Regelungen der Vernunft zu unterstützen, wo immer wir sonst stehen mögen im politischen Spektrum unseres Landes.

Nun zu dem zweiten Gesichtspunkt, der mir wichtig ist: Israel ist das grandiose Unternehmen, einem Volk von weithin Heimatlosen eine gesicherte Heimat zu schaffen. Und daran ändern auch die Schlagworte radikaler Gruppen in Deutschland und anderswo nichts.

Es ist bitter, daß die Geburt dieses Staates den Preis neuer Opfer verlangt hat. Es bleibt bitter, daß es dort immer noch nicht Frieden gibt. Niemand darf das Leid und die Not der Betroffenen übersehen oder unbemerkt beiseiteschieben. Es ist allerdings besonders bitter, daß es auch unverzeihliche Fehlentscheidungen und Unterlassungen israelischer Instanzen gegeben hat.

Wir wissen es und wir sehen es Tag für Tag: Der Weg ist noch weit bis hin zu einer Friedensordnung im Nahen Osten. Noch immer wird dort geschossen, und noch immer ist dort Gewalt an der Tagesordnung.

Aber trotz allem: die Rolle des arroganten Weltmoralisten steht den Deutschen – ob jung, ob alt – auch hier nicht zu. Alle sollten vielmehr die Kette der Kausalität von Leid und Unrecht an ihrem Ursprung erkennen: Im Herzen Europas, in Deutschland. Und alle müssen sich dieser Kausalität immer wieder bewußt bleiben.
Wir Deutschen unterstützen die Bemühungen aktiv, die darauf ausgerichtet sind, Frieden für alle Völker im Nahen Osten zu schaffen. Für Araber und für Juden gleichermaßen und in gesicherten Grenzen.
In diesem Rahmen – im Rahmen einer gesicherten Friedensordnung also – muß das Recht für jedes Volk gewährleistet sein, über sein Schicksal selbst und autonom zu bestimmen. Selbstverständlich in Respekt und in Achtung des Lebensrechts anderer Völker in der Region. Auch das gilt für Juden und Araber mit gleicher Kraft.

Alice Schwarz-Gardos

Eine ambivalente Beziehung

Im Januar 1987 schrieb Gerschom Schocken, der inzwischen verstorbene Herausgeber der angesehenen hebräischen Tageszeitung »Ha' aretz«, ein aus Deutschland stammender Jude, Sohn des renommierten Salman Schocken und Fortsetzer der bedeutenden Verlegerdynastie, in der Zeitschrift »Politika« einen wichtigen Artikel über das deutsch-israelische Verhältnis.

Unter der Überschrift »Die Bilder von jener Rampe« (in Auschwitz, wo die »Selektionen« stattfanden), vertrat er die Ansicht, daß die Beziehungen vor allem pragmatisch sein müßten. Er habe ungefähr ein Jahr nach dem Sinaifeldzug (1956) Ben-Gurion gefragt, »ob es denn wirklich notwendig sei, Waffen gerade von Deutschland zu kaufen«. Ben-Gurion antwortete mit praktischen Argumenten. Die Beziehungen zu Frankreich würden wohl nicht von langer Dauer sein, außerdem sei es nicht gut, in bezug auf Waffenlieferungen nur von einem Staat abhängig zu sein. Die Deutschen seien (damals) dazu bereit gewesen. Ben-Gurion fügte hinzu, das Deutschland von heute (1957) sei ein anderes Deutschland, nicht mehr das Nazideutschland. Das Gespräch habe stattgefunden, als die Beziehungen zu Frankreich auf dem Höhepunkt waren.

Schocken schildert weiter den damaligen starken Widerstand in der Öffentlichkeit. Achdut Awoda (Linksfraktion) und Mapam (Kibbutzbewegung) ließen es zu einer Regierungskrise kommen. Es sei dies ein typisches Beispiel für das Aufeinanderprallen einer pragmatischen Einstellung und der Stimme des Gefühls gewesen. Nach Bekanntwerden der Verbrechen des Holocaust habe man im damaligen jüdischen Palästina nach dem Zweiten Weltkrieg gefordert, jeden Kontakt mit Deutschland zu vermeiden. Nach

---

Alice Schwarz-Gardos ist Redakteurin der einzigen deutschsprachigen Tageszeitung in Israel, den »Israel-Nachrichten«.

der Staatsgründung sei auch er, Gerschom Schocken, der Meinung gewesen, daß Juden nicht nach Deutschland fahren sollten und jeder Kontakt zu Deutschland vermieden werden solle. 1949 habe der diese Meinung im »Ha' aretz« zum Ausdruck gebracht und ein entsprechendes Gesetz gefordert. Dabei habe er die besonderen Fälle definiert, in denen im Staatsinteresse dieses Verbot aufgehoben werden könne.
Schocken skizziert dann den Vermögenstransfer deutscher Juden in den dreißiger Jahren aus Hitlerdeutschland nach Palästina im gegenseitigen Einverständnis – gleichfalls aus pragmatischen Gründen, obwohl schon damals wegen der Judenverfolgungen eine Boykottforderung laut geworden war. Daran schließt sich eine Schilderung der Debatte nach der Gründung des Staates, als die Regierung beschloß, mit der Bundesregierung in Verhandlungen über Entschädigungen für das von den Nazis geraubte jüdische Eigentum einzutreten – was in großen Teilen der Bevölkerung Widerspruch hervorgerufen und Menachim Begin zu Gewaltdrohungen veranlaßt hätte. Jedoch hätten auch hier pragmatische Überlegungen entschieden; das Abkommen wurde unterzeichnet, und Warenlieferungen wie Vermögenswiedergutmachung individueller Natur hätten in großem Maße die Integration der Masseneinwanderung der fünfziger und sechziger Jahre erleichtert. Schocken sieht aber einen großen Unterschied zwischen offiziellen – dann auch auf diplomatischer Ebene untermauerten – und persönlichen Beziehungen, die er weiter als problematisch empfindet. Er definiert zwei »universes of discourse«, die sich allerdings teilweise überschneiden. Im Bereich des einen Universums liegen die Beziehungen zwischen Israelis und Deutschen, die im Zeichen »der Bilder von jener Rampe« stehen, in dem anderen treffen sich Israelis und Deutsche, um auf irgendeiner Aktionsebene Gemeinsames zu leisten.
Nach der Aufzählung pragmatischer Leistungen auf dem Gebiet der Wirtschaft, Wissenschaft und Kultur weist Schocken auf das besondere Interesse vieler Deutschen für Israel und das jüdische Volk hin. »In Deutschland sucht man nach den Juden, die nicht mehr da sind.« Daher die ausführliche Würdigung jüdischer Schriftsteller und Dichter, von denen »einige vielleicht heute kei-

ne solche Beachtung finden würden, wenn sie nicht von den Nazis verfolgt worden wären«. »Es entsteht der Eindruck, des Versuchs einer Symbiose nach dem Tode.«
Aber Schocken weiß, daß es sich um eine Minderheit des deutschen Volkes handelt, das sich so intensiv mit diesem (Israel-)Komplex beschäftigt. Er weiß auch, daß »das politische Element trennend wirken kann«. Er sagt richtig voraus, daß Anzeichen für neu-alten deutschen Antisemitismus, in linker, pro-palästinensischer und anti-zionistischer Verkleidung, die zehn Jahre vorher auftauchten, wiederkehren und sich »die Konstellation von damals«, als sich arabische Macht mit deutschen Schuldgefühlen gegenüber den Palästinensern verbanden, wiederholen könnte.
Gerschom Schocken wurde hier so ausführlich zitiert, weil seine skeptische, zurückhaltende und vorsichtige Einstellung typisch ist für einen Teil des ehemaligen deutsch-jüdischen Bildungsbürgertums, der in der alt-neuen hebräischen Kultur sehr fest Fuß faßte und es sich sozusagen leisten konnte, in seiner ambivalenten Haltung zu Deutschland der Enttäuschung den Vorrang zu lassen.
Daneben gibt es einen einst breiten, heute aus biologischen Gründen leider schrumpfenden Kreis ehemaliger deutscher Juden in Israel, die mit Deutschland sehr schnell und fast vorbehaltlos ihren Frieden gemacht haben. Es sind dies die Menschen, die bis heute die deutschsprachige Tageszeitung ISRAEL NACHRICHTEN lesen. Sie haben es anfangs »der Not gehorchend, nicht dem eigenen Triebe« getan. Inzwischen haben viele aus der Not eine Tugend gemacht.
Die Intensität der inneren Beziehung dieses Kreises zu Deutschland nimmt eher zu. Nach den Leserbriefen und sonstigen Reaktionen zu schließen, verfolgen heute diese alt gewordenen ehemaligen Flüchtlinge aus Deutschland jede Entwicklung dort mit intensiver Aufmerksamkeit. Sie sind es, die deutschen Besuchern mit besonderem Interesse und oft großer Gastfreundschaft entgegenkommen. Sie sind es auch, die jede negative Entwicklung in der Bundesrepublik, jede antisemitische Kundgebung, jede verständnislose Äußerung in den deutschen Medien mit engagierter

Besorgnis beobachten. Jede Sympathiedemonstration ist ihnen eine Selbstbestätigung: eine Rechtfertigung dafür, daß sie ausgestreckte Hände ergriffen haben und abgebrochene Brücken wieder aufbauen halfen. Jede boshafte Bemerkung im deutschen Fernsehen oder einer deutschen Zeitung – etwa über die oft (und falsch) zitierte angebliche »alttestamentarische Rachsucht« der Juden im Umgang mit den Feinden – als ob nicht vielmehr die Araber die Blutrache erfunden hätten – schmerzt sie doppelt. Um ihrer Treue nicht die Legitimation entzogen zu sehen, schreiben sie protestierende Leserbriefe.

In einer rasant sich verändernden Welt, in der auch die deutsch-israelischen Beziehungen ununterbrochenen Wandlungen unterworfen sind, sollte man die »alten Jekkes« nicht vergessen – die Brückenbauer und stillen, nur zu leicht in den Hintergrund geschobenen Verbündeten eines besseren deutsch-israelischen Verständnisses. Wenn auch ihr Verhältnis zu Deutschland unvermeidlicherweise oft zwiespältig war, finden sie jetzt, im Alter, zu einem »besseren Deutschland« ihrer Kindheit zurück. Man sollte dafür eintreten, daß die Gegenwart sie nicht enttäuscht.

Yohanan Meroz

Israel und Deutschland – ein Jahr nach der Vereinigung

I.

Es war manchen Außenstehenden schwer verständlich, daß das Thema der deutschen Einheit die israelische Öffentlichkeit, d. h. die öffentliche Meinung, anfangs wenig beschäftigte – weder in den Monaten, die ihr vorausgingen, noch zum Zeitpunkt des Vollzuges oder unmittelbar danach. Die dramatischen Ereignisse, die zur Auflösung der DDR führten, wurden natürlich, wie überall, mit Spannung verfolgt, aber den sich als Folge abzeichnenden, und dann eintretenden, gesamtdeutschen Konsequenzen galt die aktive Aufmerksamkeit zunächst weit weniger.

In zahlreichen Interviews, um die mich deutsche Medien in jenen Tagen ersuchten, betonte ich zwar meine persönliche Anteilnahme an dem Geschehen (vor allem im Sinne einer selbstverständlichen »déformation professionnelle«), aber auch die relative Gleichgültigkeit des Durchschnitts-Israeli. Erst spätere Entwicklungen lösten ein größeres Interesse aus, in dem auch ein Maß an echter Besorgnis nicht fehlte – oder richtiger gesagt, die wachsende Besorgnis schürte das Interesse. Das ist noch immer so.

Es gibt eine Anzahl von Gründen für die frühe Zurückhaltung, ganz abgesehen davon, daß der Israeli, der in den letzten Jahren einer zunehmenden Hektik und dem verstärkten Druck eigener Probleme ausgesetzt ist, der (ferneren) Außenwelt heute überhaupt weniger Beachtung zollt. Weltpolitisch früher besonders interessiert und engagiert, beschäftigt er sich in jüngster Zeit vornehmlich mit Themen und Dingen, die ihn unmittelbar betreffen, oder die er so bewertet, und in diesem Sinne lag die deutsche Einheit für ihn im Abseits.

Yohanan Meroz war von 1974 bis 1981 Botschafter des Staates Israel in der Bundesrepublik Deutschland. Der Beitrag erschien zuerst in TRIBÜNE H. 120/1991.

Doch das ist eine Verallgemeinerung, die bestenfalls eine Teilerklärung bietet. Entscheidender war das Gefühl der Genugtuung, mit der das Verschwinden der ehemaligen DDR nahezu ausnahmslos in Israel zur Kenntnis genommen wurde. *Das war das bedeutungsvolle Ereignis aus der Sicht des Normalbürgers;* alles andere, d. h. was danach kommen würde, war sekundär; es konnte nur besser sein, und so machte man sich über dieses »Was« zuerst nicht viele Gedanken.

In dem politischen Atlas Israels gab es kaum ein anderes Land, mit dem die Beziehungen – d. h. die Beziehungslosigkeit – ähnlich negativ geprägt waren wie mit der DDR. Zwei Elemente bestimmten sie in bezug auf den jüdischen Staat, zwei Verhaltenskodexe: die Verleugnung geschichtlicher und moralischer Mitverantwortung an den Greueln der Vergangenheit und eine israelfeindliche Nahost-Politik in der Gegenwart, die an Böswilligkeit und Bosheit alle anderen Mitglieder des Warschauer Paktes in den Schatten stellte.

Es erübrigt sich zu betonen, daß die DDR in beiden Bereichen in diametralem Gegensatz zu ihrem westlichen Nachbarn stand, auch wenn die Beziehungen zwischen Jerusalem und Bonn alles andere als problemlos waren. Doch gelegentlicher, keineswegs seltener, Rückschläge ungeachtet, hatte sich die komplexe, komplizierte israelisch-deutsche Anbahnung in vier Jahrzehnten alles in allem zufriedenstellend entwickelt.

Unter diesen Umständen konnte es nicht verwundern, daß das Thema der deutschen Einheit, soweit es Israel beschäftigte, von der Erwartung geprägt war, daß die bevorstehende, und vermutlich umfassende, Korrektur der DDR-Sünden sich auch günstig auf die Beziehungen zwischen Israel und der vergrößerten Bundesrepublik auswirken würde. Dies um so mehr, als Israel – fast als einziges Land – nie irgendwelche Verbindungen mit der DDR hatte, und daß Bonn daher in den Beziehungen mit Jerusalem, im Gegensatz zu denen mit den arabischen Staaten, nie auf Ost-Berlin Rücksicht zu nehmen hatte (was den Arabern gelegentlich zu beträchtlichem, und nicht nur taktischem, Vorteil gereicht hatte).

Das Tempo des (Wieder)Vereinigungsprozesses überraschte mich wie die meisten; zugleich teilte ich die instinktiv-pragmatische, positive Erwartung, die eine große Anzahl von Israelis spontan an die deutsche Einheit knüpften, und ich hatte keine Bedenken, sie mit, wie mir schien, überzeugender Logik auch publizistisch zu untermauern. Nicht weniger richtig ist allerdings, daß andere in Israel ebenso spontane und instinktive Vorbehalte gegenüber einem neuen »Großdeutschland« hatten und offen äußerten (wie es auch in anderen Teilen der Welt, besonders in Europa, der Fall war). Es wird nicht verwundern, daß solche Vorbehalte oder Befürchtungen bei Überlebenden der Shoah und in deren Familien besonders stark vertreten waren – und es weiterhin sind.

II.

Gewiß ist es noch zu früh, um ein umfassendes Urteil zu fällen, aber daß meine Prognose zu optimistisch war, unterliegt für mich heute keinem Zweifel. Einmal mehr bestätigte sich, daß politische Entwicklungen dazu neigen, vermeintlich logische Voraussetzungen zu mißachten.

Eine frühe Enttäuschung kündigte sich schon im Vorfeld der neuen Einheit an. Die Tatsache, daß der Vertrag, der noch von beiden Teilen Deutschlands getrennt verabschiedet wurde, der Verbrechen am jüdischen Volk und der aus ihnen entstandenen Verpflichtungen nicht unmißverständlich gedachte, setzte ein erstes Fragezeichen, das auch später weder auf parlamentarischer noch auf anderer Ebene ausgeräumt wurde.

Daß die (alte) Bundesrepublik auf einer solchen Einbeziehung nicht bestanden hatte, erweckte großes Unbehagen in Israel (wie in der jüdischen Welt überhaupt). Besonders im Hinblick auf die 16 Millionen Bürger der ehemaligen DDR, die vier Jahrzehnten offizieller Geschichtsverfälschung und aktiver Israelfeindschaft ausgesetzt gewesen waren, hätte dies eine Selbstverständlichkeit sein müssen. Die Erklärung, daß es nicht dazu gekommen war, weil der Vertrag ja rein »technischer« Natur sei, konnte niemanden in Israel überzeugen.

Die unverständliche – nein, unverzeihliche – Unterlassung noch vor vollzogener Einheit blieb nicht ohne nachhaltige Folgen; sie leistete ihnen zumindest einen nicht zu unterschätzenden Beitrag.

Wohl rechnete man mit extremen nationalistischen Erscheinungen in den neuen Bundesländern, ähnlich denen in anderen sowjetischen »Protektoraten« früherer Zeiten – und das bestätigte sich ja dann auch –, doch sowohl ihr Ausmaß wie der Rassismus und Fremdenhaß, die sie in bestürzendem Maße kennzeichnen, übertreffen manche düstere Prophezeiung.
In Israel, aber gewiß nicht nur dort, entstand der Eindruck, daß sich die erhoffte und erwartete »Umerziehung« der neuen Bundesbürger weniger auf die Vermittlung eines umfassenden Demokratieverständnisses richtet, als auf eine einspurige Abrechnung mit der DDR und ihren Restbeständen.
Der sprachlich ohnehin völlig verfehlte Begriff *»Vergangenheitsbewältigung«*, d. h. der Prozeß, den er vermeintlich beinhaltet, bezieht sich in den neuen Ländern fast ausschließlich auf SED und/oder Stasi. Daß dieser Aspekt ein wesentlicher Bestandteil des Prozesses sein muß, kann gewiß nicht in Frage gestellt werden, wohl aber, ob in der nahezu ausschließlichen Befassung mit ihm die Erwartungen einer durch die Vereinigung eingeleiteten »Sanierung« erfüllbar sind.
Ein zweiter Eindruck gewinnt an Boden: Nicht nur in den neuen Ländern gehen Radikalismus und Extremismus über die besorgten Voraussagen vielfach beträchtlich hinaus, sondern auch in der »alten«, demokratisch geschulten und erfahrenen Bundesrepublik sind sie nicht ohne Niederschlag geblieben. Mit Statistiken kann man bekanntlich fast jede These und Antithese beweisen, doch kann wohl kein Zweifel bestehen, daß nicht nur Dresden und Halle Anlaß zur Beunruhigung bieten.
Daß der Prozeß der Demokratisierung lang sein würde, wußte man; fast sechs Jahrzehnte totalitärer Festlegung des Alltags sind – ganz abgesehen von »ideologischen« Kriterien – weder unter den Teppich zu kehren noch von heute auf morgen zu bereinigen. Die Fragezeichen gelten daher auch weniger den unbefriedigenden bisherigen Ergebnissen des Prozesses, als vielmehr den Mitteln und Wegen, die ihm dienen sollen, und den Akzenten, die er setzt.
Die Bundesrepublik erkannte früh, daß die deutsche Geschichte nicht mit 1945 (oder gar 1949) beginnt. Die gleiche Erkenntnis

muß auch den neuen Bürgern nachdrücklich vermittelt werden. Für die Zukunft des deutsch-israelischen und deutsch-jüdischen Verhältnisses ist dies von primärer Bedeutung, mit der wir uns noch befassen werden.

III.

Während die innenpolitischen Entwicklungen in Deutschland vor und nach dem Vollzug der Vereinigung zunächst nur oberflächliches Interesse in Israel fanden, erweckte das deutsche Verhalten in Zusammenhang mit dem Geschehen am Golf kritische Aufmerksamkeit, Unverständnis und Besorgnis – und nicht etwa nur auf offizieller Ebene, sondern auch in weiten Kreisen der Bevölkerung, ungeachtet parteipolitischer oder anderer »ideologischer« Präferenzen. Besonders befremdet waren die ganz und gar nicht wenigen, die sich seit Jahrzehnten zu dem Bemühen um ein neues Verhältnis zwischen Juden (d. h. Israelis) und Deutschen bekennen und dafür einsetzen.
Im Mittelpunkt der Verständnislosigkeit standen drei äußerlich unterschiedliche Dinge: Der gewissenlose Beitrag, den prominente Vertreter der deutschen Industrie der kriegerischen Rüstung des Irak geleistet hatten (vornehmlich im ABC-Rahmen); die Distanz, auf die die erweiterte Bundesrepublik zu den internationalen, kollektiven Maßnahmen gegen Saddam Hussein ging; nicht zuletzt das unglaubliche Auftreten der deutschen »Friedensbewegung« (die Anführungszeichen sind mit Bedacht gesetzt).
Die Rüstungsexporte waren zwar keine Funktion der Vereinigung und somit »an sich« nicht neu, aber ihr Ausmaß und Umfang gelangten erst durch die Golfkrise zu allgemeiner Kenntnis. Die ebenso spontane wie entrüstete Reaktion in Israel, wie in der gesamten jüdischen Welt, war eine unvermeidliche Gedankenkette: deutsche Industrie – Gift – Massenmord.
Auf dem Hintergrund von Saddam Husseins Drohung, sein chemisches Rüstungsarsenal gegen Israel einzusetzen, erhielt die gedankliche Assoziationskomponente »Massenmord« erschreckende Bestätigung. Dabei war es völlig belanglos, ob die technischen Gegebenheiten im Irak »schon« genügten, um die Drohung auch auszuführen (heutigen Erkenntnissen zufolge war

dies nicht nur möglich, sondern sogar wahrscheinlich). In jedem Fall jedoch war sie Auslöser einer geschichtsträchtigen, psychologisch-subjektiven Wirklichkeit, die wieder einmal in aller Schärfe die unendlichen traumatischen Ängste wachrief, ohne deren allmählichen Abbau die Aussicht auf ein neues Miteinander von Juden und Deutschen allen Verbalübungen zum Trotz illusorisch bleibt.

Die Beteuerungen der Bundesregierung, daß sie von den illegalen Waffengeschäften der geldgierigen Industriellen und Händler nichts gewußt hätte, wurden in Israel mit großen Fragezeichen versehen. Oft genug hatte Jerusalem (wie übrigens auch Washington) Bonn von seinem Wissen um deutsches Rüstungsgerät im Irak (wie bei Ghaddafi und anderen fanatischen Feinden Israels) in Kenntnis gesetzt, und nicht minder oft wurden diesbezügliche dokumentierte Mitteilungen belächelt oder als Propaganda abgetan. Es ist in der Tat wenig glaubhaft, daß ohne behördliche Mitwisser, und nicht nur auf »niedriger« Ebene, ein derart umfangreicher, verzweigter Verkehr zwischen Rhein-Ruhr und Tigris möglich gewesen sein könnte.

So sahen es auch weite Kreise der deutschen Öffentlichkeit, und nachdem israelische Städte mit irakischen Scud-Raketen belegt worden waren, setzte eine Welle von »Pilgerfahrten« politischer Prominenter ein, um Israel Zuspruch und praktische Unterstützung anzubieten. Obwohl, ohne Zweifel, aufrichtig motiviert, mangelte es bei manchen dieser Besuche an Fingerspitzengefühl (um einen vorsichtigen Ausdruck zu gebrauchen), und so verfehlten sie bisweilen ihre Bestimmung. Nicht selten (wenn auch vielleicht zu Unrecht) entstand der Eindruck der Absolvierung einer Pflichtübung mit PR-Beilage, den die Überreichung von Geldspenden und ähnlichem vor den Augen der Fernsehkameras bekräftigte. Schließlich war es schon makaber, daß Israel deutsche Gasmasken zum Schutz gegen deutsches Gas geliefert wurden …

Aber auch jenseits dieses spezifischen Aspekts, der Israel direkt betraf, stieß das deutsche Verhalten während der Golfkrise auf völliges Unverständnis. Die Erwartung, daß sich ein vereintes Deutschland, nach der Erfüllung jahrzehntelanger Hoffnung, seiner internationalen Verantwortung doppelt bewußt sein würde, fand keine Bestätigung; darüber hinaus wurde die Enttäuschung noch von dem Eindruck begleitet, als suche es, USA-gesteuerte Bemühungen zu untergraben und eigene Wege zu gehen. Dieser Eindruck herrschte nicht nur in Jerusalem, sondern auch in Washington (und London), aber in Israel bestärkte er natürlich besonders die Skeptiker in ihren Befürchtungen, um so mehr, als inzwischen neue Informationen über weitere Rüstungslieferungen deutscher Herkunft nach Bagdad eingetroffen waren.

Doch am schlimmsten vielleicht wurde die israelische Öffentlichkeit von dem Verhalten unwissend-arroganter Friedensapostel in beiden Teilen des vereinten Deutschlands berührt, der zu tristen Folgerungen führen mußte. In einer Schweizer Wochenschrift schrieb ich im März dieses Jahres:

> »Der selektive Verbalpazifismus, dem offenbar Millionen von Deutschen verfallen sind, der Diktatoren und Aggressoren gegenüber Toleranz predigt, ihre Opfer ignoriert und ihre Gegner als Kriegshetzer schmäht und verurteilt – dieser Pazifismus hat mit Friedensliebe nichts gemein. Daß er in Deutschland solchen Anklang findet, ist besorgniserregend. Nicht ein Wort über die Vergewaltigung Kuwaits, über den Einsatz chemischer Waffen gegen Kurden und Iraner (und der Bedrohung Israels mit ihnen), über die Raketen-Beschießungen von Tel Aviv, Ramat Gan und anderen Orten (obwohl, von allem anderen abgesehen, Israel am Krieg nicht teilnahm) – über alles dies und andere Verbrechen des megalomanen Kriegsherrn am Tigris kein Wort aus dem Munde vermeintlicher Kämpfer für Frieden und Menschlichkeit. Es wird lange dauern, bis dies überwunden ist. Ich begleite das israelisch-deutsche (sowie das keineswegs automatisch identische deutsch-israelische) Verhältnis aktiv seit seinen Anfängen, und ich bin aufrichtig – und zu meinem Bedauern – davon überzeugt, daß es in den vierzig Jahren keine schwerwiegenderen Rückschläge gekannt hat als in Verbindung mit Golfkrise und Golfkrieg.«

IV.

Innen- und Außenpolitik sind bekanntlich nicht nur oberflächlich miteinander verflochten; sie sind Kehrseiten einer Medaille.

Auch diese Binsenweisheit findet sich in unseren Beziehungen besonders nachhaltig bestätigt.
Seit den ersten Versuchen, Brücken eines neuen Verhältnisses über die Schrecken der Vergangenheit zu schlagen, war allen an ihnen Beteiligten klar, daß es stets von einer Besonderheit gezeichnet sein wird, die ihresgleichen in keinem anderen Beziehungsrahmen von Staaten, Völkern oder einzelnen Menschen hat. Zugleich war man sich nicht immer im gleichen Maße über »Größenordnungen« und mögliche Grenzen der Besonderheit klar, d. h. über das, was sie in der Praxis beinhalten muß, was von ihr konkret erwartet wird. Das war und ist vor allem so in Israel.
Ich sehe im *Bewußtsein* der Besonderheit das wichtigste Element, in seiner ständigen Präsenz im beiderseitigen und wechselseitigen Denken und Handeln. Meist soll es unausgesprochen bleiben, und es darf kein mechanisch »einlösbares« Politikum sein, kein Mittel wahlloser oder gar opportunistischer Einberufung für banale Zwecke. Zu diesem Thema gab es stets ein breites Meinungsspektrum in Israel, aber weitgehende Einigkeit besteht darüber, daß es im israelisch-deutschen Verhältnis, als Funktion dieser Besonderheit, auf lange Sicht keine »Normalität« im herkömmlichen Sinne des Wortes geben kann und wird.
In der Bundesrepublik hat der Begriff ebenfalls unterschiedliche Auslegungen ausgelöst, sowohl auf ethisch-moralischer wie auf konkret-politischer Ebene. Es ist letztere, auf der sich zwei Entwicklungen abzeichnen, die die Thematik belasten. Mit der einen haben sich israelische Politiker und Diplomaten bereits seit wenigstens anderthalb Jahrzehnten messen müssen; die andere ist eine unmittelbare, und von vielen nicht vorausgesehene, Folge der (Wieder-)Vereinigung.
Da die erste nicht neu ist, soll sie hier nur am Rande erwähnt werden. Es handelt sich um die in der Bundesrepublik seit langem zunehmenden Tendenz, die politischen – aber z. B. auch andere – Beziehungen mit Israel externen, nicht zur Sache gehörenden Überlegungen und Gremien unterzuordnen oder anzupassen, im besonderen denen der Europäischen Gemeinschaft.
Israel beanstandet die Entwicklung vor allem, weil sie dem We-

sen der Beziehungen eine einschränkende Dimension verleiht, die ihrer historischen und moralischen Einmaligkeit nicht entspricht. Es hat aber auch den Vorbehalt, daß die EG in ihrem *politischen* Wirken in verschiedenen Bereichen der Nahost-Thematik (keineswegs nur im israelisch-arabischen Kontext) noch nie, gelinde gesagt, eine glückliche Hand bewiesen hat – wie übrigens auch nicht in vielen anderen internationalen Krisen- und Konfliktsituationen, in denen sie sich zum Einwirken oder Mitmischen berufen oder befugt sieht.

Im thematischen Rahmen dieser Zeilen ist die andere Entwicklung jedoch von noch größerer Bedeutung, da sie, wie schon angezeigt, auch eine Folge der deutschen Einheit ist. Ich erwähnte sie, als ich von der Frage der »Vergangenheitsbewältigung« sprach, die in den neueingegliederten östlichen Bundesländern andere, bisher im deutsch-israelischen Zusammenhang unbekannte, Akzente setzt – und vielleicht nicht nur in ihm. Sie können eine neue Phase in dem komplexen Verhältnis einleiten, die ihrerseits wiederum neue Gefahren birgt.

V.

Im Mittelpunkt der »Vergangenheitsbewältigung« in der »alten« Bundesrepublik stand für alle, denen der Begriff ein moralischer, kategorischer Imperativ war, die Auseinandersetzung – geistig und historisch – mit dem entsetzlichsten aller Verbrechen der braunen Gewaltherrschaft, mit dem Völkermord – nicht nur, aber vor allen anderen, an den Juden: mit dem Holocaust, mit der Shoah.

Die Aufrichtigkeit dieser Auseinandersetzung war das wichtigste »Beweisstück« in den zunächst zaghaften Bemühungen um Verständnis und Unterstützung für die neue Bonner Demokratie in der jüdischen Welt; sie war es auch in parallelen, nicht völlig ergebnislosen Versuchen, Juden noch einmal zu Seßhaftigkeit auf deutschem Boden zu bewegen. Sie war aber vor allem eine zentrale Komponente in der zwangsläufig langsamen deutsch-israelischen Anbahnung im zwischenstaatlichen wie im zwischenmenschlichen Rahmen.

Dabei ging es nicht etwa nur um Materielles, wenngleich dies in den ersten Jahren eine Rolle spielen mußte. Dies war jedoch nie mehr als *einer der Bestandteile in einem geschichtlich einzigartigen Vorgang.*

In diesem Vorgang mangelte es selbstverständlich nicht, wie schon betont, an zum Teil ernsten Störungen, aber die Fairneß gebietet festzuhalten, daß die Bundesrepublik ihn im ganzen zielstrebig gefördert hat; es erübrigt sich, einmal mehr die vielen Deutschen zu nennen, Prominente und »Fußvolk«, die dazu einen hervorragenden Beitrag geleistet haben.

Zwar stimmt es, daß in den frühen Jahren, neben der moralischen Motivierung im Verhalten Bonns, auch die Überlegung mitschwang, daß ein Zeugnis von »Wiedergutmachungsbereitschaft«, geistiger wie materieller, eine der Voraussetzungen für die Wiederaufnahme Deutschlands in die Gemeinschaft der Völker sein würde. Es wäre jedoch, wie ich meine, ungerecht, darin das vorrangige, oder gar das einzige, Motiv zu sehen. Im Vollzug des Bemühens um »innere Läuterung« sind von Amts- und Privatpersonen in vielen Bereichen jede Menge Fehler gemacht worden, doch die Aufrichtigkeit von Wunsch und Ziel stand für mich kaum je in Frage.

Im Laufe der Zeit allerdings verundeutlichte und verzerrte sich das Bild. Es gab dafür die bekannten, zum Teil vielleicht unvermeidlichen oder unüberwindbaren, »biologischen« Gründe; es gab aber auch schwerwiegendere. Dazu nur ein paar Stichwörter: Bitburg, Historikerstreit, Gnade der späten Geburt – vor allem aber ein selbstgefälliges Suchen und »Entdecken« von »Parallelen« und »Analogien« zwischen israelischer Politik heute und deutscher »damals« …

In der Laudatio, die ich im Oktober 1988 in der Paulskirche in Frankfurt auf Siegfried Lenz hielt anläßlich der Verleihung des Friedenspreises des Deutschen Buchhandels sagte ich:

»… Natürlich darf die Vergangenheit nicht ausgeklammert werden. Zugleich können wir uns heute manches sagen, auch Kritisches, ohne die Last jener Zeit mit Worten in jeden Gedankenaustausch einzuflechten, obwohl sie im Bewußtsein nicht erlischt. Dazu gehört auch die frei geäußerte Meinung zum Tagesgeschehen.

Doch auch dies muß mit allem Nachdruck gesagt werden: Unerträgliches Suchen nach ›Vergleichen‹ ... auf dem Hintergrund der unmenschlichsten aller Versündigungen am Antlitz Gottes bezeugen nicht nur Niedertracht oder unverbesserliche Blindheit. Sie sind nicht minder eine neue Saat alter Vorurteile, die den ... Weg des Verständnisses, zu dem wir uns bekennen, ... überwuchern und unbegehbar machen kann ...«

In den seither verflossenen Jahren haben die besorgniserregenden Anzeichen zugenommen. Nach Jahrzehnten des Aufeinanderzugehens bestehen heute Signale des Auseinandergehens. Gerade die Einheit, mit ihren spezifischen, durchaus verständlichen, innerdeutschen Schwerpunkten unterstreicht die Problematik. In dem Prozeß ostdeutscher Umerziehung und Demokratisierung ist die Nazi-Zeit zu einem Nebenschauplatz geworden.

Ob dem geeinten Deutschland damit gedient ist (ganz ungeachtet der Auswirkungen auf Juden und Israel), möchte ich als Freund der Bundesrepublik in Frage stellen. Ich kann nicht oft genug betonen, daß wir keinen Anlaß haben, das abgeschlossene SED-Kapitel anders als mit Zufriedenheit und Erleichterung zu begrüßen; aber auch in diesem Zusammenhang muß die Erkenntnis historischer, vor allem moralischer, Unvergleichbarkeit gewahrt werden.

VI.

Nicht nur auf offizieller oder politischer Ebene waren und sind die Zeichen der Veränderung unübersehbar. Sie spiegeln sich auch in prosaischen Alltagsdingen wider, die im Gesamtbild von nicht geringerer, für viele von bei weitem größerer Bedeutung sind.

Der Mensch-zu-Mensch-Kontakt ist spärlicher geworden; schon vor dem Golfkrieg, aber ganz besonders danach, hat die deutsche Präsenz in Israel merklich nachgelassen. Die Besuche von Jugend- und Gewerkschaftsgruppen, Studienfahrten und Pilgerreisen sowie individuelle Ferienaufenthalte, die bis vor einem Jahr dem Fremdenverkehr Israels ein vorrangiges Gepräge verliehen, glänzen seit langen Monaten durch deprimierenden Schwund; erst in allerletzter Zeit ist wieder ein langsamer und bescheidener Anstieg zu verzeichnen.

Eine erfreuliche Ausnahme bieten der wissenschaftliche und der kulturelle Bereich. Einen eindrucksvollen Beweis für letzteren bot die Ausstellung deutscher Expressionisten, die das Berliner Brücke-Museum dem Jerusalemer Israel-Museum während drei Monaten kurz nach dem Golfkrieg zur Verfügung stellte.
Auch das wachsende Interesse an deutschem Sprachunterricht muß in dem Zusammenhang erwähnt werden, das die Universitäten, die Goethe-Institute in Tel Aviv und Jerusalem wie eine große Anzahl von Privatlehrern bezeugen. Daß dieses Interesse in erster Linie von Überlegungen beruflichen oder wirtschaftlichen Nutzens bestimmt wird, schmälert seine Bedeutung keineswegs.
Die sonst jedoch eindeutig weniger positive Entwicklung wird von einer entsprechenden Medienstimmung begleitet. Seit Jahrzehnten hat Israel bei Produzenten und Verbreitern öffentlicher Meinung mit einer Mischung von Doppelstandard und Übereifer zu kämpfen, die allein ihm gegenüber gang und gäbe sind; aber in der Bundesrepublik galt stets ein Maß an Zurückhaltung. Das ist längst nicht mehr der Fall.
Selbst abgebrühte Kenner medialer Willkür sind erschreckt von der unsachlichen bis gehässigen Darstellung Israels in Wort und Bild, die sich auch renommierte deutsche Zeitungen und Sendungen heute zu eigen machen. Um Mißverständnisse zu vermeiden, sei einmal mehr unterstrichen, daß es natürlich nicht um Kritik als solche geht, sondern allein um Form und Stil, in denen antisemitische Untertöne keine Seltenheit sind.
Die Objektivität gebietet festzuhalten, daß auch auf israelischer Seite eine Veränderung unverkennbar ist, sowohl im Interesse an, wie in der Beurteilung von deutschen Vorgängen. Neben der schon erwähnten Hektik eigener Probleme ist dies auch eine spontane Reaktion auf die Enttäuschungen, die die beiden Geschehenskomplexe ausgelöst haben, mit denen wir uns hier befaßt haben, aber damit sind die Erklärungen nicht erschöpft. Weitere Ursachen müssen genannt werden.
Wie in Deutschland gewinnt der biologische Faktor auch in Israel an Bedeutung, im positiven wie im negativen Sinne. Das Verhältnis des Israeli zu Deutschland hat sich naturgemäß im Laufe der Zeit entkrampft und an Unbefangenheit gewonnen. Das ist »an

sich« nicht nachteilig, aber damit verundeutlicht sich eben für viele auch die Besonderheit, die es nicht nur moralisch und historisch weiterhin kennzeichnen muß, sondern die zugleich ein Ansporn von Interesse, sogar von ganz banaler Neugier war. Das galt in erster Linie für junge Menschen.

Dann dies: Die Wende des Jahres 1977, nach der sich die politische Landschaft Israels nachhaltig veränderte, hatte in der hier besprochenen Thematik eine doppelte Auswirkung. Die Arbeitspartei, die die israelisch-deutsche Annäherung schon früh befürwortet und vornehmlich getragen hatte, verlor nicht nur sehr an Einfluß auf (außen-)politische Entwicklungen, sondern sie wurde vom Likud-Block abgelöst, dessen Hauptkomponente (Heruth) die Anbahnung während Jahrzehnten abgelehnt hatte und die ihr auch heute noch mit Vorbehalten begegnet.

Daß sich der jetzige Präsident der Knesset Begegnungen mit Deutschen völlig verschließt, ist zwar fast ein Einzelfall, aber wie kaum anders zu erwarten war, löste er, auch durch die übliche Medienhochspielung, ein unerfreuliches Echo in der Bundesrepublik aus (und lieferte damit manchem im gleichen Zuge ein ganz und gar nicht unwillkommenes »Alibi«).

Ich bedaure die Haltung, die im Likud ihre Anhänger hat (wenn auch nur selten in dieser scharfen Form), aber sie verdient Rücksichtnahme und Respekt. Sie ist fast ausnahmslos Menschen eigen, deren Familien, nicht selten vor ihren Augen, von Himmlers Schergen niedergemetzelt wurden. Das Unvermögen, die Schrekkenserfahrung »auszuklammern«, ist für viele der Kern ihrer »Aufarbeitung« der Geschichte; auch mit zunehmendem zeitlichen Abstand bleibt dies ein wesentlicher Bestandteil der israelisch-deutschen Thematik.

VII.

Die positiven Fortschritte des Anbahnungsprozesses haben über Jahrzehnte einen Optimismus eingeleitet, der heute der Korrektur bedarf. Vielleicht wäre diese Notwendigkeit auch ohne die jüngsten deutschen Geschehen eingetreten; doch sicher haben die besonderen Anforderungen und Schwerpunkte der Vereinigung die Erkenntnis vorangetrieben.

Entscheidender als vieles andere ist dabei folgendes: Mit der Einheit ist die Nachkriegszeit für den Bundesbürger (in West und Ost) endgültig abgeschlossen. In der Tat ist dies zumindest eine äußere Wirklichkeit, denn die Teilung war für die Deutschen das zentrale Zeichen dieser Ära.

Die ehrlichen Wünsche für die Zukunft der deutschen Einheit von jüdisch-israelischer Seite sind an die Erwartung geknüpft, daß das Geschichtsbild der Deutschen durch das (nunmehr auch politisch besiegelte) Ende des Zweiten Weltkrieges nicht verzerrt wird. Wie unbestreitbar wichtig die Auseinandersetzung mit der speziellen DDR-Vergangenheit auch sein mag – und sie ist es –, darf sie andere Stationen deutscher Geschichte nicht überschatten oder übergehen. Die Rolle Deutschlands in Europa und in der Welt wird auch in Zukunft, und nicht etwa nur in Israel, *von seiner Genesung von der braunen, noch vor der roten, Ära* bestimmt sein.

Israelische Bürger können aus dieser Realität ihre privaten und persönlichen Schlüsse ziehen; für die offiziellen Vertreter des Staates ist dies eindeutig schwieriger. Den neuen Bundesländern, deren Bewohner des Themas Israel unkundig sind oder es nur aus tendenziöser Verzerrung kennen, muß ein hohes Maß an Aufmerksamkeit und Anstrengung gewidmet sein. Die jüngst vollzogene »Weihe« eines israelischen Generalkonsulats in Berlin unter der Leitung eines ausgezeichneten Kenners der deutschen Szene ist ein wichtiger Beitrag dazu, aber damit sind die Probleme keineswegs erschöpft. Auch in den »alten« Ländern zeichnen sich in der Sache Verschiebungen ab, die noch nicht in allen Einzelheiten erklärbar und für die Zukunft voraussehbar sind.

Die zahlreichen Freunde Israels in der Bundesrepublik werden dieser Situation in enger Zusammenarbeit mit ähnlich motivierten Israelis mit noch größerer Wachsamkeit begegnen müssen, um den wahrhaft historischen Brückenschlag nicht zu gefährden. Wie die letzten zwölf, fünfzehn Monate zeigten, wird der Weg zum Ziel nicht frei von Hindernissen sein, aber es steht auch nirgendwo geschrieben, daß er in einem Labyrinth von Niemandsland und Sackgasse im Sande versiegen muß.

Anhang

Ausgewählte Literatur

Deligdisch, Jekutiel: Die Einstellung der Bundesrepublik Deutschland zum Staate Israel. Eine Zusammenfassung der Entwicklung seit 1949. Bonn-Bad Godesberg 1974

Deutschkron, Inge: Israel und die Deutschen. Das schwierige Verhältnis. Erw. Neuaufl. Köln 1991

Feldmann, Lily Gardner: The Special Relationship between West Germany and Israel. Boston–London–Sydney 1984

Giordano, Ralph: Die zweite Schuld oder Von der Last Deutscher zu sein. Hamburg 1987

–: Israel um Himmels willen Israel. Köln 1991

Guggenheim, Willy: 30mal Israel. Überarb. u. aktualis. Neuausg. München 1987

Israel von A-Z. Daten, Fakten, Hintergründe. 2. Aufl. Neuhausen 1989

Kloke, Martin W.: Israel und die deutsche Linke. Zur Geschichte eines schwierigen Verhältnisses. Frankfurt/M. 1990 (Schriftenreihe des Deutsch-Israelischen Arbeitskreises für Frieden im Nahen Osten e. V. Bd. 20)

Krupp, Michael: Zionismus und Staat Israel. Ein geschichtlicher Abriß. 2., erw. Aufl. Gütersloh 1985

Marquardt, Friedrich-Wilhelm: Die Juden und ihr Land. Gütersloh 1975

Meroz, Yohanan: In schwieriger Mission. Als Botschafter Israels in Bonn. Mit einem Geleitwort von Helmut Schmidt. Berlin (West)–Frankfurt/M. 1986

Neustadt, Amnon: Die deutsch-israelischen Beziehungen im Schatten der EG-Nahostpolitik. Frankfurt/M. 1983

–: Israels zweite Generation. Auschwitz als Vermächtnis. Bonn 1987

Tophoven, Rolf (Hrsg.): Der israelisch-arabische Konflikt. 4., aktualis. Aufl. Bonn 1990 (Bundeszentrale für Politische Bildung)

40 Jahre Staat Israel 1948/1988. Eine Arbeitshilfe für Unterricht, Fortbildung und Gemeindearbeit. Hrsg. v. Evang. Arbeitskreis Kirche u.

Israel in Hessen u. Nassau und LOMDIM, Christl. Verein zum Kennenlernen des Judentums e. V. Heppenheim 1988

Vogel, Rolf (Hrsg.): Der deutsch-israelische Dialog. Dokumentation eines erregenden Kapitels deutscher Außenpolitik. 8 Bde. München, New York, London, Paris 1987–1990.

Wolffsohn, Michael: Deutsch-israelische Beziehungen: Umfragen und Interpretationen 1952–1986. München 1986 (Landeszentrale für politische Bildungsarbeit)

–: Ewige Schuld? 40 Jahre deutsch-jüdisch-israelische Beziehungen. München 1988

–: Israel. Grundwissen – Länderkunde. Geschichte – Wirtschaft – Gesellschaft – Politik. 3. erw. u. überarb. Aufl. Opladen 1991

20 Jahre deutsch-israelische Beziehungen. Hrsg. von Karlheinz Schneider. Berlin (West) 1985 (Schriftenreihe des Deutsch-Israelischen Arbeitskreises für Frieden im Nahen Osten e. V., Bd. 10)

Die Autoren

Hier sind nur die Autoren der Hauptbeiträge aufgenommen. Hinweise auf die Autoren von Kapitel IV finden sich in den Fußnoten am Anfang der jeweiligen Beiträge.

Inge Deutschkron wurde 1922 in Finsterwalde (Brandenburg) geboren. Nach 1933 wurde ihre Familie von den Nazis verfolgt; ab 1943 ging sie mit der Mutter in den Untergrund und überlebte so die NS-Zeit. Seit 1955 arbeitet sie als freie Journalistin, bis 1972 in Bonn, dann bis 1987 in der Redaktion des »Maariv« in Tel Aviv. Seit 1987 lebt sie als freie Schriftstellerin in Tel Aviv und Berlin. Sie veröffentlichte u. a.: »Israel und die Deutschen« (1970, 3. Aufl. 1991), »Ich trug den gelben Stern« (1978) und »Milch ohne Honig. Leben in Israel« (1988).

Lily Eylon wurde in Brünn (CSR) geboren; sie ging mit ihren Eltern in die USA, wo sie Journalistik studierte. Ab Anfang der fünfziger Jahre war sie journalistisch tätig; nach ihrer Einwanderung in Israel 1959 setzte sie dort ihre Tätigkeit fort. 1965 heiratete sie Ephraim Eylon, der im israelischen Außenministerium tätig war, und begleitete ihren Mann bei verschiedenen Auslandseinsätzen. Seit 1965 lebt sie wieder ständig in Israel und schreibt u. a. für die »WELT«.

Erich Frister wurde 1927 in Berlin geboren und war dort von 1947 bis 1971 im Schuldienst tätig. Von 1968 bis 1981 war er Vorsitzender der »Gewerkschaft Erziehung und Wissenschaft« im DGB, von 1981 bis 1986 Arbeitsdirektor der Unternehmensgruppe »Neue Heimat«. Seit 1987 arbeitet er als freiberuflicher Lektor. Er veröffentlichte u. a.: »Wie links dürfen Lehrer sein?« (1972), »Die Jahre der Hoffnung« (1978).

Ralph Giordano wurde 1923 in Hamburg geboren. Weil seine Mutter Jüdin war, wurde er unter den Nazis verfolgt und lebte die letzten Monate vor der Befreiung im Untergrund. Seit 1946 arbeitete er als Journalist, Fernsehdokumentarist und Schriftsteller. Er veröffentlichte u. a.: »Die Bertinis« (1982), »Die zweite Schuld oder Von der Last Deutscher zu sein« (1987), »Wenn Hitler den Krieg gewonnen hätte« (1989), »Israel um Himmels willen Israel« (1991).

Willy Guggenheim wurde 1929 in Zürich geboren und studierte Soziologie, Wirtschafts- und Kolonialgeschichte in Zürich, Paris und Jerusalem. Von 1954 bis 1961 war er Korrespondent in Israel, 1961 bis 1964 in Tunis, danach bis 1969 Redakteur der »Weltwoche«. Er ist heute als freier Journalist tätig und veröffentlichte u. a.: »30mal Israel« (1973, 6. Aufl. 1990).

Hildegard Hamm-Brücher wurde 1921 in Essen geboren. Sie studierte Chemie in München, arbeitete nach 1945 zunächst als Redakteurin und wurde 1948 zur Stadträtin in München gewählt. 1950 bis 1966 war sie Landtagsabgeordnete im Bayerischen Landtag, von 1963 bis 1976 Mitglied des F.D.P.-Bundesvorstands, von 1969 bis 1972 Staatssekretärin im Bundesministerium für Bildung und Wissenschaft, 1976 bis 1982 Staatsministerin im Auswärtigen Amt, danach bis zu ihrem Rückzug aus dem aktiven politischen Leben 1990 Abgeordnete des Deutschen Bundestags. Sie veröffentlichte u. a.: »Aufbruch ins Jahr 2000« (1967), »Bildung ist kein Luxus« (1976), »Gerechtigkeit erhöht ein Volk« (1984), »Kämpfen für eine demokratische Kultur« (1986), »Wider die Selbstgerechtigkeit« (1991).

Niels Hansen wurde 1924 geboren. Er studierte Jura und promovierte zum Dr. jur. 1952 bis 1989 war er im auswärtigen Dienst tätig, u. a. als stellvertretender Generalkonsul in New York, als Gesandter der Botschaft in Washington, als Leiter des Planungsstabes und 1981 bis 1985 als Botschafter in Israel. Er ist in verschiedenen Gremien zur Pflege der transatlantischen und deutsch-israelischen Beziehungen tätig, u. a. als Präsident der Deutschen Gesellschaft der Freunde des Weizmann-Instituts. Er veröffentlichte zahlreiche Beiträge in Sammelwerken, Zeitschriften und Zeitungen, vorwiegend zur Außen- und Sicherheitspolitik.

Martin W. Kloke wurde 1959 in Korbach geboren. Er studierte Politikwissenschaft, Evangelische Theologie und Erziehungswissenschaft und promovierte 1989 zum Dr. rer. soc. Seit 1989 ist er Mitarbeiter bei der Otto-Benecke-Stiftung in Bonn. Er veröffentlichte u. a.: »Prügel, Schläge und Randale. Aggression und Destruktion in der Schule« (1988, zus. mit Siegfried George u. Marion Bihler-Kloke), »Israel und die deutsche Linke. Zur Geschichte eines schwierigen Verhältnisses« (1990).

Bärbel Lachenmair-Tüllmann wurde 1944 in Danzig geboren. Sie studierte Geschichte und Englisch und schloß mit dem Staatsexamen für das Höhere Lehramt ab. Seit 1977 ist sie am Josef-Effner-Gymnasium in Dachau tätig. 1981 entstanden erste Kontakte zu israelischen Lehrern, die sich zu einer Schulpartnerschaft mit einer High School in Jerusalem entwickelten. Seit 1984 ist sie hauptverantwortlich für den deutsch-israelischen Schüleraustausch an der Schule. Seit 1991 ist sie vom Schuldienst beurlaubt, um im Auftrag des Bundesministers für Frauen und Jugend eine Studie über die Wirkung von Begegnungsprogrammen auf deutsche Teilnehmer zu erstellen.

Heiner Lichtenstein wurde 1932 in Chemnitz geboren. Nach dem Krieg zog er nach Westdeutschland und studierte Geschichte, Germanistik und Journalistik in Münster, Hamburg und Wien. Seit 1961 ist er Redakteur des Westdeutschen Rundfunks in Köln. Er verfolgte über drei Jahrzehnte lang zahlreiche NS-Prozesse als Beobachter und hat mehrere Bücher veröffentlicht, u. a.: »Warum Auschwitz nicht bombardiert wurde« (1980), »Im Namen des Volkes? Eine persönliche Bilanz der NS-Prozesse« (1984), »Himmlers grüne Helfer. Die Schutz- und Ordnungspolizei im ›Dritten Reich‹« (1990).

Fridegart Maschke wurde 1926 in Berlin geboren. Nach einer Ausbildung zur Hauswirtschaftsleiterin studierte sie an der Humboldt-Universität Berlin für das Lehramt. Von 1960 bis 1975 war sie vollzeitliche pädagogische Mitarbeiterin im Jugendwohnheim »Kirchröder Turm« in Hannover, von 1975 bis 1989 Bildungsreferentin bei der Bildungsstätte »Kirchröder Turm« (Schwerpunkt u. a. Jüdisch-Christlicher Dialog); seit 1989 ist sie freiberuflich im Evangelisch-Freikirchlichen Sozialwerk Hannover für »Dienste in Israel« tätig.

Yohanan Meroz wurde 1920 in Berlin geboren. 1933 wanderte er nach Palästina/Erez Israel ein. Er studierte Semitistik und Geschichte an der Hebräischen Universität in Jerusalem und war von 1950 bis 1985 im diplomatischen Dienst tätig. 1959/60 war er stellvertretender Leiter der Kölner Israel-Mission, 1963 bis 1968 Gesandter in Paris, 1968 bis 1974 als stellvertretender Generaldirektor des Außenministeriums zuständig für Europa, 1974 bis 1981 war er Botschafter in Bonn. Er ist Verfasser von Theaterstücken, Publizist und politischer Kommentator und in nationalen und internationalen Kulturgremien tätig. Er veröffentlichte u. a.: »In schwieriger Mission« (1986).

Geert Platner wurde 1946 in Witzenhausen geboren. Er studierte Germanistik und Politikwissenschaft, war im Schuldienst an einer Gesamtschule tätig und arbeitete später hauptamtlich in der Lehrerfortbildung. Er ist Rektor des Studienseminars Kassel und hält Seminare und Vorträge auch auf internationaler Ebene. Er veröffentlichte Artikel zum Umweltschutz und zur Medienerziehung in pädagogischen Zeitschriften und ist Mitherausgeber der Bücher »Schule im Dritten Reich« (3. Aufl. 1988), »Der Wald ist selber schuld – Berichte aus der Schwarzwaldklinik« (5. Aufl. 1990).

Hildegard Radhauer wurde 1952 in Brilon geboren. Nach einer Ausbildung zum Industriekaufmann arbeitete sie als kaufmännische Angestellte in Industrie und Dienstleistungssektor. 1974 bis 1975 besuchte sie die Sozialakademie Dortmund. 1975 bis 1979 war sie Pädagogische Mitarbeiterin in der Erwachsenenbildung bei »Arbeit und Leben DGB/VHS«, Düsseldorf. Seit 1979 ist sie bei der Deutsch-Israelischen Gesellschaft tätig, bis 1984 als Jugendbildungsreferentin und danach als Bundesgeschäftsführerin. Seit 1986 ist sie auch Geschäftsführerin der Jerusalem Foundation Deutschland.

Walter Schwaiger wurde 1925 in Pliezhausen geboren. Er ist Pastor der Evangelisch-methodistischen Kirche. Sei vielen Jahren ist er im christlich-jüdischen Dialog engagiert und hält zahlreiche Vorträge über Israel, Israel-Seminare, Israel-Bibelkurse und Gemeindewochen. Er veröffentlichte auch zahlreiche Artikel zum Thema Israel in kirchlichen Zeitschriften. Er organisierte mehr als 100 Studienreisen nach Israel mit ca.

4000 Teilnehmern. Dabei vermittelte er ca. 2500 Einladungen in jüdische Familien.

Martin Stöhr wurde 1932 in Singhofen geboren. Er studierte Soziologie in Mainz und Evangelische Theologie in Bonn und Basel. Von 1961 bis 1969 war er Studentenpfarrer an der Technischen Hochschule Darmstadt, 1969 bis 1986 Direktor der Evangelischen Akademie Arnoldshain. Er ist Professor für Systematische Theologie an der Universität/Gesamthochschule Siegen und veröffentlichte zahlreiche Beiträge zur Thematik der jüdisch-christlichen Beziehungen, zur Sozialethik und zur Ökumene.

Konrad Weiß wurde 1942 in Lauban/Schlesien geboren. Er hatte 1945 den Vater verloren und wuchs in Genthin/Bezirk Magdeburg auf. Als Beamtensohn und überzeugter Christ nicht zur erweiterten Oberschule zugelassen, machte er eine Lehre als Elektromonteur, holte später das Abitur nach und studierte von 1965 bis 1969 an der deutschen Hochschule für Filmkunst Regie. Nach dem Diplom 1969 arbeitete er als Regisseur im DEFA-Studio für Dokumentarfilme in Berlin (Ost), wo er bis 1990 mehr als 50 Dokumentarfilme für Kino und Fernsehen drehte. 1989 gehörte er zu den Initiatoren und Sprechern der Bürgerbewegung »Demokratie Jetzt«. Seit 1990 ist er Bundestagsabgeordneter (Bündnis 90/Grüne); er ist Kuratoriumsmitglied der Stiftung AMCHA und Vizepräsident der Deutsch-Israelischen Gesellschaft. Er veröffentlichte zahlreiche Aufsätze in Zeitschriften und mit Rita Süssmuth das Buch: »Neuland. Ein Dialog in Deutschland« (1991).

Heinz Westphal wurde 1924 in Berlin geboren. Er schloß 1942 eine Lehre als Flugmotorenschlosser ab und war bis 1945 Soldat. Seit 1945 ist er Mitglied der SPD, seit 1946 der ÖTV. Nach 1946 war er hauptamtlich in der Jugendarbeit tätig: 1953 bis 1957 als Vorsitzender der SJD »Die Falken«, 1958 bis 1965 als Hauptgeschäftsführer des Deutschen Bundesjugendrings. 1965 bis 1990 war er Mitglied des Deutschen Bundestags; 1969 bis 1974 Parlamentarischer Staatssekretär beim Bundesminister für Jugend, Familie und Gesundheit, 1982 Bundesminister für Arbeit und Sozialordnung. 1983 bis 1990 war er Vizepräsident des Deutschen Bundestages. 1972 bis 1977 war er Präsident der Deutsch-Israelischen Gesellschaft.